Jen Calonita

MEINE HOLLYWOOD-GEHEIMNISSE

TEIL 3

Aus dem Amerikanischen von
Katharina Georgi

© 2008 SchneiderBuch
verlegt durch EGMONT Verlagsgesellschaften mbH,
Gertrudenstraße 30–36, 50667 Köln
Alle deutschsprachigen Rechte vorbehalten
© 2008 für den Originaltext Jen Calonita
Published by Arrangement with Jennifer L. Smith
Dieses Werk wurde vermittelt durch die
Literarische Agentur Thomas Schlück GmbH, 30827 Garbsen
Die Originalausgabe erschien 2008 unter dem Titel „Secrets of my Hollywood Life – Family
Affairs" bei Little, Brown and Company, New York
Aus dem Amerikanischen übersetzt von Katharina Georgi
Umschlagbild und -gestaltung: ROSE PISTOLA, Büro für Gestaltung, München–Hamburg
Druck und Bindung: CPI – Ebner & Spiegel, Ulm
ISBN 978-3-505-12395-5

FAMILY AFFAIR, STAFFEL 15, FOLGE 4

„Die Wahrheit hört man oft nicht gern"

EINBLENDUNG:

1. INTERNATIONAL HAMILTON HOSPITAL, PAIGES KRANKENZIMMER – NACHMITTAG
PAIGE ist nach ihrer Operation ins Koma gefallen. Bei KRYSTALS und LEOS Hochzeit hatte sie einen Autounfall und trug Schäden an den Rückenwirbeln davon. DENNIS, KRYSTAL, LEO, SAMANTHA und SARA klammern sich aneinander, als DR. BRADEN ihnen von Paiges sich verschlechterndem Zustand berichtet.

DR. BRADEN
Ich will Sie nicht anlügen. Ich dachte, wir würden sie verlieren. Aber jetzt ist ihr Zustand stabil, und wir haben berechtigte Hoffnungen, dass wir sie durchbringen werden.

DENNIS
Meine Frau muss es schaffen, Dr. Braden. Was können wir für sie tun?

DR. BRADEN
Sprechen Sie mit ihr. Wir haben festgestellt, dass Patienten im Koma manchmal ihre Familienangehörigen hören können. Aber in Paiges Fall ist das Koma unglücklicherweise nicht das größte Problem.

KRYSTAL
Ich weiß, dass es eine schwierige Operation war, aber ich dachte, Sie hätten gesagt, sie wäre erfolgreich gewesen.

DR. BRADEN
Das war sie auch, aber Paige hat eine Menge Blut verloren und braucht eine Bluttransfusion. Sie hat eine ziemlich seltene Blutgruppe, und niemand in Ihrer Familie kommt für eine Spende in Frage.

SAMANTHA
Unsere Mutter ist eine Kämpfernatur, Dr. Braden. Sie hat Brustkrebs überstanden, eine Schießerei auf der Straße, und sie hat das Feuer in Buchanan Manor überlebt. Ich weiß, dass sie durchhalten wird, bis wir jemanden gefunden haben.

Dr. Braden zieht Dennis, Krystal und Leo beiseite, um die Unterhaltung mit ihnen fortzusetzen. Durch einen Tränenschleier sieht Sara COLBY, das große, hübsche neue Mädchen an Samanthas und Saras Schule. Colby trägt zerrissene Jeans und ein kaputtes Sweatshirt mit Kapuze. Sie steht am Snack-Automaten, starrt aber die ganze Zeit zu den Buchanans hinüber.

SARA
Hey, Sam, ist das dort drüben nicht Colby? (Sam schaut hinüber.) Was macht sie hier? Sie starrt schon seit einer Ewigkeit die Schokoriegel an.

SAMANTHA
Vielleicht ist aus ihrer Familie auch jemand hier.

SARA
Ich glaube nicht, dass sie Familie hat. (flüsternd) Lila hat mir erzählt, dass sie am Dienstag wegen der Vorbereitung für die Sportfeier schon um 6 Uhr früh in der Schule sein musste. Und da hat sie Colby schlafend in einem Abstellraum gefunden! Colby hat sie angefleht, es niemandem zu erzählen.

SAM
Glaubst du, Colby ist obdachlos? (Sara nickt.) Das ist ja schrecklich!

Die Mädchen schauen zu Colby hinüber.
Colby bemerkt es und wendet sich zum Gehen, aber dann zögert sie.
Schließlich kommt sie zu den Zwillingen.

COLBY
Hallo Sam. Hallo Sara. Es tut mir leid, wenn ich euch mit meinen Blicken belästigt habe.

SAMANTHA
(schnell) Ganz und gar nicht! Wie geht es dir? Besuchst du auch jemanden im Krankenhaus?

COLBY
(schüttelt den Kopf) Ähm, nein. Ich …

SARA
(misstrauisch) Was machst du dann hier?

COLBY
Ich … ich … ich habe die Geschichte über eure Mom in der Zeitung gelesen. Ich dachte, ich könnte … vielleicht helfen.

SAMANTHA
Das ist lieb von dir, Colby, aber ich fürchte, im Augenblick kann uns niemand helfen.

COLBY
Ich denke doch.

DENNIS
(taucht neben den Mädchen auf) Mädchen, Dr. Braden hat gesagt, wir können jetzt zu eurer Mom gehen.

SARA
(mit bebender Stimme) Dad, was denkt er, wie lange Mom noch leben wird, wenn wir keinen passenden Spender finden?

DENNIS
Schätzchen, wir werden einen finden. Ich verspreche es. (mit einem Blick auf Colby) Wie heißt eure Freundin?

SARA
Das ist Colby. Wir kennen sie aus der Schule.
(zu Colby) Ich möchte nicht unhöflich sein, aber bei unserer Mutter geht es wirklich um Leben und Tod. Du solltest jetzt gehen.

COLBY
Aber ich … ich habe zufällig mitbekommen, was der Arzt gesagt hat. Ich habe auch eine sehr seltene Blutgruppe. Vielleicht passt sie ja.

DENNIS
Das ist wirklich nett, Colby, aber so einfach ist es nicht. Ich weiß es zu schätzen, dass du hier bist, aber ich finde, du solltest jetzt gehen. (Dennis winkt Dr. Braden herbei. Colby kämpft mit den Tränen, als sie die verzweifelten Blicke der Buchanans sieht. Dr. Braden eilt herbei, um Colby wegzubringen.)

DR. BRADEN
Fräulein, ich muss dich bitten zu gehen. Das ist eine Familienangelegenheit.

COLBY
(beginnt zu weinen) Ich wollte nicht, dass es so passiert. Ich wollte mehr Zeit, aber jetzt ... (Sie zieht Dr. Braden von den anderen weg.) Sie verstehen das nicht. Ich gehöre zur Familie. Ich bin Paiges ... Paiges ... (flüstert) Tochter.

EINS: *Die Neue*

„ACHT Zeilen mehr als ich! ACHT!" Meine Kollegin Sky Mackenzie stürmt in meine Garderobe und brüllt wie eine Wahnsinnige.

Ich schaue auf mein Drehbuch für „Die Wahrheit hört man oft nicht gern", die vierte Folge der fünfzehnten Staffel von *Family Affair*. Dann blicke ich zu meiner Assistentin Nadine, die gerade meine Stitch-Jeans für mein Date mit Austin bügelt. Sie verdreht die Augen.

„Wovon sprichst du eigentlich?", erkundige ich mich ruhig. Seht ihr, auch wenn ich meine Unruhe stiftende Kollegin wie die Pest verabscheue, habe ich doch endlich Zeit gefunden, Nadines Lieblingsbuch, den Selbsthilfe-Bestseller „Lass dein wahres Ich heraus" zu lesen. Und jetzt weiß ich, dass es keine gute Idee ist, Skys negatives Verhalten an mich heranzulassen. Bisher funktioniert die Änderung meiner Einstellung recht gut. Seit fast einem Monat sind wir wieder am Set unserer Serie *Family Affair*, und mein Leben war erfreulicherweise frei von Zwischenfällen und Futter für die Regenbogenpresse.

„Normalerweise zähle ich meine Zeilen nicht, Sky, aber ich bin ziemlich sicher, dass ich nicht acht mehr habe als du", sage ich. „Ich habe das Drehbuch gerade fertig gelesen, und es sieht ganz so aus, als wären wir beide an Paiges Krankenbett, nachdem Colbys Blut für die Transfusion verwendet wurde."

Sky stampft hinüber zu meinem abgewetzten braunen Ledersessel von Pottery Barn. Sie blättert das Drehbuch auf meinem Schoß durch, während ihr langes Haar mein Gesicht streift.

Ich habe mich immer noch nicht daran gewöhnt, dass Sky wieder schwarze Haare hat. Für *Schöne junge Attentäter (SJA)*, den Film von Hutch Adams, den wir in diesem Sommer zusammen gedreht haben, erblondete sie, aber die Drehbuchautoren unserer Serie wollten, dass sie für die Rolle der Sara wieder schwarz wurde. Skys Haarfollikel sind wegen all der Chemikalien bestimmt total im Eimer, denn mein Haardesigner Paul erzählte mir, dass Skys Haare büschelweise ausfallen. Jetzt muss sie Extensions verwenden, um den Schaden zu verbergen. Ich denke daran, wie Sky glatzköpfig aussehen würde, und kann mir ein Grinsen nicht verkneifen.

„Was lachst du so blöde? Das ist überhaupt nicht komisch, K", keift Sky und ihre Brust hebt und senkt sich in schnellem Tempo. Durch ihr enges schwarzes T-Shirt mit V-Ausschnitt und das durchsichtige cremefarbene Tunikaoberteil kann ich ihren knochigen Brustkorb sehen. Sky bemerkt Nadine, die sich über das Bügeleisen beugt, und ihre Augen verengen sich.

Persönliche Assistentinnen sind ein wunder Punkt bei Sky. Sie scheint nicht in der Lage zu sein, eine von ihnen länger als sechs Monate zu beschäftigen. Skys letzte Assistentin, ihre Cousine Madison, ist gefeuert worden, nachdem sie dabei erwischt worden war, wie sie Informationen über *SJA* an die Presse gegeben hatte. (Wir fanden heraus, dass Madison diejenige gewesen war, die die Regenbogenpresse während des Sommers mit fürchterlichen Geschichten über mich versorgt hatte; deshalb war ich nicht gerade traurig, als sie gehen musste.)

„Ich spreche nicht von *deinem* Text", fügt Sky hinzu. „Alexis hat mehr Zeilen als ich, und sie war erst in vier Folgen dabei. Colby ist ein Ex-und-hop-Charakter! In ein paar Monaten ist sie sowieso nicht mehr da. Wie kann sie da schon jetzt mehr Sendezeit beanspruchen?" Sky schmollt. „Sie versucht, die Serie an sich zu reißen, K! Ich spüre das."

„Darum geht es also bei dieser Kontaktsitzung? Um Alexis? Bedeutet das etwa, dass du ein neues Hassobjekt gefunden hast und ich aus dem Schneider bin?", frage ich hoffnungsvoll. Ausnahmsweise konzentriert sich Skys Abneigung auf eine andere Kollegin und nicht auf mich, und das ist toll, denn ich brauche wirklich mal eine Pause.

Im Alter von vier Jahren haben wir begonnen, in der Familiensoap *Family Affair* die Rollen der zweieiigen Zwillingstöchter Sam und Sara von Paige und Dennis zu spielen. Ich spiele Sam, die Gute, und Sara ist die Intrigante in dem Knaller zur Hauptsendezeit. Und seit jenem Tag macht Sky mir das Leben schwer.

Im letzten Jahr wurde es dann richtig übel, als wir uns beide für dieselbe Filmrolle bewarben und *TV Tome* mich als die angesagteste Jungschauspielerin im Fernsehen bezeichnete. Natürlich war ich begeistert, aber auch total überlastet. Die Wahrheit ist, dass ich zu jener Zeit irgendwie ausgebrannt war wegen der ständigen Kämpfe mit Sky, sowohl am Set als auch in der Presse. Auf den vielen Listen von *Entertainment Weekly* bin ich berühmt als „Fernsehstar Kaitlin Burke" oder „Sam!" oder „It-

Girl". Aber ich dachte, es wäre an der Zeit, endlich zu wissen, wer das Mädchen vor der Kamera wirklich ist.

Deshalb heckten meine beste Freundin Liz und ich einen Plan aus, um mir ein paar ruhige Monate zu verschaffen – und vor allem eine mehr als notwendige Pause von Sky. Also verkleidete ich mich als englische Austauschschülerin Rachel Rogers und meldete mich an Liz' Schule in Santa Rosita an. Die Sache funktionierte. In dieser Hollywood-Pause wurde mir klar, dass ich in meinem hektischen Zeitplan einfach mehr Zeit zum Entspannen und Rumhängen einplanen muss. Ich habe gelernt, Menschen mehr Vertrauen entgegenzubringen und Jungs näher an mich heranzulassen. (Dort habe ich auch meinen Freund Austin Meyers getroffen.)

Es war nicht einfach, Interviews mit Ellen DeGeneres unterzubringen und gleichzeitig Zeit für meine Hausaufgaben in Französisch zu finden, aber es klappte ganz gut, bis Sky sich einmischte. Sie entdeckte, dass ich ein Doppelleben führte, und ließ mich auffliegen. Als ob ihre Versuche, meine Karriere mit Lügen wie „Kaitlin hasst Hollywood" zu zerstören, noch nicht schlimm genug gewesen wären: Sky setzte ihre Quälereien fort, indem sie in letzter Minute eine Rolle in SJA ergatterte. Während der Dreharbeiten im Sommer versuchte sie, den Filmregisseur Hutch Adams dazu zu bringen, mich zu verabscheuen, meine Beziehung mit Austin zu zerstören und die Karriere, die ich gerade wieder geflickt hatte, zu vernichten.

Vermutlich denkt ihr jetzt, dass ich nach all dem meine Kollegin, mit der ich schon fast dreizehn Jahre zusammenarbeite, nicht sehr liebe. Na wenn schon!

Sky presst ihre vollen Lippen aufeinander, die sie vermutlich wieder mit Lipgloss *Lip Venom* aufgeplustert hat, und starrt mich finster an. „Erzähl mir bloß nicht, dass du auf das ekelhaft süße Getue reingefallen bist, das Alexis ständig abzieht – von *Access Hollywood* bis zum Personal. Ich kauf ihr das nicht ab. Ich erkenne einen Aufsteiger schon von Weitem."

„Du musst es ja wissen", murmele ich. Oops. Das passt eigentlich nicht zu meinen guten Vorsätzen. „Ich meine, sei nicht so streng mit ihr. Sie ist erst seit einem Monat am Set. Sie weiß noch gar nicht, wie hier alles läuft. Bestimmt übertreibt sie nur deshalb, weil sie dazugehören will. Es ist einfach schwierig, zu einer Mannschaft zu stoßen, die sich schon so lange kennt."

„K, warum kümmerst du dich nicht wenigstens einmal nur um dich anstatt um andere?" Sky verdreht die Augen. „Wir müssen die Kleine in Schach halten, bevor das Ganze außer Kontrolle gerät." Ich pruste los. „Bis jetzt waren nur zwei Folgen mit ihr auf Sendung, und schon jetzt ist Alexis die heißeste Nummer im Fernsehen seit *Grey's Anatomy*! Die Kritiker lieben sie, die Informationstafeln berichten nur über sie, und ich habe gehört, dass sie zu allen großen Partys eingeladen wird", jammert Sky. „Ihre blasierte Visage ist in dieser Woche auf allen Ausgaben von *People*! Wenn wir nicht aufpassen, sind Sam und Sara schnell passé, und Colby ist der neue heiße Teeniestar unserer Sendung."

Eine Sekunde lang spüre ich einen leichten Stich Eifersucht. Ich muss zugeben, dass ich anfangs das Gleiche dachte wie Sky. Als ich das Drehbuch für die erste Folge der aktuellen Staffel las und Colbys Rolle sah, geriet ich in Panik. Colby ist die Figur, die Alexis spielt, ein neues Mädchen in der High School von Summerville, mit der sich Sam und Sara in der ersten Folge anfreunden. Sie haben keine Ahnung davon, dass Colby obdachlos ist oder dass sie eine enge Verbindung zu ihrer Familie hat.

Unser Producer Tom Pullman hat der Besetzung mitgeteilt, dass Colbys Figur geschaffen wurde, um Unruhe zu stiften unter all den anderen Charakteren der Serie. Das soll für die erste Hälfte der Staffel gelten, dann wird dieser Handlungsstrang beendet, und die Figur verschwindet wieder. Als ich das hörte, habe ich mich gleich beruhigt.

Trotzdem finde ich es seltsam: Wenn Sky und ich so beliebt sind, wie alle sagen, warum brauchen sie dann überhaupt Colby?

Aber vermutlich beeinflussen mich nur Skys giftige Gedanken. Es bedeutet schließlich nicht, dass wir weniger beliebt sind, nur weil jetzt Alexis da ist. Das ist doch einfach lächerlich, oder? Ich meine, das Ganze hat doch auch seine Vorteile. Zum Beispiel haben die Paparazzi jetzt ein neues Gesicht, dem sie nachjagen können. Haha. „Sky, du leidest an Verfolgungswahn", sage ich schließlich.

„Ganz und gar nicht!", erwidert Sky. „Kannst du dich nicht mehr erinnern, was mit Mischa Barton in *O.C., California* passierte? Zur Erhöhung der Einschaltquoten ließen sie sie sterben! Dann ist die Serie baden gegangen. Ich möchte nicht, dass wir in Saras BMW über die Klippen stürzen und *FA* anschließend aus dem Programm genommen wird!"

Hm ... vielleicht hat sie recht. Aber nein, das ist einfach verrückt! Denk nach, Kaitlin. Wenn Sky sich dir gegenüber Luft macht, hat sie bestimmt einen Hintergedanken. Das sollte ich nicht aus den Augen verlieren.

„Sky, du übertreibst", erkläre ich ihr. „Alexis war bisher einfach nur nett. Sie will uns nicht unsere Rollen wegschnappen. Sie versucht nur, ihre so gut wie möglich zu spielen." Ich mache eine kleine Pause. „Und seit wann sind du und ich *wir*?"

„Ich bin auch nicht begeistert davon, dich ins Vertrauen zu ziehen", blafft Sky, und ihre dunklen Augen funkeln. „Ich wollte dich nur warnen."

Ich höre gar nicht mehr richtig hin, da ich das Drehbuch für die vierte Folge noch einmal studiere, die wir ab morgen drehen werden.

Normalerweise brauchen wir für den Dreh einer Folge zwei Wochen. Die Drehbuchschreiber entwickeln eine Geschichte, zwei Wochen später drehen wir den einstündigen Fernsehfilm, und der geht wiederum zwei Wochen später auf Sendung. Auf eines kann man sich im Fernsehen wirklich verlassen – einen absolut mörderischen Zeitplan für alle vierundzwanzig Folgen einer Staffel (wir haben begriffen, dass die Zuschauer Wiederholungen hassen, und deshalb drehen wir mehr Folgen als die meisten anderen).

Ich schaue auf, lächle Sky freundlich an und versuche, friedlich zu bleiben. „Du musst mich nicht warnen", antworte ich. „Ich kann wirklich ganz gut auf mich selbst aufpassen. Trotzdem vielen Dank."

„Wie du willst!" Sky wirft ihre Haarmähne zurück. „Aber denk dran: Unsere Verträge laufen in diesem Jahr aus, K. *Ich* mache mir natürlich keine Sorgen, dass ich ausgewechselt werden könnte", sagt sie Unheil verkündend, "aber wenn ich du wäre, würde ich dafür sorgen, dass mich hier alle für unersetzlich halten. Auf jeden Fall für wertvoller als die Neue. Sag hinterher bloß nicht, ich hätte dich nicht gewarnt." Sky macht auf den Absätzen ihrer schwarzen Peeptoes von Christian Louboutin kehrt und knallt die Tür hinter sich zu. Dabei fällt mein frisch gerahmtes Foto von Austin, Liz und ihrem Freund Josh von der immergrün gestrichenen Wand.

Bei der Erwähnung des Wortes "Verträge" erstarre ich. Über Vertragsverhandlungen sollte man keine Scherze machen. Jeder beim Fernsehen hat schon Geschichten gehört über Stars, deren Verträge nicht verlängert wurden nach einem ausgewachsenen Krach am Set oder Unstimmigkeiten über Honorarerhöhungen. Nicht einmal der berühmteste Star einer Lieblingssendung kann sich darauf verlassen, wieder angeheuert zu werden. Deshalb zittere ich im Jahr einer Vertragsverhandlung immer etwas.

Ich lache nervös. "Sky macht immer aus allem ein Drama. Es gibt keinen Grund, dass ich mir wegen meines Vertrages Sorgen machen müsste", sage ich zu Nadine. Im Stillen bete ich, dass sie mich beruhigen wird.

Nadine wirft mir über das Bügelbrett hinweg einen Blick zu. Sie zeigt mir ihr yodaähnlich weises persönliches Assistentengesicht, und das bedeutet, dass sie mir eine Lehre erteilen wird.

"Wie bitte?", sage ich mit schriller Stimme. "Du denkst, sie hat recht?"

"Nein, du Dummerchen", lacht Nadine.

"Was dann?", will ich wissen. "Erzähl mir bloß nicht,

du meinst, ich wäre zu gemein zu Sky gewesen!", stöhne ich schuldbewusst. Ich bin nicht sehr gut darin, das böse Mädchen zu spielen.

„Auch das nicht", sagt Nadine. „Ich habe vielmehr gedacht, wie schön es ist, dass du diesen Sommer Rückgrat zeigst auf diesem furchtbaren Filmset. In dieser Saison wirst du es nicht zulassen, dass Sky dich überfährt."

„Ganz bestimmt nicht", sage ich glücklich. Sofort geht es mir wieder besser. Ich werfe meine Beine über die Sessellehne und wackle mit den Zehen. In der Szene heute Nachmittag bin ich nicht dabei, sodass ich nach meiner vierstündigen Kostümprobe freihabe und Austin, Liz und Josh zum Abendessen im *Les Deux* treffen kann. Dieses Restaurant ist berühmt für seine Desserts wie zum Beispiel der superleckere Muffinturm.

Meine Törtchenschwärmerei lässt mich noch an etwas anderes denken, wonach ich mich sehne: Austin. Seit die Schule vor ein paar Tagen wieder begonnen hat, haben wir nichts mehr zusammen unternommen. Ich hole mein Sidekick heraus und schicke ihm eine Mail. Er und Liz haben jetzt wahrscheinlich gerade Englisch.

PRINZESSINLEIA25: Hallo. Wie ist Englisch? Langweilig ohne mich? :-)
WOOKIE: Klar. Wie ist die Arbeit?
PRINZESSINLEIA25: Gut. Schule?
WOOKIE: Schlimm. Schon jetzt. :-(
PRINZESSINLEIA25: Klingt, als ob du Aufmunterung brauchst.
WOOKIE: Dich zu sehen, muntert mich auf, Burke. Bis heute Abend.

Ahhh ... ist mein Freund nicht süß? Es dauert noch Stunden bis zu meinem Date, aber ich bin schon jetzt dafür vorbereitet. Ich trage einen orangefarbenen V-Pulli von Chloé, der an der Taille mit einem extrabreiten braunen Gürtel zusammengefasst wird. Ich werde den Pulli mit der Jeans kombinieren, die Nadine gerade bügelt, und Paul muss mir noch schnell die Haare machen. (Eine meiner Lieblingsvergünstigungen ist es, eine Maskenbildnerin und einen Haardesigner zur Verfügung zu haben!) Für die heutige Szene im Krankenhaus hatte Paul mir Locken in meine honigblonden Haare gedreht, die mir halb den Rücken hinunterreichen. Und meine Maskenbildnerin Shelly hat gerade meinen Eyeliner ausgebessert, sodass ich gut aussehen müsste.

Eine Verabredung mit meinem Freund, Sky in trouble, meine neuen braunen Wildlederstiefel von Gucci – kann dieser Tag überhaupt noch schöner werden?

„Andererseits ..." Nadine runzelt die Stirn und kratzt sich am Kopf, während sie das Bügeleisen ausschaltet. Ihr erdbeerrotes Haar berührt jetzt fast ihr Schlüsselbein, und eine grüne Schmetterlingsspange bändigt ihren Pony, den sie herauswachsen lässt. Nadine trägt ihre übliche Kluft – ein langärmliges T-Shirt, abgeschabte Jeans und Turnschuhe (heute sind es rosa Pumas). Ihr gefällt es, dass Assistentinnen und die Mannschaft sich so lässig kleiden. „Vielleicht ist doch etwas dran an dem, was Sky sagt."

„Was?", frage ich, während ich schnell eine persönliche Notiz in mein Sidekick tippe. Ich weiß, es klingt blöd, aber ich habe festgestellt, dass E-Mails an mich selbst der beste Weg sind, um mit meinem verrückten Zeitplan klarzukommen. Ein Sidekick und eine supergut organisierte Assistentin wie Nadine sind dafür gerade richtig.

„Ich hoffe, Alexis bildet sich wegen dieser momentanen Aufmerksamkeit der Medien nicht zu viel ein", bemerkt Nadine stirnrunzelnd. Sie geht um den Ständer mit den Schuhen herum, die die Garderobiere zur Anprobe vorbeigebracht hat, und lehnt ihren dünnen Körper an den gewaltigen Sack mit Fanpost. Sie sortiert Autogrammanfragen aus und die ab und zu eintreffenden verrückten Briefe, die an die Polizei weitergegeben werden müssen. „In einem hat Sky recht. Alexis wurde in jeder Zeitschrift dieser Woche als heißester neuer Fernsehstar bezeichnet und als das Beste, was *Family Affair* seit Jahren passiert ist."

„Ist sie das?" Die Eifersucht hebt schon wieder ihr hässliches Haupt, und ich versuche, den Gedanken aus meinem Kopf zu verbannen. „Wow."

„Es muss einfach überwältigend sein, wenn man gleich für den ersten Schauspieljob so viel Aufmerksamkeit bekommt", sagt Nadine. „Ich meine, was hat sie denn vorher schon gemacht? Ein paar Werbespots in Kanada? Ihr muss sich der Kopf drehen. Wir haben doch alle schon erlebt, was mit Teeniestars mit erstaunlichem Potenzial passieren kann, wenn sich der Erfolg zu schnell einstellt. Sie stürzen ab und werden verheizt", warnt Nadine. „Aber ich bin sicher, Alexis wird es schaffen. Der Klatsch am Set ist vermutlich gar nicht wahr."

„Welcher Klatsch?", will ich natürlich wissen.

„Es ist wirklich dummes Zeug." Nadine wirft mir einen unbehaglichen Blick zu. „Ich sollte die Gerüchte nicht auch noch weitererzählen."

Es widerspricht meinen Prinzipien, aber das ist mir egal. Ich will es wissen. „Ich sag's auch nicht weiter", bettle ich.

Nadine seufzt. „Ich habe kürzlich in der Garderobe was mit angehört. Alexis versucht angeblich, den Drehbuchschreibern Honig ums Maul zu schmieren, um mehr Szenen zu bekommen", sagt sie. „Offensichtlich bringt sie ihnen dauernd Plätzchen mit für die Besprechungen und schaut mal eben vorbei, um den Text zu loben, den sie für sie geschrieben haben."

„Wirklich?" Oh. An so etwas habe ich noch nie gedacht. Natürlich bedanke ich mich immer bei den Autoren, aber ich habe noch nie meine berühmten Karamell-Brownies für sie gebacken oder so was. Ich runzle die Stirn. „Du glaubst, sie versucht wirklich, mehr Sendezeit zu kriegen? Sie ist doch schon in so vielen Szenen."

Nadine schüttelt den Kopf. „Ich bin sicher, dass die Leute nur eifersüchtig sind, weil sie gerade im Mittelpunkt steht", sagt sie. Nadine hält mir die neue Ausgabe von *TV Tome* vor die Nase. „Hier zum Beispiel. Schau dir mal den Artikel an."

Neue Gesichter
Wegweiser von TV Tome zu den funkelnden Stars dieser Saison

„Wer ist dieses Mädchen?", fragen sich alle in unserer Redaktion. Wir können gar nicht genug bekommen von der wunderbaren rothaarigen Alexis Holden, die in der aktuellen Staffel von Family Affair *die geheimnisumwitterte Colby spielt. Die 17-Jährige soll die Summerville High School aufpeppen, in*

.der die Zwillingsschwestern Sam und Sara (die ewig streitenden Schauspielkolleginnen Kaitlin Burke und Sky Mackenzie) zugange sind. Ohne Frage sind die Einschaltquoten dieser in die Jahre gekommenen Serie am späten Abend noch immer schwindelerregend hoch. Aber das Auftauchen von Alexis als eventuelle uneheliche Tochter von Paige (Melissa Ralton) sollte etwas Pfeffer in die eingefahrene Handlung der letzten paar Staffeln bringen (Sam und Sara treffen sich mit ihren Eltern? Gähn!).

Im Augenblick scheint Alexis' Vergangenheit ein ebenso großes Geheimnis zu sein wie Colbys. Das Einzige, was uns die Pressesprecher der Serie verraten, ist, dass Producer und Erfinder Tom Pullman sie persönlich für die Rolle ausgesucht hat. Sie stammt aus Vancouver und wurde von ihrer alleinerziehenden Mutter aufgezogen – aber wen interessiert das? Solange das Mädchen besser spielt als die Darstellerin der Penelope, werden wir einschalten. (Family Affair: jeden Sonntag um 21.00 Uhr)

Mir verschlägt es die Sprache. Dieser Artikel erinnert mich an ein besonders beunruhigendes Geheimnis von Hollywood.

HOLLYWOOD–GEHEIMNIS NUMMER EINS: Es gibt ein paar verräterische Zeichen, dass die Tage einer Fernsehshow gezählt sind. Eines davon ist das Ausscheiden eines Chefautors (das ist noch nicht passiert. Tom schreibt schon seit Jahren die Drehbücher). Ein anderes besteht darin, dass eine Serie jede Menge Stunt-Casting betreibt, d. h. berühmte Schauspieler übernehmen kleinere Gastrollen. (Hm ... letztes Jahr hatten wir Gwen Stefani in *Family Affair*. Hey, sie ist ein richtiger Fan!)

Das dritte Anzeichen ist, wenn neue Figuren eingeführt werden ... oh nein!

„Denkst du, unsere Serie ist langweilig geworden?", frage ich beunruhigt. „Haben sie deshalb Alexis geholt?" Obwohl ich mich manchmal über mein verrücktes Leben in einer großen Fernsehserie beschwere, möchte ich es doch keinesfalls missen. Hast du das gehört, lieber Gott? Ich liebe es wirklich, in *FA* mitzuspielen!

„*FA* ist die am längsten laufende Fernsehserie zur besten Sendezeit, und die Einschaltquoten sind traumhaft", beruhigt mich Nadine. „Von langweilig kann keine Rede sein. Ich bin sicher, dass sie Alexis nur deshalb geholt haben, um ein paar neue Handlungsstränge einzuführen."

„Du hast recht." Ich beruhige mich selbst. „Bestimmt müssen wir uns wegen Alexis überhaupt keine Sorgen machen. Wahrscheinlich will sie nur dazugehören und vielleicht ihren Handlungsbogen ein wenig ausweiten." Ich grinse. „Das kann man ihr nicht übel nehmen. Schließlich ist das hier ein ziemlich cooler Arbeitsplatz – meistens."

„Genau, Fahrten mit Chauffeur, eine fantastische Assistentin, eine Spitzensendezeit – ich muss dir recht geben, dir geht es ziemlich gut." Nadine grinst.

Mein Magen knurrt. „Hey, wollen wir nicht rübergehen zu Caty und nachsehen, ob es noch was von dem Oreo-Eis gibt?" Caty ist unser Spitzname für Catering, was nichts anderes ist als Essen auf Rädern für die Filmmannschaft. Ganz egal, wie spät es ist, man bekommt dort immer Essen, Snacks und Getränke.

„Triffst du dich nicht später noch mit Austin zum Abendessen?", erkundigt sich Nadine.

„Ja, schon, aber das heißt doch nicht, dass ich nicht jetzt noch eine Kleinigkeit zu mir nehmen kann." Ich schiebe sie durch die Tür.

Der lange, spärlich dekorierte Garderobenflur ist überfüllt wie immer: Kostümierte Schauspieler eilen zu ihrer nächsten Aufnahme, Mitglieder der Filmcrew tragen Kulissen, und erschöpfte Produktionsassistenten (wir nennen sie PAs) machen eine kurze Mittagspause. Nadine und ich haben gerade Skys Tür hinter uns gelassen, durch die laute Rockmusik dringt, als ich meinen Namen höre oder vielmehr ein paar Variationen davon.

„Kate-Kate! Katie-Kins! KAITLIN!", schreit meine Mom, während sie und mein jüngerer Bruder Matty auf mich zustürmen. Mom ist in voller Arbeitsmontur und trägt einen weißen Hosenanzug, der ihren lückenlos gebräunten Körper zur Geltung bringt. Ihr langes honigblondes Haar – gefärbt, damit es zu meinem passt – ist zu einem Pferdeschwanz gebunden. „Da bist du ja! Wir wussten, dass du dich wieder in deiner Garderobe verstecken und Austin zum hundertsten Mal am Tag eine Mail schicken würdest."

Ich ignoriere den Seitenhieb auf meinen Freund. Mom scheint ihn aus dem gleichen Grund nicht zu mögen, weshalb ich verrückt nach ihm bin: Er ist nicht im Filmgeschäft. „Eigentlich habe ich meinen neuen Text gelernt, und jetzt wollen Nadine und ich uns gerade Eis holen. Willst du …" Ich unterbreche mich mitten im Satz, als ich Matty anschaue. Seine haselnussbraunen Augen glänzen, und er strahlt über das ganze Gesicht wie ein Honigkuchenpferd. Damit könnte er glatt unsere komplette Probebühne ausleuchten. „Was ist mit Matt?"

„Wir haben fantastische Neuigkeiten!", sprudelt Mom heraus. „Wir wollten dir nichts sagen, bevor es offiziell ist, aber was glaubst du, wer die neue ständige Figur in *Family Affair* ist?" Sie lässt mir keine Zeit zu antworten. „DEIN BRUDER!"

Wow. Nachdem Mom jahrelang darum gekämpft, die Drehbuchschreiber bekniet und sie praktisch bestochen hat, hat Matty es endlich geschafft, in die Serie zu kommen. Ich schnappe mir mein jüngeres Ebenbild – meine gesamte blonde, grünäugige Familie könnte Werbung für den Sonnenstaat Kalifornien machen – und umarme ihn kräftig. „Gut gemacht, Matty! Wie ist das gekommen?"

Matt holt tief Luft. „Du weißt, dass ich dich ständig darum gebeten habe, mir hier einen Job zu verschaffen, und dass Tom immer gesagt hat, sie hätten keine Rollen für einen Jungen in meinem Alter?" Ich nicke. „Nun, Tom hat letzte Woche unseren Agenten angerufen und ihm gesagt, dass sie tatsächlich nach jemandem in meinem Alter suchen und dass ich zum Vorsprechen kommen soll", erzählt Matty stolz. Er sieht aus wie aus dem Ei gepellt in seinen grauen Hosen, einer burgunderroten Weste und einem weißen Button-Down-Hemd. Genau wie Justin Timberlake. „Aber Mom hat Tom angerufen und ihn versprechen lassen, dass er mich nicht bevorzugen würde, nur weil wir verwandt sind. Und wenn sie mich engagieren würden, wäre das ein toller Werbegag. Du weißt schon, weil sie dann sagen könnten, dass sie zwei Burkes in einer Serie haben."

„Wie professionell", wirft Nadine locker ein.

Mom zieht ihre Augenbraue hoch und sieht Nadine in ihrer berühmten bedrohlichen Weise an. Nadine sagt kein Wort mehr. Mom und Nadine sind nicht immer einer Meinung über Moms Taktik im Showgeschäft.

„Wie auch immer", sagt Matty. „Tom und alle anderen mögen mich. Sie haben gesagt, ich wäre perfekt für die Rolle von Dylan, einem neuen Schüler der Mittelstufe an der Summerville High School." Unsere fiktive High School hat tatsächlich Schüler von der siebten bis zur zwölften Klasse.

„Das ist toll!" Ich umarme ihn noch einmal, und er lässt es geschehen. „Es wird schön sein, einen natürlichen Verbündeten hierzuhaben.

„Ich schätze, es wird ziemlich cool sein, als Kaitlin Burkes Bruder bekannt zu werden", gesteht Matty. „Solange es keinen Schatten auf meine Vorstellung wirft."

„Natürlich." Ich grinse.

„Und das bedeutet, dass wir jetzt denselben Privatlehrer am Set haben", fügt Matty hinzu. „Ich kann es kaum erwarten, Donna endlich loszuwerden." Seit der Vorschule wurde Matt zu Hause von einer Privatlehrerin unterrichtet. Unsere Eltern waren davon überzeugt, dass er eines Tages ein großer Star sein würde, also warum sollte man dann nicht gleich von Anfang an mit einem Privatlehrer beginnen?

„Erzähl mir was von diesem Dylan", fordere ich meinen Bruder auf. „Ich glaube nicht, dass ich schon von ihm gehört habe."

„Er ist der geheimnisvolle Außenseiter, der mit Sam und Sara herumhängen will", erklärt Matty atemlos.

„Augenblick mal", bemerke ich, „ich glaube, Trevor hat davon erzählt. Ist das der Junge, dem Ryan Nachhilfe geben soll? Der dämliche Kerl aus dem kaputten Elternhaus?" In der Serie spielt Trevor Wainwright meinen Freund Ryan.

„Ich würde ihn nicht als dämlich bezeichnen", sagt Matty verächtlich. „Aber ja, das ist er."

„Wahrscheinlich habe ich es falsch verstanden", erwidere ich schnell. „Egal, das ist eine tolle Neuigkeit, Matty. In wie vielen Folgen wirst du dabei sein?" Höflich lächle ich einen aus der Filmcrew an, der gerade mit einer Rigipsplatte und Farbeimern vorbeikommt. Vielleicht ist er auf dem Weg zur Ehrenwand von *FA*, drüben in der Eingangshalle der Probebühne. Dort befinden sich die überlebensgroßen handgemalten Bilder der Hauptpersonen unserer Serie. Tom schwört, dass sie mein Porträt in diesem Jahr neu malen werden. Das Bild, das bisher dort hängt, zeigt mich im Alter von dreizehn Jahren, und ich habe den Mund voller Metall. Es ist eine unangenehme Erinnerung, jeden Tag daran vorbeizulaufen.

„Sie haben gesagt, ich bin in acht Folgen dabei", erklärt Matt und beobachtet das aufregende Leben um ihn herum. „Aber weil ich erst dreizehn bin, schreibt das Jugendarbeitsschutzgesetz vor, dass ich nur fünf Stunden am Tag arbeiten darf. Ist das nicht lächerlich?"

„Wie gemein", stimmt Nadine zu.

Ich versuche, mir das Lachen zu verkneifen. Nadine mag Matty eigentlich, aber sein Versuch, sie bei den Dreharbeiten am Set von *SJA* (er hatte eine kleine Rolle als Bruder meiner Filmfigur) für sich arbeiten zu lassen, hat wohl einen bitteren Nachgeschmack bei ihr hinterlassen.

„Ich weiß", beschwert sich Matt. Er bemerkt Nadines Sarkasmus nicht einmal. „Ich meine, ich bin sicher, sie würden mir mehr Text geben, wenn sie sich nicht nach diesen Beschränkungen richten müssten. Ich kann ihnen gar nicht mein ganzes Talent zeigen in nur fünf Stunden am ... Wow. Wer ist denn *das*?"

Wir drehen uns um und sehen Alexis Holden auf uns zustolzieren. Ihr langes, fließendes rotes Haar (denkt an das Haar einer jüngeren, leicht angeheiterten Lindsay Lohan) wallt hinter ihr her, als sie an uns vorbeischreitet. Sie trägt ein enges, schwarzes ärmelloses Kleid mit V-Ausschnitt und kniehohe Stiefel mit hohen Absätzen. Sie sieht um einiges älter aus als siebzehn, wie ihre Biografie laut Tom behauptet. Als Alexis mich sieht, kreischt sie auf.

„Kate-Kate!" Sie umarmt mich überschwänglich. „Wie geht es dir? Du warst einfach umwerfend in der Szene heute Morgen. Ich wünschte, ich könnte so cool und ruhig bleiben im Schweinwerferlicht der Kameras." Sie schaut meine Familie und Nadine an. „Ich liebe dieses Mädchen."

„Dankeschön, aber ich habe schließlich viel Erfahrung. Du wirst sie auch noch kriegen." Ich werde rot. Na, so was, Sky hat einen völlig falschen Eindruck von Alexis. Sie ist so nett! „Leute, das ist Alexis, unsere neue Kollegin", füge ich hinzu. „Mom, du kennst Alexis. Sie spielt Colby. Und das ist mein Bruder Matty. Er ist auch neu dabei in dieser Staffel."

Alexis dreht sich um und umarmt Matty, wobei sie ihm ihren Busen ins Gesicht drückt. An dieser leichten Anmache kann man nichts ändern, da Alexis deutlich größer ist als Matt; aber wie auch immer, Matty zuckt nicht mit der Wimper. „Ich bin ja so froh, dass noch jemand anderes neu hier ist!", sprudelt sie. „Wir müssen zusammenhalten!"

Matty nickt.

„Das ist also Alexis!", sagt meine Mutter verzückt. „Ich habe schon so viel über dich gelesen! Du wirst ein großer Star werden, genau wie meine Kaitlin. Ich spüre das. Hast du schon einen Manager, meine Liebe?"

Alexis schüttelt den Kopf. „Das Studio sagt, ich soll dafür kein Geld vergeuden. Sie können das für mich erledigen." Ihre Stimme klingt immer ein wenig kratzig, so als ob sie gerade aufgestanden wäre.

„Für den Augenblick ist das wundervoll, aber eines Tages wirst du jemanden haben wollen, der dich managt, da bin ich sicher", drängt Mom. „Du kannst Kaitlin oder Matty dann ruhig nach meiner Telefonnummer fragen."

„Das ist so lieb." Alexis greift nach der Hand meiner Mutter und drückt sie fest. „Ich werde daran denken."

„Nadine und ich waren gerade auf dem Weg zur Caty", sage ich. „Willst du mit?"

„Ich würde gern, aber ich wollte gerade zu den Autoren, um ihnen meine selbst gemachten Plätzchen zu bringen", sagt sie und zeigt auf die Tüte an ihrem Arm.

„Du backst gern?", erkundigt sich Nadine unschuldig.

Alexis nickt. „Zu Hause habe ich immer gern für meine Freunde gekocht. Ich habe nicht so viel Heimweh, wenn ich hier für alle backe", sagt sie. Sie klingt traurig. „Was ist deine Lieblingssorte? Das nächste Mal backe ich für euch."

Nadine und ich werfen uns schnell einen Blick zu. Ich vermute, dieser Klatsch am Set war Blödsinn. Alexis will wirklich nur dazugehören.

„Das musst du nicht", sage ich zu ihr. Ich erkläre ihr lieber nicht, dass ich vermutlich die ganze Ladung auf einmal essen und dann nicht mehr in meine Kleider passen würde.

„Bist du sicher?", fragt Alexis. „Die Autoren sagen, dass meine Haferflockenplätzchen mit Rosinen einfach spitze sind." Sie lacht.

„Ganz bestimmt", erwidere ich, aber tief drinnen spüre ich wieder ein Quäntchen Eifersucht. Sie ist total neu hier und erobert alle im Sturm. Es ist schwer, nicht mit ihr zu wetteifern. Vielleicht mache ich doch diese Karamell-Brownies und bringe sie nächste Woche mit.

„Viel Spaß." Ich lächle.

„Na klar", sagt sie. Und damit schlendert Alexis davon.

Wir bleiben zurück und starren ihrer Modelfigur hinterher und ihrem laufstegwürdigen Abgang.

Freitag, 13.9.

Persönliche Notizen:

Abendessen mit A, Liz & Josh im Les Deux um 20 Uhr
*Nadine soll sich noch mal um die Reservierung kümmern
Montag Drehbeginn in Malibu
Haare und Make-up um 5 Uhr früh, Abholung um 6 Uhr
Montag 19 Uhr: J.T.-Party im Hyde
Dienstag Drehbeginn: 6 Uhr früh
Dienstag 18 Uhr: Priceless Benefit

ZWEI: *Zum Glück ist Freitag*

Gerade habe ich etwas über die angesagten Orte in Hollywood entdeckt: Nur weil du eine Reservierung dafür hast, bedeutet es noch lange nicht, dass du auch hineinkommst.

„Bist du sicher, dass hier das *Les Deux* ist?" Liz runzelt die Stirn und späht durch die getönten Scheiben unseres Lincoln. Ihr violetter Seidenmini glitzert im Schein einer nahen Straßenlaterne. Ihr olivfarbenes Gesicht mit der schimmernden Glitzergrundierung ist konzentriert, und ihre braune, lockige Mähne wird von einem ihrer typischen Kopftücher bedeckt. Das ist ihr Markenzeichen.

„Ich glaube schon", sage ich und knabbere an meiner Lippe. Das angesagte Clubrestaurant im europäischen Stil ist berühmt für seine Desserts – und dafür, dass es sehr schwer zu finden ist. Ich sehe einen Parkplatz voller BMWs und Mercedes, also müssen wir schon in der Nähe sein, aber die umstehenden Gebäude sehen alle nicht interessant genug aus für das *Les Deux*. Ich war erst einmal bei einer Party hier, und die Organisatoren haben mich so schnell hineingeführt, dass ich nicht viel mitbekam vom Äußeren des Gebäudes.

„Erhalten große Stars wie du nicht im Voraus den Geheimcode?", lästert Austin. Dabei massiert er meine Schultern, und es läuft mir heißkalt über den Rücken.

„Ich werde zuerst reingehen", sagt Rodney, der sowohl

mein Bodyguard als auch mein Fahrer ist. „Larry der Lügner könnte hier herumschleichen. Es ist mir egal, dass es gegen das Gesetz verstößt, einen Paparazzo zu verprügeln. Wenn dieser Kerl Kate wieder unter die Augen kommt, verpasse ich ihm eine."

Das brächte er fertig. Besonders nach seinem Stunt-Training für *JSA*. (Dieser Film war Rods erster großer Filmauftritt als Stuntman. Rod möchte der nächste Arnold Schwarzenegger werden. Abgesehen vom Gouverneurstitel.) Mit seinen 300 Pfund, dem kahlen Schädel und der schwarzen Sonnenbrille wirkt Rodney ganz schön Furcht einflößend, aber was mich betrifft, so ist der riesige Kerl ein Teddybär.

„Es war ein Unfall", erinnere ich ihn. Ich denke wieder an den Vorfall letzte Woche, als Larry der Lügner über das Seil stolperte und mir seine Nikon D50 direkt in die rechte Wange schmetterte. Der bläulich violette Bluterguss ist endlich verblasst; Shelly hatte schwer damit zu tun, ihn mit Abdeckschminke unsichtbar zu machen.

Plötzlich sehe ich jemanden am Rand des Parkplatzes aus einem unscheinbaren Bungalow treten. Zuerst denke ich, die Leute kommen gerade aus ihrem Haus, aber was hat ein Wohnhaus auf einem Parkplatz zu suchen? Dann entdecke ich zwei weitere schick gekleidete Menschen, die das Gebäude mit Essen zum Mitnehmen verlassen. Das ist es! „Ich erinnere mich wieder, wo wir reinmüssen", sage ich aufgeregt. „Es ist dort drüben!"

„Ich habe gerade angefangen, mir Sorgen zu machen, dass wir kein Stück von diesen kleinen Zitronentörtchen bekommen würden, von denen du uns die ganze Zeit vorgeschwärmt hast", witzelt Josh, der Freund von Liz.

Sogar in einem weiten blauen Seidenhemd kann man Joshs feste Brustmuskeln erkennen. Er ist Kickboxer, genau wie Liz, und die beiden haben sich vor ein paar Monaten kennengelernt, ungefähr zur gleichen Zeit wie Austin und ich. Es gefällt mir, dass wir vier uns gemeinsam verabreden. Es ist irgendwie so erwachsen.

„Die Sorgen musst du dir nicht machen", sagt Austin. Ein Lächeln zuckt um seinen Mund. „Der Name Burke garantiert die Anwesenheit von Paparazzi und den Zugang zu jeder Örtlichkeit." Er zwinkert mir zu.

Ich muss grinsen. Austin zieht mich gerne wegen der Vorteile meiner Berühmtheit auf. Na gut, ich kann es ja zugeben. Manchmal macht es wirklich Spaß, ich zu sein.

Mit uns vieren im Schlepptau läuft Rodney zum Portier, der eine lange Schlange hübscher Menschen in Schach hält. Wie konnten wir diese Menschenmenge nur übersehen? Rodney flüstert dem Portier meinen Namen zu. Der dreht sich um und raunt ihn einem gestressten Typ mit Klemmbrett zu – und die Tür öffnet sich für uns. Die anderen stöhnen, als wir an ihnen vorbeigehen.

„Viel Spaß! Und bringt mir auf jeden Fall ein Törtchen mit!", ruft Rodney uns hinterher. „Oder zwei!"

Eine überschlanke Kellnerin mit einer hübschen Bobfrisur führt uns an der hinreißenden modernen Lounge mit Steinwänden und schwarzen Ledermöbeln vorbei auf die Terrasse, wo ein alter französischer Film auf eine der Wände projiziert wird. In der Mitte mehrerer Sofas und Ottomanen sprudelt ein Springbrunnen; Bäume und Büsche unterbrechen die ruhige Landschaft. Das Mädchen platziert uns auf einem Arrangement aus Ledersofas und drückt jedem von uns wortlos eine Speisekarte in die Hand. „Ich bin gleich wieder zurück für eure Getränkebestellung", sagt sie, bevor sie zu der Bar im Freien hinübergeht.

Schnell überfliege ich das Speiseangebot. Das italienische Menü sieht köstlich aus, aber ich kann mich nicht beherrschen und checke zuerst die Desserts. Red-Velvet-Kuchen, Zitronentörtchen, Möhren-Nuss- und Vanilletörtchen ... ahhh, ich möchte am liebsten alles bestellen. Als ich mich auf der bequemen Couch zurücklehne, spüre ich, wie sich meine verkrampften Schultern entspannen. Glücklich schaue ich über den Rand der Karte auf meinen Freund.

Austins blonde Haarmähne beschattet seine türkisgrünen Augen. Wie üblich sieht er aus, als wäre er gerade einer Anzeige der Modefirma *American Eagle* entsprungen. Er trägt ein Polohemd mit Button-Down-Kragen und dunkelbraune lange Hosen.

„Woran denkst du, Burke?", fragt er ohne aufzublicken.

Ich werde dunkelrot. Er hat mich erwischt, wie ich ihn anstarre. Schon wieder. „An gar nichts", antworte ich. „Ich bin einfach nur so glücklich, euch wiederzusehen. Es war so eine laaaaaaaaaange Woche ohne euch." Als *SJA* abgedreht war, hatte ich zwei herrliche lange Wochen frei, und wir vier hingen rund um die Uhr zusammen. Als es mit *FA* wieder losging, verbrachten wir die Abende zusammen, oder sie besuchten mich am Set (ich liebe es, meinen Freund vorzuzeigen!). Aber seit die Schule wieder begonnen hat, laufen die Zeitpläne bei uns allen aus dem Ruder, und selbst am Wochenende schaffen wir es nicht immer, uns zu treffen. Es ist so deprimierend.

Liz' Lächeln wird zu einem Gähnen. „Wir haben dich

auch vermisst", murmelt sie schläfrig. „Besonders, als wir Geschichte hatten und Mrs. Watson irgendetwas aus unserem furchtbar dicken Buch *The American Nation* herunterleierte."

„Wir müssen das zweite Kapitel lesen von der Urgeschichte bis ins 18. Jahrhundert und bis Montag einen kurzen Aufsatz schreiben über die schwierigste Zeit für die Siedler in den englischen Kolonien", beschwert sich Austin. „Ich wünschte, ich könnte die Zeit drei Wochen zurückdrehen und wieder bei dir am Pool liegen."

„Ich auch", stimmt Liz zu und stützt den Kopf in die Hände. Um die Augen herum sieht sie müde aus, als ob sie gleich einschlafen würde. „Ich würde sogar wieder deine Assistentin spielen. Und das heißt schon was."

„Besten Dank", bemerke ich sarkastisch. Bei *SJA* war Liz meine zweite Assistentin (natürlich belegt Nadine seit Langem den ersten Platz), und es wäre keine Lüge, zu behaupten, dass sie diesen Job hasste. (Kleiner Tipp: Man sollte niemals Freunde einstellen.)

Trotzdem ist bei dem Ganzen auch was Gutes herausgekommen. Liz hat Daniella Cook kennengelernt, die Produktionspartnerin von Hutch bei *SJA*. Und sie hat bei ihr einen so grandiosen Eindruck hinterlassen, dass Daniella ihr einen Job nach der Schule anbot. Jetzt hilft Liz im Produktionsbüro mit und denkt ernsthaft über eine Karriere als Produzentin nach.

„Ich bin so müde", jammert Liz. „Aber du hast mir so gefehlt, dass ich nicht absagen wollte."

Sie runzelt die Stirn, wodurch das Grübchen in ihrer linken Wange sichtbar wird. „Schule, Kickboxen und die Arbeit bei Daniella – ich könnte mich glatt unter dem

Tisch zusammenrollen und bis Montag einfach durchschlafen."

Josh lacht, und sein Gesicht wird so rot wie sein rotblondes Haar. „Warte nur, bis nächste Woche dein Vorbereitungskurs für den Studieneignungstest beginnt. Dann bist du richtig fertig." Liz stöhnt.

„Habt ihr den belegen können, den ihr wolltet?" Ich halte die Kellnerin an, um bestellen zu können, bevor Liz anfängt zu schnarchen.

„Ja. In der fünften Stunde", sagt Austin. „Wir haben ihn im ersten halben Jahr und anschließend Statistik. Liz und ich sind im selben Kurs."

„Ich musste ihn auf den Samstag legen, weil meine Schule tagsüber keinen Vorbereitungskurs anbietet", beschwert sich Josh. Während Liz und Austin die private Clark High School in Santa Rosita besuchen (wo auch ich für ein paar Monate war), geht Josh in die staatliche Schule auf der anderen Seite der Stadt. „Was ist mit dir, Kates", fügt Josh hinzu. „Machst du auch einen Vorbereitungskurs?"

Ich werde rot. „Ich glaube nicht. Monique hat mich getestet, aber sie sagt, ich solle mir deswegen keine allzu großen Sorgen machen, weil ich wahrscheinlich sowieso bei *FA* bleiben werde, bis ich fünfzig bin." Ich lache, aber als ich genauer darüber nachdenke, finde ich es gar nicht mehr so lustig. Was ist, wenn die Serie plötzlich eingestellt wird oder mich die Presse wegen irgendetwas richtig Schlimmem fertigmacht und ich dann gefeuert werde? Wenn ich bei dem Studieneingangstest schlecht abschneide, werde ich von keiner guten Uni akzeptiert. Ich werde keine neue Karriere starten können, und die

Chancen auf einen neuen Job stehen dann auch schlecht. Mir wird das Geld ausgehen. Ich spüre, wie ich anfange zu schwitzen. Mir schießt ein Bild von Mom, Dad, Matty und mir durch den Kopf, wie wir uns in zerlumpten Prada-Mänteln an einer Straßenecke zusammendrängen. Ich schaudere.

Als letzte Zuflucht könnte ich es vermutlich bei *Dancing with the Stars* versuchen. Ich zittere noch mehr.

„Frierst du?", erkundigt sich Austin. Ich schüttele den Kopf.

„Ich kann an nichts anderes mehr denken als an den Studieneingangstest", sagt Austin zu uns. „In der elften Klasse wird es langsam ernst, nicht wahr? Bis zum Frühjahr habe ich kein Hockey, also auch keine Entschuldigung dafür, nicht in meine Bücher zu schauen. Der Trainer wollte, dass ich Hundertmeterlauf mache, aber ich bin nicht der Kurzstreckentyp. Lieber konzentriere ich mich darauf, ein richtig gutes Ergebnis im Test zu kriegen, damit ich auf die Uni nach Los Angeles kann oder auf die Notre Dame oder das Boston College."

Augenblick mal! Austin will nach Boston? Dieser Gedanke trifft mich wie ein Schlag. In zwei Jahren werden Liz und Austin aufs College gehen, und vermutlich werden sie sich eins aussuchen, das weit weg ist. Mein Magen knurrt protestierend. Früher habe ich mir nie Sorgen gemacht, wenn Liz das Thema College angeschnitten hat, weil es noch in weiter Ferne zu liegen schien. Aber das stimmt gar nicht. Nicht mehr. Ich stelle mir vor, wie ich Liz und Austin nachwinke, während sie zu unbekannten Zielen aufbrechen. Schon bald können wir uns nicht mehr so wie heute treffen. Wir werden uns nur noch im Urlaub und im Sommer sehen, aber die meiste Zeit werden wir getrennt voneinander verbringen. Es kostet mich meine ganze Kraft, mitten im Innenhof des *Les Deux* nicht in Tränen auszubrechen.

Austins und Liz' Zukunft scheint vorbestimmt. Aber wo bleibe ich bei dem Ganzen? Möchte ich überhaupt auf die Uni? Ich habe schon einen tollen Job. Nadine nervt mich die ganze Zeit wegen der Uni und sagt, es wäre wirklich wichtig für meine Entwicklung. Sie betet eine ganze Liste berühmter Stars runter, wie Natalie Portman, die sich freigenommen hat, um zu studieren. An diesem Zeitpunkt sage ich immer, dass Leute wie Natalie Portman und Julia Stiles während ihres Studiums auch nicht in einer Fernsehserie mitspielten, die neun Monate im Jahr Drehzeit hat. Aber theoretisch denke ich, dass ich es machen könnte, wenn ich nur wollte. Und wenn ich meinen Eignungstest nicht total verhaue, dann sollte ich mit Monique darüber sprechen. Seit ich bei *FA* angefangen habe, ist sie meine Privatlehrerin, und ihr Job ist es, mich mit gutem Unterricht aufs Leben vorzubereiten, richtig? Das Ergebnis meines Vorbereitungstests in der zehnten Klasse war nicht fürchterlich, aber auch nicht gerade berühmt. Ich sollte mich vielleicht um Nachhilfe für den Studieneingangstest kümmern. Für alle Fälle.

„Du denkst also an eine Uni an der Ostküste?", frage ich Austin, wobei ich versuche, ruhig und überhaupt nicht besorgt zu klingen.

„Vielleicht", antwortet Austin nachdenklich. „Aber meine erste Wahl ist die Uni in Los Angeles."

Gott sei Dank!

„Mein Favorit ist immer noch New York", sagt Liz. „Ich wollte immer dorthin. Aber jetzt, wo ich Produzentin werden will, bin ich geradezu davon besessen. Ihre Filmhochschule ist einfach umwerfend. Und New York scheint eine so tolle Stadt zu sein."

„Ich werde dich unendlich vermissen, aber es sieht wirklich so aus, als wäre es für dich die perfekte Lösung", stimme ich bedauernd zu.

Tatsächlich bietet New York eine Menge Möglichkeiten. Jedes Mal, wenn ich wegen einer Talkshow nach New York komme, verliebe ich mich mehr in diese Stadt. In New York kümmert sich kein Mensch um Prominente. Ehrlich. Kein Paparazzi-Trupp verfolgt einen durch die Straßen, und in den Büschen warten keine Fotografen darauf, ein Foto von deinem Gesicht zu schießen, das mit rosa Beerenjoghurt verziert ist. Ich frage mich, wie es sein würde, dort zu leben. Es klingt verführerisch, wenn man mal vom Straßenverkehr und den ständig hupenden Taxis absieht. Aber wahrscheinlich könnte ich sie mit einem lautstarken Gerät von *Sharper Image* übertönen.

Flüchtig geht mir ein Bild von Liz und mir als Wohnungsgenossen an der Uni in New York durch den Kopf. Wir essen im *Serendipity* auf der East 60th Street, winken mit tausend Einkaufstüten in den Händen einem Taxi, fahren auf Rollschuhen durch den Central Park ... Wie lustig wäre es, 3.000 Meilen von zu Hause entfernt zu leben und immer noch mit Lizzie zusammen zu sein? Sicher, ich muss jedes Mal weg von hier, wenn ich Außenaufnahmen für einen Film habe, aber trotzdem! Wenn ich auf die Uni ginge, wäre ich das *ganze Jahr* weg. Das hieße keine Eltern, keine Vorschriften und keine

Journalisten. Das ist irgendwie cool. Jetzt bin ich ein bisschen neidisch, auch wenn die Idee weit hergeholt ist. Ich vertreibe das Fantasiebild aus meinen Gedanken und versuche, Liz zuzuhören.

„Ich hoffe nur, dass ich alles schaffe, was ich an der Backe habe", sagt Liz und macht einen gestressten Eindruck. „Es ist schon jetzt wahnsinnig viel, und wir haben erst Mitte September. Ich habe nicht mal eine Stunde in der Woche Zeit, um *Grey's Anatomy* zu schauen."

„Vergiss nicht die Fahrschule", sagt Austin mit funkelnden Augen.

„Richtig", stimme ich zu, froh, das Gesprächsthema wechseln zu können. „Ich kann es kaum erwarten, dass ihr alle den Führerschein habt und mich herumchauffiert. Rodney wird rasend deprimiert sein, dass er nicht mehr mein Hauptchauffeur ist", scherze ich. „Austin, du hast zuerst Geburtstag, du bist schon engagiert." Sein Geburtstag ist am 26. Oktober, also ist er knapp zwei Monate älter als ich. Ich habe am 11. Dezember Geburtstag.

„Ich kann noch gar nicht glauben, dass ich bald siebzehn bin", staunt Austin.

„Willkommen im Club, Mann." Josh schlägt Austin auf den Rücken. Josh hat gerade seinen Führerschein bekommen, aber seine Mom erlaubt nicht, dass er abends den Wagen nimmt.

„Irgendeinen Wunsch, Meyers?", frage ich. „Was anderes als ein Jeep Cherokee in Feuerwehrrot?"

Austin zuckt die Schultern. „Eigentlich nicht – nur, dass du an dem Tag freihast." Er lehnt sich zu mir hinüber und küsst mich. Er ist so süß.

„Ich werde erst im März siebzehn", beschwert sich Liz. „Ich kann von Glück sagen, wenn sie zulassen, dass ich mich jetzt für die Fahrstunden anmelde."

„Noch mal zurück", sagt Josh plötzlich. „Kates, was meinst du damit: ‚Ich kann es kaum erwarten, dass ihr mich herumchauffiert'? Willst du denn nicht auch den Führerschein machen?"

Ich beiße auf meine Lippe. „Ich habe noch nicht richtig darüber nachgedacht", antworte ich und komme mir ganz klein vor. Diese Unterhaltung wird wirklich langsam deprimierend.

„Ich finde, du solltest den Führerschein machen." Austin streckt die Hand aus und streicht mir eine Haarsträhne hinter das Ohr. „Du willst doch nicht, dass Rodney dich für den Rest deines Lebens überall hinfährt."

Austin hat es auf den Punkt gebracht. Der Führerschein ist meine Eintrittskarte zur Freiheit. Ich könnte mich endlich einfach ins Auto setzen und ganz allein zur Boutique Kitson fahren. Es wäre schön, eines dieser niedlichen kleinen Cabrios in Dunkelgrün zu haben. Ich stelle mir vor, wie ich auf dem Pacific Coast Highway dahinbrause, mit dem Wind in meinen Haaren. „Es wäre einfach toll, wenn wir alle gemeinsam in die Fahrschule gehen könnten!", sage ich sehnsüchtig. „Aber bei meinem Glück würde *Hollywood Nation* bei meinem Erscheinen mit Kameras über den Parkplatz herfallen und das Ganze ruinieren." Alle lachen.

Ja, mein Leben ist außergewöhnlich, und ein Treffen mit dem Präsidenten oder eine Einladung zu Oprah Winfrey sind nicht zu toppen. Aber manchmal bin ich schon frustriert, wenn mir klar wird, dass ich ganz normale

Schritte ins Erwachsenenleben verpasse – wie zum Beispiel die Fahrschule, meinen eigenen Abschlussball an der High School oder ein Schlafzimmer, das so groß ist wie eine Schuhschachtel. Manchmal fühle ich mich steinalt, weil ich all diese Dinge auslasse. Viel zu alt für jemanden, der noch nicht einmal siebzehn ist.

Austin schenkt mir sein viel zu perfektes Lächeln, das mich sofort sentimental stimmt. „Private Fahrstunden sind besser als Fahrschule", sagt er. „Wenigstens musst du dein Leben nicht drei anderen überdrehten Teenies anvertrauen, die abwechselnd mit dir am Steuer sitzen."

„Da hast du auch wieder recht." Er versucht, mich aufzuheitern, und es funktioniert.

„Kates, Austin und ich gehen in dieselbe Fahrschule", sagt Liz. „Ich verspreche, jede kleinste Kleinigkeit über Austins Fehler auszuplaudern, damit du auch nichts verpasst." Sie kichert.

„Als ob du so viel besser wärst", sagt Austin zu Liz, und ein breites Grinsen überzieht sein Gesicht. „Stell dir das mal vor, Burke: Liz fährt auf der 101 mit Mr Thomas, Rob Murray und mir als Beifahrer. Das ist doch ein Horrorfilm, der erst noch gedreht werden muss!"

Sie brechen in Gelächter aus. Ich lache auch, aber ich komme mir dumm vor.

„Kaitlin Burke! Was machst du denn hier?" Meine PR-Managerin Laney Peters unterbricht uns und reißt mich fast vom Stuhl, als sie mich umarmt. „Wie geht es dir, Liebling?"

Liebling? Das kann nicht Laney sein, auch wenn sie genauso aussieht. Sie steht vor mir mit ihrer neuesten Gucci-Tasche am Arm. Sie trägt ein Tanktop von Dolce &

Gabbana, Caprijeans von Diesel und Ballerinas. Sie könnte zusammen mit Liz und Austin durch die Gänge von Clark High School wandern, und alle würden sie für eine Schülerin halten. (Soweit ich weiß, könnte sie tatsächlich so jung sein. Ihr richtiges Alter hat sie niemals verraten.) Laneys langes blondes Haar ist wie glattgebügelt.

„Mir geht es gut, Laney, könnte nicht besser sein", antworte ich.

„Kaitlin, das ist Heidi Caldwell, die Herausgeberin von *Men's Matters* von der Westküste", schnurrt Laney. An Laneys rechter Seite sehe ich eine Brünette in den Vierzigern mit langem, lockigem Haar, die mich anlächelt. Sie steckt in einem engen schwarzen Tanktop und dunklen Jeans.

Ohhh – deshalb *Liebling*. Ich verstehe. Ich gebe Heidi die Hand, bevor ich Austin, Liz und Josh vorstelle.

„Wir waren im *Hyde* auf dem Konzert von Kelly Clarkson, aber es war so voll." Laney schüttelt sich voller Abscheu.

„Wie war sie?", erkundige ich mich höflich. Kelly ist auch eine von Laneys hochkarätigen Klienten.

„Perfekt", sagt Laney. „Und sie sieht unglaublich gut aus. Vielleicht steht sie Modell für *Men's Matters*."

„Kelly?" Sie scheint viel zu nett zu sein, um sich einzuölen und in einem Stringtanga zu posieren, damit Millionen männlicher Leser sie angaffen können.

„Alle wollen in *Men's Matters*", mischt sich Heidi ein und fährt doch tatsächlich fort: „Du solltest es dir auch überlegen, Kaitlin. Deine Kollegin Alexis Holden ist auf unserem nächsten Titelbild. Wir müssen ein paar Monate warten, bis wir eine weitere Schauspielerin aus *Family*

Affair bringen können, aber ich bin sicher, dich hätten sie auch gerne."

„Ihr habt Fotos von Alexis?" Ich spüre, dass ich grün werde vor Neid, obwohl ich niemals den Wunsch hatte, in Strapsen fotografiert zu werden.

„Ihre Auflage würde in schwindelnde Höhen steigen, wenn Sie Kaitlin Burke auf dem Titelbild hätten", versichert Laney ihr. „Sie hätten uns zuerst kontaktieren sollen. Kaitlin ist ein Markenname. Alexis wird nur für ein paar Folgen in der Serie auftreten, wissen Sie." Ich versuche mir ein Lächeln abzuringen. Es ist einfach toll, in Laneys Gesellschaft zu sein, wenn sie für mich kämpft.

„Alexis wird noch ganz groß rauskommen", erwidert Heidi. „Jeder spricht über sie. Ich meine, das Mädchen kam von nirgendwoher, und jetzt hat sie eine Rolle in *FA*, hängt mit Lindsay und Paris herum, und jeder Kerl in der Stadt möchte ihre Handynummer haben. Angesagter kann man nicht mehr werden. Und wir haben sie als Erste auf dem Cover."

Ich spüre, wie ich Pickel kriege. Angesagt? Dieses Mädchen war erst zweimal in der Sendung! Plötzlich kann ich verstehen, wie sich Sky letztes Jahr gefühlt haben muss, als *TV Tome* mich mit dem Titel „Teen Queen" beehrte. Es ist nicht lustig, zuzuhören, wenn andere sich über die Leistung einer Konkurrentin unterhalten, wenn sie nichts über deine eigene sagen.

„Ich würde Alexis gerne mal treffen, Kaitlin", wendet Laney sich an mich. „Vielleicht hat sie noch keinen Pressesprecher. Nächste Woche komme ich mal am Set vorbei, und dann trinken wir zusammen einen Chai-Tee. Okay?"

„Na klar", sage ich durch zusammengepresste Zähne.

„Oh, die Kellnerin winkt uns." Laney beugt sich herab und küsst mich auf beide Wangen. Ich bin derart überrascht, dass wir beinahe mit den Köpfen zusammenstoßen. Sie räuspert sich.

„Ich wünsche euch allen einen schönen Abend", sagt Heidi. „Denk über mein Angebot nach, Kaitlin."

„Werde ich." Ich lächle süß, bis sie verschwunden sind. Dann massiere ich meine Schläfen.

„Was war das denn?", will Austin wissen. „Wer ist Alexis?"

„Viel wichtiger ist", fällt Liz ihm ins Wort, „dass du mir versprichst, auf keinen Fall in diesen dämlichen Männermagazinen aufzutauchen. So was ist entwürdigend."

Austin und Josh werden rot. Sie müssen ein Abonnement haben.

HOLLYWOOD-GEHEIMNIS NUMMER ZWEI: Es gibt einen ganz einfachen Grund, warum sich Schauspielerinnen für Männermagazine fotografieren lassen: Es ist eine riesengroße Reklame. Hollywood weiß, dass es meistens junge Kerle sind, die Eintrittskarten für eine Kinopremiere am Wochenende kaufen oder sich ein ganzes Wochenende lang anstellen, um Karten für ein Konzert zu ergattern. Und junge Männer erreicht man am besten, indem man sich in Unterwäsche für das Titelbild eines Heftes wie *Men's Matters* ablichten lässt. Sogar die Studios beobachten diese Titelbilder. Der Nachteil dabei ist, dass sie erniedrigend sein können. Habt ihr schon mal die merkwürdigen Posen bemerkt, die einige dieser Mädchen einnehmen, um aufzufallen? Oder die Interviewfragen? Muss ich mich wirklich darüber auslassen, dass ich noch Jungfrau bin? Ich könnte noch nicht einmal mit meinem Freund darüber sprechen, geschweige denn mit der gesamten Leserschaft einer Zeitung!

Laney mag sich vor Heidi darüber empört haben, dass ich noch nicht auf dem Cover von *Men's Matters* war. Aber die Wahrheit ist, dass sie es sowieso nie zulassen würde. Sie ist der Meinung, dass diese Männerhefte eine Art *Playboy* sind. Man sollte sich nur dafür interessieren, wenn man ein C-Star ist und hofft, damit zu einer Art B-Prominenz aufzusteigen. Vermutlich ist Alexis somit immer noch ein C-Star. Haha!

Augenblick, das ist gemein. Was ist nur los mit mir?

Ich erzähle den anderen ein bisschen über Alexis und ihren Charakter, bis die Kellnerin unser Essen bringt. Meine mit Spinat und Ricotta gefüllten Ravioli sehen fantastisch aus, aber ich muss auf jeden Fall aufpassen, dass ich noch genügend Platz für einen Nachtisch lasse. Ich darf es nicht übertreiben, wenn ich am Montag bei den Aufnahmen zu *FA* noch in Kleidergröße 34 passen will. „Schluss mit dem Gerede", sage ich. „Lasst uns reinhauen."

„Diese Gnocchi sind einfach köstlich", murmelt Liz und beißt in ihre Pasta. „Sehen sie nicht *comestible* aus?"

Austin, Josh und ich schauen erst uns verwirrt an und dann Liz.

„*Comestible* bedeutet ‚geeignet zum Essen'." Liz klingt sehr selbstsicher. „Das ist eine Vokabel aus dem Eingangstest."

„Angeberin", scherzt Josh und schiebt sich einen Löffel seiner Linguine mit Muscheln in den Mund. „Also gut, du Schlaumeier. Was bedeutet *demulcent*?"

„Etwas von Laub befreien?" Sie klingt verunsichert.

Austin macht ein hupendes Geräusch. „Das muss als falsch gewertet werden. Tut mir leid, Miss Mendes, aber ich fürchte, die richtige Antwort lautet ‚Applikation zur Beruhigung einer irritierten Oberfläche'."

„Was bedeutet *denizen*? Einwohner. Hah!"

„Ach wirklich? Was ist mit *felicitate*? Freude oder Glück wünschen."

Ich komme mir vor, als wäre ich in einer dieser grässlichen Spielshows gefangen, wie die von Howie Mandel. Ich esse meine Ravioli und starre zu einem anderen Tisch hinüber. Heimlich wünsche ich mir, ich hätte eine Liste mit den Eingangstest-Wörtern versteckt, damit ich bei dieser seltsamen Unterhaltung mithalten kann.

Dann wird mir bewusst, dass ich Laneys und Heidis Tisch beobachte, und ich bemerke, dass Heidi Laney ein Foto zeigt. Es zeigt Alexis im rosa Büstenhalter und ebensolchen Höschen. Ich strenge meine Augen an. Sogar von hier aus kann ich erkennen, dass sie toll aussieht. Ich wende mich Liz, Josh und Austin zu, um etwas zu sagen, aber sie sind immer noch mit ihrem Quiz beschäftigt.

„*Indivisible*. Unteilbar."

„Ach, komm schon. Das kennt doch jeder."

Ich mache der Kellnerin ein Zeichen und gebe unsere Bestellung für die Törtchen auf. Das ist so ungefähr das Einzige, was mich im Augenblick aufheitern kann.

Eingangstest, Fahrschule, Uni ... *mein* größtes Problem ist, ob meine Drehzeit geändert wurde oder Sky unter perezhilton.com Lügen über mich verbreitet. Ich schaue den drei anderen bei ihrem Quiz zu, und plötzlich scheinen unsere Welten meilenweit voneinander entfernt zu sein.

Ich habe eine Frage für den Eingangstest. Wie lautet eine andere Bezeichnung für das Gefühl, ein Außenseiter zu sein?

Freitag, 13.9.

Persönliche Notizen:

Monique bitten, sich verstärkt um die Vorbereitung für den Eingangstest zu kümmern.
Nadine soll Anforderungen für die Theorieprüfung und Fahrschule checken.
Tolles Geburtstagsgeschenk für Austin suchen!

DREI: *Erfolgskleidung*

Verratet bloß nicht der Presse, dass ich das gesagt habe, aber ich muss euch etwas gestehen: Insgeheim hasse ich Hollywood-Veranstaltungen an den Abenden während der Woche. Ich bin nicht ungesellig oder komplett langweilig. Es ist nur so, dass ich abends nicht gerne ausgehe, wenn ich weiß, dass ein langer Arbeitstag vor mir liegt. Was ist, wenn ich verschlafe und zu spät zum Set komme? (Das Letzte, was ich will, ist ein Brief meines Regisseurs oder Studiodirektors an die Presse, in dem sie meine Verspätung rügen. Das würde bedeuten, dass sie es wirklich ernst meinen.)

Seit ich meinen sechzehnten Geburtstag hinter mir habe und nicht mehr unter das Jugendarbeitsschutzgesetz falle, arbeite ich normalerweise von fünf Uhr morgens bis acht oder neun Uhr abends. Eingeschlossen sind Besprechungen, Interviews, Foto-Shootings und Hausaufgaben für die Schule. Manchmal ist das alles einfach zu viel. Deshalb habe ich schließlich meine Manolos in Größe 42 weggepackt und Laney, Mom und Nadine gebeten, Abendtermine vorher mit mir zu besprechen, bevor sie zusagen. Wenn es nicht eine sehr wichtige Angelegenheit ist, gehe ich lieber nach Hause, schaue mir im Fernsehen die neueste Folge von *Ugly Betty* an und versinke in einem schönen heißen Schaumbad.

Das passiert nicht sehr oft, vor allem wegen der *vielen*

Ausnahmen von dieser Strategie, und heute ist es auch so. Die absolut angesagte Designerin Margo Price (von der berühmten Marke Priceless) hat uns zu ihrer Ausstellung *Priceless Waist* eingeladen. Obwohl das Ganze an einem Mittwochabend stattfindet, bin nicht einmal ich verrückt genug, es zu verpassen. Ich liebe nicht nur Margos Kreationen; diese Party ist auch Stadtgespräch. Jeder, der etwas auf sich hält, wird dort sein. Auf der Einladung steht, dass Margo „die Modernisierung des Rocks im letzten Jahrhundert" feiern wird. Klingt ziemlich schick. Finde ich.

„Ist das nicht aufregend?", schwärmt Mom, als Rodney meine Familie und Austin zu der Ausstellung in die Priceless-Zentrale nach Beverly Hills kutschiert. „Margo hat dir persönlich eine Einladung geschickt, Katie-Kat. Hat Nadine dir das gesagt? Eine persönliche handgeschriebene Einladung! Von Margo selbst!"

„Ist ja cool", stimme ich zu und versuche, mein Gähnen zu unterdrücken, damit Mom nicht denkt, ich würde ihre absolute Lieblingsdesignerin nicht mögen.

Ich bin völlig fertig. Die Einschaltquoten von *FA* für die dritte Folge dieser Staffel, die am letzten Wochenende ausgestrahlt wurde, brachten uns wieder unter die ersten fünf. Und heute haben wir beim Dreh eine Stunde lang unterbrochen, um unseren Sieg zu feiern. Jeder, angefangen von meiner Filmmutter Melli bis zu unserem Producer und Erfinder Tom, feierte die Schauspieler und die Filmcrew für ihre gute Arbeit. Und dann bedankten sie sich auch noch persönlich bei Alexis dafür, dass sie so eine aufsehenerregende Figur geschaffen hatte. Ehrlich gesagt, war ich etwas sauer, dass niemand mich erwähnte. (Schließlich war ich diejenige, die in Folge zwei den tränenreichen Nervenzusammenbruch am Bett meiner Mom zum Besten gegeben hatte. Als wir das drehten, hatte Tom es meinen „emmyreifen" Augenblick genannt.)

Nach all dem Lob bedankte Alexis sich unter Tränen bei uns, dass wir sie und ihre Figur mit offenen Armen aufgenommen hatten. Während Alexis' Rede stand Sky neben mir und trat mir mit ihrem spitzen Absatz auf den Fuß. „Schwindel", flüsterte sie mir ins Ohr. Okay, ich war auch etwas neidisch, aber meiner Meinung nach klang Alexis aufrichtig, auch wenn sie mir ziemlich aufgeblasen erschien.

Später wurde Sky sogar noch wütender, als ihre Szene noch weiter hinausgeschoben wurde, weil eine mit Matty und Alexis so chaotisch ablief. Als es passierte, war ich nicht am Set, aber Pete, der Techniker, erzählte mir im Vertrauen, dass Alexis mit der Beleuchtung nicht einverstanden war und darum bat, die Szene noch mal zu drehen. Sky flippte aus und verursachte eine Riesenaufregung. Als ich mit der Arbeit fertig war, hatte ich solches Kopfweh, dass ich Mom sagte, ich wäre zu nichts mehr zu gebrauchen, egal, was noch für abends auf meinem Terminplan stünde. Sie erinnerte mich daran, dass am Abend die Priceless-Party stattfinden würde und sie Austin eingeladen hatte, uns zu begleiten. (Tolle Idee, Mom.) Zur Priceless-Party zu gehen und Austin zu sehen, ist die Ringe unter den Augen wirklich wert und ich ändere meinen Plan.

„Wir sind so aufgeregt, Katie-Kins", fügt Dad hinzu. „Margo ist die berühmteste Designerin, und sie möchte dich gerne einkleiden. Deine Mom wollte sie schon lange kennenlernen."

„Vielleicht verstehen wir uns richtig gut", schwärmt Mom mit einem Leuchten in ihren grünen Augen. „Und Margo wird mich auffordern, ihre Musterexemplare eine Saison im Voraus zu tragen, und mich bitten, mit ihr zusammen am Lago di Como Urlaub zu machen." Mom seufzt. „Wäre das nicht himmlisch?"

Ich bin es nicht gewöhnt, meine Mom als richtigen Fan zu erleben, anstatt als clevere Insiderin von Hollywood. Ich wende mich ab, damit sie mein Grinsen nicht sehen kann.

„Ihr wisst schon, dass da heute Abend tausend Leute hingehen, oder?", betont Matty. Alexis' Beleuchtungsprobleme verzögerten die Produktion so sehr, dass Matty seine heutige Szene nicht fertigbekam. Matty wäre ausgeflippt, wenn irgendjemand sonst dafür verantwortlich gewesen wäre, aber Alexis entschuldigte sich persönlich bei ihm. Er war Wachs in ihren Händen. Ich zog ihn damit auf, dass er total in sie verknallt wäre, und er stritt es nicht einmal ab. „Vielleicht sehen wir Margo nicht einmal", fügt Matty hinzu.

Mom beachtet ihn gar nicht. „Um es auf den Punkt zu bringen, Kaitlin, ich möchte, dass du dich bei Margo bedankst und der Presse gegenüber von ihrer Marke schwärmst. Sag ihnen, dass sie deine Lieblingsdesignerin ist, und erzähl ihnen, wie sehr du diesen Hollywoodzauber früherer Zeiten liebst, für den Priceless steht."

Austin hustet. „Hollywoodzauber früherer Zeiten", wiederhole ich. „Ist das der Stil, den ich anstrebe?", frage ich und versuche, mir ein Grinsen zu verbeißen.

Mom spielt mit den aufgestickten Perlen auf ihrem kanariengelben Seidenkleid – natürlich von Priceless. Wenn man zu einer Modenschau oder einer Designerveranstaltung geht, ist es normalerweise ungeschriebenes Gesetz, dass man als Zeichen seiner Unterstützung Kleidung des entsprechenden Designers trägt. Dad und Matty stecken in Anzügen von Priceless, Nadine bestellte ein dunkelblaues Button-Down-Hemd von Priceless für Austin, und ich trage dieses hinreißende, enge, schwarze, ärmellose Paillettencocktailkleid von Priceless. Sogar mein Haar habe ich mit einer Priceless-Schmetterlingsspange zu einem festen Knoten zusammengefasst. Das Ganze sieht sehr nach Audrey Hepburn aus, und ich liebe es.

„Laney und ich haben gestern Abend darüber gesprochen", erklärt Mom und hebt ihre rechte Augenbraue. Das ist das Zeichen für *sei bloß nicht schnippisch*. „Wir werden mit deiner Stylistin sprechen, damit sie sich um mehr entsprechende Kleider kümmert, die diesen Look wiedergeben. Schau dir Stars wie Scarlett Johansson an. Sie ist heute perfekt gestylt, wird ernst genommen und angelt sich oscarreife Rollen. Das möchten wir auch für dich, Katie-Kins. Man kann nicht früh genug über deinen nächsten großen Karrieresprung nachdenken."

Hollywood von früher? Nächster Karrieresprung? In meinem Kopf beginnt es wieder zu hämmern. Zum Glück drückt Austin meine Hand, und ich entspanne mich. Seit unserem Abendessen im *Les Deux* sind fünf Tage vergangen, und ich habe ihn wirklich vermisst. Manchmal denke ich, Austin kann hellsehen. Ich frage mich, ob er weiß, was ich *gerade jetzt* denke.

Ich schaue ihm tief in die Augen. Bin ich verrückt, weil

ich alles haben will? Ich werde ihn per Gedankenübertragung fragen. *Ist es lächerlich, dass ich mir Sorgen mache, ausgeschlossen zu werden, wenn ihr alle zur Uni geht, obwohl ich bereits mehr erlebt habe als manche andere in einem ganzen Leben? Jennifer Aniston kennt meinen Namen, ich habe Brett Ratner in meinem Kurzwahlverzeichnis und genug Geld auf der Bank, um eine kleine einsame Insel kaufen zu können. Soll ich mir wirklich Sorgen deswegen machen, dass ich nicht wie ein normaler Mensch in die Fahrschule gehen kann? Was meinst du, Austin?*

Ich warte auf eine Reaktion. Austin lächelt mich an.

Hmm. Was bedeutet das?

„Woran denkst du, Kate-Kate?", will Dad wissen. „Wir lassen dich, Austin und Matty zusammen über den roten Teppich laufen. Deine Mutter und ich gehen schon hinein zur Ausstellung. Wir wollen dir deinen Auftritt nicht kaputt machen, du frisiertes Auto."

Austin macht einen verwirrten Eindruck. Ich vergesse immer wieder, ihm von der verrückten Autosprache meines Dad zu erzählen. Sie ist ein Überbleibsel aus seiner Zeit als Autoverkäufer. In Besprechungen mit meinem Dad, der jetzt Produzent in Hollywood ist, zucke ich immer wieder zusammen, wenn er so eine merkwürdige Redewendung benutzt, z. B.: „Dieser Motor braucht noch ein wenig Feinschliff, bevor wir mit dem Drehen beginnen können!"

„Klar, Dad, das ist in Ordnung", sage ich zustimmend.

Rodney fährt vor dem Laden vor, der von den Blitzlichtern von ein paar Dutzend Paparazzi wie ein Weihnachtsbaum erleuchtet ist. Der rote Teppich ist dicht umstellt, und ein paar Hundert neugierige Fans warten.

Rodney öffnet die Wagentür, und da steht auch schon Laney, die darauf wartet, uns in Empfang zu nehmen. „Hi", flüstert sie. Laney sieht sehr schick aus in einem weißen Priceless-Hosenanzug, der super von ihrem gebräunten Teint absticht. Ihr langes blondes Haar ist glatt gekämmt und wird von einer goldenen Priceless-Sonnenbrille zurückgehalten.

„Denk daran, zu erwähnen, wie sehr du Priceless liebst", erinnert sie mich, als sie sich bei mir und Austin einhängt und uns zum ersten Reporter hinüberführt. Matty rennt hinter uns her.

Laney rasselt meine Gesprächsthemen herunter: Priceless. Punkt. Statement, wie sehr ich *FA* mag und wie gut die neue Staffel läuft. Punkt. *Schöne junge Attentäter* kommt nächstes Frühjahr ins Kino. Punkt. Ich bemühe mich, all dies anzusprechen, während Austin, Matty und ich von einem Reporter zum nächsten wandern. Jeder, der einen Namen hat – Reese, Julia, Ashley, Hayden, Eva, meine Freundin Gina – ist heute Abend hier, um Margo Price zu unterstützen. Plötzlich bin ich überhaupt nicht mehr müde. Ich habe den Eindruck, auf einem Hollywood-Treffen zu sein!

„Ich kann es einfach nicht fassen, dass du all diese Leute kennst", sagt Austin, von den vielen Stars beeindruckt, nachdem wir uns von David und Victoria bzw. Tom und Katie verabschiedet haben. „Kennt wirklich jeder jeden hier in der Stadt?"

„So ziemlich", antworte ich mit einem breiten, strahlenden Lächeln. Ich weiß, dass die Kameras immer noch auf uns gerichtet sind.

Wir kommen zum nächsten Reporter. Es ist Maria

Meadow von *Access Hollywood*. Sie wirkt schlank und umwerfend in einem Bleistiftrock und einem cremefarbenen Seidentanktop von Priceless. Matty ist schon vorausgegangen und spricht mit *Hollywood Nation*.

„Kaitlin, dieses Kleid sieht wunderschön aus an dir", schwärmt Maria. „Wie hast du es entdeckt?"

„Ich bin schon ewig ein Fan von Priceless", bete ich herunter, „und Margo ..." Ich höre eine andere Unterhaltung mit und breche mitten im Satz ab.

„... *Family Affair* ist ein Traum, der wahr geworden ist, Gary, aber wissen Sie, manchmal ist es hart, die Neue zu sein – bei all der Cliquenwirtschaft."

Hm ... Das klingt ganz nach Alexis. Ich wusste gar nicht, dass sie heute Abend auch hier sein würde. Und was heißt hier Cliquenwirtschaft? *FA* ist für seine freundschaftliche Atmosphäre bekannt. „Ich habe gehört, dass Sky und Kaitlin sehr sympathisch sind", höre ich den Reporter antworten. „Seid ihr nicht alle ungefähr im gleichen Alter?"

„Die beiden sind ziemlich nett, Gary. Aber um ganz offen zu sein, sie sind sehr mit ihren eigenen Terminen beschäftigt, wissen Sie? Sie haben keine Zeit, um meiner Wenigkeit ein bisschen die Stadt zu zeigen."

Was ist los? Ich habe mit Alexis an ihrem ersten Tag eine persönliche Führung übers Studiogelände gemacht! Und ich habe sie mindestens ein halbes Dutzend Mal zum Mittagessen eingeladen, und sie hat immer abgelehnt! Das nenne ich undankbar.

„Kaitlin?", fragt Maria. Austin stößt mich an.

„Tut mir leid!" Ich werde rot. Wo war ich stehen geblieben? „Margo hat mir dieses Kleid in der letzten Saison geschickt, und ich habe auf die passende Gelegenheit …"

„Nun, wie auch immer, Alexis. Alle sprechen heute Abend nur von dir, dir, dir", höre ich den Reporter fortfahren.

„Hören Sie auf, Gary! Ich werde gleich rot!"

„Ernsthaft. Wegen dir macht *Family Affair* wieder Spaß. Du warst erst in drei Folgen dabei, und schon lieben dich alle. Colby ist so eine tolle Figur, und du spielst das Geheimnisvolle an ihr einfach wundervoll."

„Dankeschön, Gary. Ich strenge mich wirklich an. Ich habe nicht dieses toughe Hollywood-Image wie die meisten meiner Kolleginnen. Ich komme aus einem bescheidenen Elternhaus, und wir hatten nur einen einzigen Fernseher. Nicht mal Kabel. Ich bin nicht mit *Family Affair* und all diesem Glamour von Hollywood groß geworden. Ich versuche nur, so schnell wie möglich zu lernen, und ich bin der Presse so dankbar, dass sie mich mit offenen Armen aufnimmt. Ich bin glücklich, dass ich Colby spielen darf. Ich kann es kaum glauben, dass meine Figur *FA* in die Top Five zurückgebracht hat. Aber dort gehört die Serie hin. Ich bin total happy, dass ein schüchternes Mädchen wie ich eine Chance bekommen hat."

„Macht sie Witze?", platze ich heraus. Alexis führt sich auf, als wäre der Erfolg der Serie ihr alleiniger Verdienst, und stellt sich als Mutter Teresa dar! Und schüchtern? Zu jedem am Set war sie überfreundlich, und schüchterne Mädchen unterbrechen nicht die Filmarbeit und beschweren sich über die Beleuchtung. Also, was soll das Ganze? Austin hustet laut.

„Es tut mir so leid, Maria!" Mir fällt wieder ein, wo ich bin.

Maria starrt mich nur an, und jetzt ist das Ganze wirklich peinlich. "Das ist deine neue Kollegin Alexis Holden dort drüben, nicht wahr?", fragt sie.

Ich zucke zusammen, als ich Alexis' Namen höre. "Ja. Ich habe nur versucht, ihre Aufmerksamkeit zu erregen." Ich lache nervös. "Aber ich treffe sie später. Es tut mir leid, dass ich abwesend war", entschuldige ich mich. "Ich weiß heute Abend nicht, wo mir der Kopf steht! Können wir noch einmal anfangen? Fragen Sie mich, was immer Sie wollen." Ich versuche, Alexis zu vergessen, und konzentriere mich auf mein Interview. Es folgen noch zwei identische Frage-und-Antwort-Spiele, bevor wir den Laden betreten. Matt stürzt sich schnurstracks auf die Geschenktüten und lässt Austin und mich allein.

"Geht es dir gut, Burke?" Austins blaue Augen wirken besorgt. "Du siehst nicht so toll aus."

"Ich habe mich nur über eine dumme Sache bei meiner Arbeit geärgert. Es ist weiter nichts." Ich versuche, das Ganze abzuschütteln. Austin wirft mir einen gespielt strengen Blick zu. "Ich erzähle dir alles. Aber nicht hier."

Ihr könnt mir glauben, dass ich meine Lektion gelernt habe, was Geheimnisse vor meinem Freund angeht. Aber was soll ich ihm sagen? Dass ein Teil von mir eifersüchtig ist auf all die Aufmerksamkeit, die Alexis bekommt? Wir arbeiten alle wie verrückt für *FA*, aber weil Alexis neu ist, steht sie im Rampenlicht. Die andere Hälfte von mir ist genervt, weil Alexis sich selbst als Märtyrerin hinstellt, die ganz allein unsere Serie gerettet hat. Und dabei kommt sie sich nicht mal schäbig vor.

Aber vielleicht leide ich auch nur unter Verfolgungswahn ... Ich hasse diese eifersüchtige Seite an mir. Alexis ist noch neu bei dieser ganzen Interviewgeschichte. Vielleicht war sie auch nur nervös und wusste nicht, was sie den Zeitungsmenschen sagen sollte. Bestimmt ist es so.

„Du musst mich ablenken", bitte ich Austin. „Wie war dein Tag?"

„Gut", gähnt er. „Liz und ich hatten heute die zweite Fahrstunde. Diesmal durfte ich fahren. Wir fuhren hinunter nach Ventura, und ich versuchte parallel einzuparken. Ich habe einen Bordstein gerammt und dabei die rechte hintere Radkappe verloren." Er wird rot.

„Bestimmt passiert das jedem mal." Ich versuche optimistisch zu klingen. „Was ist Parallelparken noch mal?"

Er stöhnt. „Du musst wirklich deine Theorieprüfung machen."

„Ich weiß", gebe ich ihm recht. Ich hole mein Sidekick heraus, um eine weitere Notiz wegen der Theorietests in mein Erinnerungsprogramm zu schreiben. „Wie läuft es mit deiner Lerngruppe wegen des Studieneingangstests?"

„Wir haben uns getroffen und fünfundvierzig Minuten über Fragen zum Aufsatz gesprochen. Dann mussten alle fort. Ehrlich gesagt war ich zu Tode gelangweilt. Rob und mich hat es in den Füßen gejuckt, unsere Sprints zu üben. Wenn ich auch nur noch eine einzige Vokabel vom Test sehe, krieg ich die Krise."

„Du wirst den Test mit links schaffen", versichere ich ihm. „Vielleicht hast du einfach nur zu viel gelernt. Ich kenne das. Wenn ich meinen Text zu lang lerne, purzelt in meinem Kopf alles durcheinander."

„Vermutlich hast du recht", gibt er zu. Er muss zweimal hinschauen, als George und Brad vorbeikommen und winken. „Aber der Test findet frühestens im November statt. Ich habe noch Zeit. Wahrscheinlich muss ich an meinem Geburtstag lernen!"

„Da wir gerade von Geburtstagen sprechen, kannst du mir dabei helfen, ein tolles Geschenk für meinen Freund zu finden?" Ich lächle Cameron und Drew zu, die vorbeischlendern. „Was mögen Jungs?"

„Keine Ahnung", grinst Austin. „Vielleicht kannst du mir stattdessen helfen. Meine Freundin hat bald Geburtstag, und ich habe auch nicht die kleinste Idee, was ich ihr schenken könnte."

„Zufällig kenne ich deine Freundin, und was sie wirklich hasst, sind Partys." Das meine ich ernst. Austin schaut überrascht. „Solange ich mich erinnern kann, haben Mom und Laney diese riesigen Partys für mich veranstaltet – mit jeder Menge Werbung. Sie laden all diese Leute ein, die ich nicht kenne ..." Ich verstumme. „Irgendwie hat mir das den Spaß am Feiern verdorben."

„Aber dieses Jahr wirst du siebzehn!", wendet Austin ein. „Du musst eine Party machen."

„Viel lieber würde ich feiern, dass *du* siebzehn wirst." Es ist mir ernst. „Was möchtest du zum Geburtstag? Gib mir einen Tipp. Bitte! PlayStation 4000?"

Er grinst. „Komisch. Alles, was ich will, bist du, Burke. Du weißt das."

Jetzt bin ich dran mit dem Rotwerden. Ich versuche, mir was Romantisches als Antwort einfallen zu lassen. Irgendetwas, um den Augenblick zu verlängern, wie ...

„K!" Plötzlich taucht Sky auf, umarmt mich stürmisch und stößt mich gegen einen Kellner, der ein Tablett mit Sushi balanciert. „Immer lächeln, *Celeb Insider* schaut zu", flüstert sie mir ins Ohr. Drei Blitzlichter leuchten gleichzeitig auf, als Sky mich fest auf die Wange küsst. Ich lächle angespannt, bis sie verschwinden, dann stoße ich sie weg.

„Was war denn das?", will ich wissen, als sie fort sind.

„Ich habe nur versucht, uns ein wenig gute Presse zu verschaffen", beschwert sich Sky. „Alle scheinen heute Abend nur Interesse an Alexis zu haben. Sie wird direkt vor unseren Augen zu einer bombastischen Diva."

Ich verdrehe die Augen. „So weit würde ich nicht gehen", sage ich, aber andererseits muss ich immerzu daran denken, was ich zufällig mit angehört habe.

Sky schnaubt wütend. „Austin, steck deiner Freundin ein Licht auf, klar? Nicht jede ist so irritierend nett wie sie. Sag ihr, dass sie sich mit mir zusammentun soll, um Alexis auszubremsen."

„Mit dir zusammentun?", sage ich ungläubig. „Ich werde mich niemals auf die Schattenseite stellen."

Austin kann sich das Lachen nicht verkneifen und steckt mich damit an. Das macht Sky so wütend, dass sie ihre Aufmerksamkeit Adrian Grenier zuwendet, der gerade vorbeikommt.

„Dein Leben ist so unwirklich", lacht Austin leise.

„Erzähl mir mehr davon", kichere ich. „Komm schon, vergessen wir Sky und holen uns lieber was zu essen. Ich bin am Verhungern." Wir wühlen uns durch die gestopft volle Waist-Ausstellung. In dem modernen dreigeschossigen Laden sind Hunderte von Menschen und bewundern die Rocksammlung der Designerin aus den letzten fünfzehn Jahren. Wohin wir auch schauen, sind Röcke ausgestellt – auf Treppen, in der Kuppel des Erdgeschosses, befestigt an Glasscheiben und sich in der Luft drehend.

„Kaitlin!", schreit Laney über die laute Musik des DJs hinweg, die alle Gespräche übertönt. „Da bist du ja!" Sie lächelt Austin an. „Wie liefen die Interviews? Hast du Priceless erwähnt? Den Film? *FA*? Was hast du über dein Kleid erzählt?"

„Es lief prima, Laney", antworte ich in beruhigendem Ton.

„Gut, gut", sagt sie und beobachtet mehr die Szenerie um uns herum als mein Gesicht. „Hast du gewusst, dass Alexis heute Abend hier ist? Ich möchte sie kennenlernen. Alle sprechen von ihr – und dir natürlich", fügt sie rasch hinzu.

„Danke", erwidere ich, nehme Austins Hand und schlenkere sie, anstatt meinen Frust an etwas auszutoben.

„Jemand hat mir erzählt, dass Alexis während der vergangenen drei Wochen auf jeder Veranstaltung in Hollywood war!", staunt Laney. „Sie versucht wirklich, sich einen Namen zu machen, nicht wahr?"

Ich beiße mir fest auf die Unterlippe, um nicht zu schreien. Ich hatte nie gedacht, dass ich für immer das It-Girl sein würde, aber ich kann nicht glauben, wie schnell die Leute auf Alexis umgeschwenkt sind. Sie war doch erst in drei Folgen! Trotz der Tatsache, dass alle mithören können, erinnere ich Laney an HOLLYWOOD-GEHEIMNIS NUMMER DREI (für Austin ist es vermutlich neu).

Wollt ihr wissen, wie angesagt ein Star ist? Zählt seine monatlichen Auftritte auf dem roten Teppich. Je berühmter Schauspieler sind, umso weniger Auftritte absolvieren sie, es sei denn, sie müssen Reklame machen für einen Film oder ein Musikalbum. Wenn sie auf Werbetour sind, dann ist alles möglich – vielleicht besucht ein Schauspieler vier Veranstaltungen in einer Woche, um von seinem unglaublichen neuen Projekt zu schwärmen. Vielleicht behauptet ihr jetzt, dass Alexis in die Stadt gekommen ist, um genau das zu tun. *Aber*, wenn Alexis ab sofort und einen Monat lang den Teppich jeden Abend tritt, dann bedeutet das nur, dass ihr Image als Schauspielerin im Nichts verschwindet. Richtige A-Stars müssen nicht zur Eröffnung eines Tierheims gehen oder für ihren Lieblingslippenstift Werbung machen. Sie wissen, dass die richtige Methode, dem Publikum in guter Erinnerung zu bleiben, darin besteht, zu Hause auf ihren 5.000 Dollar teuren Sofas zu sitzen und so schwer fassbar zu sein wie Johnny Depp.

Laney sieht skeptisch aus. „Manche Auftritte sind gute Auftritte, das weißt du", schnaubt sie. „So wie dieser hier. Ich möchte dich noch ein paar Leuten vorstellen. Darf ich sie dir für eine Minute entführen, Austin?"

„Klar." Austin lächelt schüchtern. „Ich besorge uns was zu essen und treffe dich dann an dem Tisch, den Matty besorgt hat. Er bewacht dort die Geschenktüten, die er für uns alle abgeräumt hat." Ich lache.

Laney führt mich durch den Raum und stellt mich zwei Produzenten vor, einem coolen neuen Drehbuchschreiber und dem Studiodirektor eines konkurrierenden Fernsehstudios. Auf meinem Weg zurück zu Austin treffe ich Kirsten, Scarlett und zwei andere Schauspielerinnen, die ich seit Jahren nicht gesehen habe, und dann schreibe ich noch ein paar Autogramme auf Papierservietten. Es dauert fast eine halbe Stunde, bevor ich zurück bin. Armer Austin. Er langweilt sich bestimmt furchtbar.

Ich bin noch drei Meter von unserem Tisch entfernt, als ich wie angewachsen stehen bleibe. Wer ist denn das? Ein Mädchen mit langen roten Haaren unterhält sich mit Austin und Matty. Sie sind völlig verzaubert von ihren Worten, und alle paar Sekunden brechen die drei in Gelächter aus. Das Mädchen legt ständig ihre Hand auf die meines Freundes. Einmal würde ich ja noch verstehen. Aber bis jetzt habe ich *fünf Mal* gezählt und Austin unternimmt rein gar nichts dagegen! Ich bin drauf und dran, hinüberzustürmen, um das flirtende Mädchen in seine Schranken zu verweisen, als sie sich zur Seite dreht und ich ihr Gesicht erkennen kann.

OH. MEIN. GOTT. Es ist Alexis.

„Austin, du bist so süß", höre ich sie sagen, als ich hinter ihnen auftauche. Sie scheinen meine Anwesenheit nicht einmal zu bemerken. „Du bist bestimmt der natürlichste Kerl auf dieser Party. Ich mag das."

„Ich bin auch ziemlich natürlich", wirft Matty ein.

„Alle beide", verbessert sich Alexis. „Vielen Dank, dass ihr so nett wart und ein paar Minuten mit dem einsamen neuen Mädchen geredet habt. Ich muss jetzt los, aber Austin, denk dran: Wenn du dich darüber unterhalten willst, wie es ist, neu in dieser Szene zu sein, dann ruf mich an. Du hast meine Nummer."

„Ich bin wieder da", verkünde ich laut. Die Jungs fahren zusammen. Austin legt schnell den Arm um mich, aber Matty kann kaum die Augen wenden von Alexis' Porzellangesicht.

„Hi, Kaitlin!", sagt Alexis süß.

Ein wenig zu nett, wenn ihr mich fragt.

„Ich habe mich gerade mit deinem Bruder und deinem Freund unterhalten. Habe ich dir schon gesagt, wie bezaubernd er ist?", flüstert sie mir ins Ohr.

„Nein, aber das weiß ich", sage ich mit dem strahlendsten Lächeln, das ich hinkriege. „Habe ich nicht Glück?"

„Ja, halte ihn bloß gut fest", flüstert Alexis mit einem Zwinkern. „Denkt dran, Jungs, was ich euch gesagt habe", fügt sie laut hinzu. „Ich sehe euch später. Hier sind so viele Leute, die mich kennenlernen wollen. Ich bin hin und weg!"

Ich lächle wieder. Ich fürchte, wenn ich den Mund aufmache, werde ich es später bereuen. Aber als sie außer Hörweite ist, lege ich los. „Was wollte sie von euch beiden?", will ich wissen. Ich weiß, dass ich gehässig klinge, aber ich kann nicht dagegen an.

„Alexis hat Austin und mir nur ein paar Hinweise dazu gegeben, wie man sich anpasst." Matty schaut mich an, als ob ich in eine Zwangsjacke gesteckt und abgeholt werden sollte.

„Hinweise? Warum wollte sie Austin Hinweise geben?", frage ich sie. „Nichts für ungut. Aber Austin ist doch gar nicht Schauspieler."

Austin zuckt die Schultern. „Ich habe versucht, ihr zu erklären, dass ich auf die High School gehe und nichts mit Schauspielerei zu tun habe. Aber sie hat immer wieder betont, dass ich und Matty neu wären und wir alle einander verstehen sollten." Austin sieht mich neugierig an. „Warum regst du dich so auf?"

„Tue ich gar nicht." Meine Stimme klingt schrill. Aber ich bin außer mir. Alexis hat ganz offenkundig mit meinem Freund geflirtet! Und sie weiß das! Ich habe sie am Set mehrmals einander vorgestellt. Warum hat sie das gemacht? Ich kann nicht glauben, dass sie ihn angefasst hat. „Warum sollte ich mich aufregen?"

„Keine Ahnung. Du hast keinen Grund." Austin küsst mich, und ich beruhige mich etwas. Ich schalte ab, als Matty und Austin sich über unsere Geschenktüten unterhalten und über die darin enthaltenen Priceless-Gutscheine mit 20 % Ermäßigung. Ich kann nur noch an Alexis denken. Plötzlich spüre ich heißen Atem an meinem Ohr.

„Sei nicht dumm", flüstert jemand hinter mir. „Ich habe alles beobachtet. Alexis hat auf Teufel komm raus mit Austin geflirtet. Wenn sie dabei keine Skrupel hatte – was von dem, was dir gehört, wird sie als Nächstes haben wollen?"

Ich muss mich nicht einmal umdrehen. Diese Stimme kenne ich. Sie gehört Sky. Und ausnahmsweise muss ich zugeben, dass sie recht haben könnte.

Dienstag, 17.9.

Persönliche Notizen:

Nadine erinnern, nach Führerschein-Prüfungsbögen zu schauen.
Drehbeginn Mittwoch: 7 Uhr
Drehbeginn Donnerstag: 6 Uhr 15
Drehbeginn Freitag: 8 Uhr
Samstag – Date mit Austin
Sonntag – Foto-Shooting für CosmoGirl!

Aufsatz für CosmoGirl! fertig machen. Nadine bitten, ihn gegenzulesen!
Nächsten Dienstag – Interview mit Access um 13 Uhr 15 beim Mittagessen
Wellnesstag mit Liz, Mom, Laney, Nadine
– Samstag, 5. Oktober - Geburtstagsgeschenk für Austin!!!

HOLLYWOOD NATION
Heiße Facts aus der Welt der Promis
Gespräch mit Alexis Holden von Family Affair!
Das neue Fernsehschätzchen beantwortet unsere Fragen
von Lisa Gigli

HN: Kaitlin Burke und Sky Mackenzie haben wir die folgenden Fragen bereits gestellt. Jetzt bist du dran!
Alexis: (lacht) Bestimmt sind meine Antworten nicht halb so cool wie ihre, aber fang ruhig an!
HN: Okay. Was isst du am liebsten?
Alexis: Ich glaube, Steak. Obwohl ich das als Kind nicht oft bekam. Deswegen ist es für mich auch so wichtig, anderen zu helfen. Ich arbeite ehrenamtlich in einer Suppenküche und bringe Omaha-Steaks mit.
HN: Was bist du doch für ein guter Mensch.
Alexis: Hör auf! Ich werde ja gleich rot.
HN: Was liest du am liebsten?
Alexis: Natürlich Hollywood Nation.
HN: Gute Antwort! Wer ist dein Lieblingskollege bei FA?
Alexis: Oh, mein Gott! Ich kann mich nicht entscheiden. Sie sind alle so wunderbar. Angefangen von unserer Kostümbildnerin Renee über Pete, meinen Lieblingstechniker, bis hin zu

unseren tollen Drehbuchautoren. Ich könnte mich niemals nur für eine Person entscheiden.
HN: *Lieblingssendung im Fernsehen – früher oder heute?*
Alexis: *Natürlich Family Affair. Aber ich mag es jetzt lieber, weil ich mitspiele. Kleiner Witz! (lacht)*
HN: *Uns geht es genauso! Was machst du an einem freien Tag am liebsten?*
Alexis: *Eine Wanderung in den Bergen, gemeinsam mit meinem Boxer, oder anderen helfen. Es gibt nichts Schöneres.*
HN: *Welche lebende oder tote Person würdest du gerne mal treffen?*
Alexis: *Unbedingt Gandhi. Er ist so inspirierend.*
HN: *Was, glaubst du, wirst du in zehn Jahren machen?*
Alexis: *Dann bin ich hoffentlich glücklich verheiratet und arbeite immer noch, wenn das Publikum mich noch mag. Ich hoffe, dass es so sein wird!*
HN: *Ganz bestimmt! Okay, wer würde bei einem Streit in FA gewinnen: du, Kaitlin oder Sky?*
Alexis: *Ich bestimmt nicht! Die beiden sind knallhart, und ich denke, ich verrate nicht zu viel, wenn ich erzähle, dass sie sich überhaupt nicht vertragen. Sie lieben es, übereinander herzufallen! Das solltest du mal sehen! Ich würde einfach aus dem Weg gehen und zuschauen, wie die Fetzen fliegen – natürlich nur, solange keine von ihnen verletzt wird. Ich liebe beide so sehr.*

HOLLYWOOD NATION, 24. Oktober

VIER: *Alles in Rot*

„Nein. Nein. Nein. Niemals. Nicht einmal für zwanzig Sekunden. Auf keinen Fall ... Augenblick mal. Das könnte gehen. Okay, das vielleicht." Sky führt Selbstgespräche, während sie die teuren roten Kleider auf einer langen Kleiderstange durchgeht. Sie sucht etwas, das sie für das Foto-Shooting unseres *FA*-Werbefotos anziehen kann. Jetzt ist schon fast eine Woche vergangen, seit ich auf der Priceless-Party so unhöflich zu ihr war, und sie ist noch immer sauer auf mich. Die Stimmung ist geradezu friedlich. Haha.

„Was ist, wenn mir Kaitlins Kleiderauswahl besser gefällt als meine eigene?", quengelt Sky. „Darf sie es dann tragen, nur weil sie es früher entdeckt hat?" Renee, unsere Chefkostümbildnerin, wirft verzweifelt die Hände in die Höhe. In ihrem Mund stecken viele kleine Stecknadeln, mit denen sie schnelle Änderungen vornimmt, deshalb kann sie nicht schreien.

Ich sehe meinen eigenen voll bepackten Kleiderständer mit den roten Kleidern durch für das heutige letzte Shooting. Da die Einschaltquoten von *Family Affair* die höchsten der vergangenen fünf Jahre sind, möchten Tom und die übrigen Verantwortlichen der Serie so schnell wie möglich neue Image-Anzeigen mit dem gesamten jungen Ensemble herausbringen. Sie sind davon überzeugt, dass unsere neue Teenie-Storyline mit Colby (alias Alexis) zumindest teilweise für die Einschaltquoten verantwortlich ist. Es macht mich ganz krank, wenn ich höre, wie Tom von Alexis schwärmt. Jahrelang waren Sky und ich die Fernsehlieblinge, und niemals hat uns das Studio so begeistert in den Himmel gehoben wie jetzt Alexis! Und nun machen sie mit ihr eine Image-Kampagne, obwohl sie erst eine halbe Saison dabei ist? Das ist so unfair!

Hm. Ich weiß, dass es falsch ist, so zu denken. Aber es ist nicht so schlimm, wenn ich es nicht laut sage, oder?

Weil der Drehplan in dieser Woche so eng war – wir hatten drei Tage lang Außenaufnahmen in Malibu und drehten Strandszenen –, bleiben uns nur fünfundzwanzig Minuten zum Umziehen und fürs Make-up und dann eine halbe Stunde fürs Shooting. Die Jungs kommen schwarz-weiß, und die Mädchen tragen feurig rote Kleider, die vor einem weißen Hintergrund richtig knallig wirken werden. In der Kostümkammer herrscht ein einziges Chaos, um uns alle rechtzeitig auszustaffieren. Zum Glück kann man unter so vielen wundervollen Designerklamotten wählen, dass es mir nicht schwerfällt, etwas auszusuchen.

HOLLYWOOD-GEHEIMNIS NUMMER VIER: Obwohl ich das Kleid meiner Wahl, dieses hinreißende Abendkleid von Lulu Lame (schwarzes Oberteil mit V-Ausschnitt, Empiretaille, roter Seidenrock ... seufz, es ist einfach himmlisch), nur zu gerne für einen Abend mit Austin in der Stadt ausleihen würde, wird es wahrscheinlich nicht gehen. Selten dürfen Schauspieler ihre Garderobe mit nach Hause nehmen. Manche unserer Kleider sind von Designerfirmen geliehen, die es noch nicht einmal auf den Laufsteg geschafft haben. Andere sind Muster, die wieder zurückgehen müssen an die Firma, weil ein anderer Promi sie braucht. Und noch andere wurden vom Studio angekauft, was bedeutet, dass sie Eigentum von *FA* sind und aufgehoben werden müssen für einen weiteren Einsatz bei einer Hochzeit mit Abendgarderobe.

Wenn ich dieses feurige Lulu-Lame-Modell haben möchte, dann muss ich Renee bitten, es kaufen zu dürfen. Als sie mit einem Arm voller knackfrischer weißer Hemden an mir vorbeieilt, halte ich sie am Arm fest.

„Was kostet dieses Kleid?", flüstere ich.

Renee legt nachdenklich die Stirn in Falten. „Ich glaube, ungefähr tausend Dollar. Möchtest du es kaufen?"

Ich schüttele energisch den Kopf. „Nein", erwidere ich schnell. „Ich war nur neugierig."

Na gut, wenigstens darf ich es eine halbe Stunde lang tragen.

Sky lässt sich ihr Kleid anpassen. Einige der immer wiederkehrenden Teenieschauspieler wie Luke, Brayden, Hallie und Ava (sie spielen die Klassenkameraden von Sam und Sara an der Summerville High) haben sich ihre Kleidung ausgesucht und lassen gerade ihr Make-up auffrischen. Alexis kann ich nirgendwo entdecken. Matty ist auch schon umgezogen – er trägt einen schwarzen Kaschmirpullover mit V-Ausschnitt und schwarze Hosen von Ralph Lauren. Er steht vor einem Spiegel und übt einen schmachtenden Gesichtsausdruck.

Hinter ihm lehnt Trevor Wainright an einem Kleiderständer. Er wirkt irgendwie deprimiert. Trev spielt Sams Hauptfreund Ryan. Im wirklichen Leben war er am Ende der letzten Staffel Skys Kurzzeitfreund. Als Sky Trevor wegen unserem egoistischen Kollegen bei *SJA* (und meinem Exfreund) Drew Thomas sitzen ließ, war er so todunglücklich, dass er zurück zu seiner Familie auf die Farm nach Idaho flog.

„Hallo, Trev", sage ich und steige über einen Berg Kleiderbügel und Armanishirts, um zu ihm zu gelangen. „Alles in Ordnung bei dir?"

„Sky hat kaum zwei Worte mit mir gewechselt, seit ich zurück bin", antwortet er mit heiserer Stimme.

Ich würde gern „sei froh" sagen, aber in Anbetracht seiner traurigen blauen Augen lasse ich es lieber. Abgesehen davon sieht Trev besser aus als zuvor. Zwei Monate Traktorfahren haben seine Locken weißblond gebleicht und seiner Haut einen tiefgoldenen Glanz geschenkt.

„Ich dachte, wir hätten uns nur vorübergehend getrennt. Aber sie sagte mir, ich solle aufhören, sie zu belästigen, weil für immer Schluss wäre."

„Tut mir leid, Trev", sage ich. „Sky kann man schlecht festnageln, aber es gibt jede Menge Mädchen, die alles dafür tun würden, deine Freundin zu sein." Ich drehe Trevor zu seinem Kleiderständer. „Wir müssen dir nur für heute Morgen ein Wahnsinnsteil aussuchen. Diese Anzeige wird jede Menge Möglichkeiten für neue Dates an Land ziehen. Verlass dich auf mich." Ich blättere die weißen Hemden durch.

Eine kleine knochige Hand hält meine fest. „Zurück zu deinen Kleidern", murmelt Renee durch die Stecknadeln zwischen ihren Lippen. Renee trägt eine Bauchtasche mit Nähzeug um ihre breite Taille, ihr braunes Haar ist zu einem Pferdeschwanz zurückgebunden, und sie sieht aus, als meinte sie es wirklich ernst. „Du hast noch zehn Minuten, um dich um dein eigenes Aussehen zu kümmern, erinnerst du dich?"

Ich laufe um Haufen abgelegter Kleider herum, um wieder zu meinem Ständer zu gelangen, und halte das Kleid von Lulu Lame in die Höhe. Wie aus dem Nichts taucht Sky auf und starrt das Kleid meiner Wahl an. Sie trägt bereits ein geschmeidiges Teil aus Lycra mit Spaghettiträgern und Plisseerock.

„Ich kann mich nicht erinnern, das Lulu-Lame-Kleid gesehen zu haben", beschwert sich Sky. „Obwohl ich nicht einmal tot in einem Seidenkleid erwischt werden möchte."

„Dann ist es ja gut, dass du dir nicht dieses hier ausgesucht hast", sagt Renee augenzwinkernd und macht Skys Kleid mit Stecknadeln enger, bevor sie sie zur Tür des Schminkraums bringt. „Okay, die anderen habe ich schon rausgeschickt. Bei Matt Burke wird noch das Make-up aufgefrischt, und Trevor zieht gerade einen schicken Armani-Anzug an. Die Einzige, die noch fehlt, ist … Alexis." Renee runzelt die Stirn. „Vermutlich drückt sie sich mit einem der Autoren in einer dunklen Ecke herum."

Sky und ich schauen uns an. „Was soll denn das bedeuten?", will Sky wissen.

Renee sieht plötzlich so aus, als hätte sie gerade eine Stecknadel verschluckt. „Gar nichts", antwortet sie schnell. „Nur ein Garderobierenwitz. Beeilt euch", sagt sie bestimmt. „Kaitlin, zurück in den Umkleidebereich, und zieh das Lulu-Lame-Kleid an, damit ich es abstecken kann. Ich schau mal schnell nach Alexis."

Zwei Minuten später, als ich gerade den Rückenreißverschluss meines Kleides hochziehe, höre ich Streit. Er beginnt ganz leise und steigert sich, als ich in meine schwarzen Peeptoe-Highheels von Gucci schlüpfe. Ich ziehe den Vorhang des Umkleidebereichs zurück und erwarte, Sky in einem Streit mit Renee zu finden. Stattdessen sehe ich Alexis, die mit den Absätzen ihrer Coach-Pumps aufstampft. Schnell verstecke ich mich wieder hinter dem Vorhang, damit sie mich nicht entdeckt.

„Ich werde diese grauenhaften Sachen nicht anziehen, Renee", protestiert Alexis. „Muss ich dich daran erinnern, dass ich eins fünfundsiebzig groß bin? Wie soll ich also ein Minikleid tragen? Das wird wie ein breiter Gürtel an mir aussehen!"

Wow. Da hat wohl jemand noch nichts zum Frühstück bekommen.

„Alexis", sagt Renee geduldig. „Ich habe fast dreißig Kleider für dich ausgesucht. Nur zwei davon waren Minikleider. Schau dir doch mal dieses umwerfende Teil von Peter Som an. Das gibt es nur einmal, wie du weißt. Rachel McAdams wollte es zu einer Filmpremiere tragen, aber ich es habe es zuerst für dich geangelt. An deiner wundervollen Figur würde es toll aussehen."

Gut gemacht, Renee. Sie schafft es immer wieder, sogar ein langweiliges Futteralkleid wie die Ballrobe von Cinderella hinzustellen.

„Es ist hässlich." Alexis schiebt es weg. „Von dem Zeug gefällt mir gar nichts! Überhaupt nichts", schmollt sie. „Ich brauche mehr Auswahl."

„Was ist mit den Kleiderständern von Sky und Kaitlin?", bietet Renee an und geht auf unsere Kleider zu.

Alexis hustet. „Ich ziehe doch nicht das an, was sie übrig gelassen haben."

WIE BITTE? Ich habe mich wohl verhört! Was ist los mit ihr? Am Set ist sie niemals so launisch.

„Ich brauche etwas ganz Originelles", sagt Alexis und läuft auf die andere Seite des langen Raumes hinüber. Renee ist ihr dicht auf den Fersen und wirft nervöse Blicke auf ihre Uhr. Ich kann sie jetzt kaum noch hören, weil sie so weit weg sind, aber Alexis' nächste Bemerkung entgeht mir trotzdem nicht. „Ich sollte mich von den anderen abheben. Ich möchte etwas, das nicht rot ist."

Das nennt man wohl ein rasch wachsendes Selbstbewusstsein. Ich muss hier raus und mich beruhigen. Alexis dreht mir den Rücken zu, also kann ich jetzt vermutlich verschwinden. Doch schon nach dem ersten Schritt werde ich von Sky zurückgestoßen, die hinter mir in den kleinen Umkleidebereich hineindrängt. Sie knallt meinen rechten Ellenbogen gegen die Wand. Aua!

„Was machst du denn hier?", flüstere ich.

„Spionieren", antwortet Sky. „Ich musste noch einmal zurück, um meine Schuhe zu wechseln. Diese hier lassen meine Füße nicht schmal genug wirken." Ich schaue hinunter auf ihre hübschen, vorne offenen Bally-Sandalen. „Als ich das Gejammere von Alexis hörte, bin ich stehen geblieben. Ich habe mich hinter dem Kleiderständer an der Tür versteckt." Sie wackelt mit den Armen, um mich anzustupsen. „Beweg dich."

Meine Fluchtmöglichkeit ist vorüber, deshalb streite ich mich nicht mit ihr. Stattdessen lauschen wir beide gespannt.

Renee läuft am Umkleidebereich vorbei, und ich höre sie murmeln: „Erst für ein paar Wochen in der Serie, und schon benimmt sie sich wie eine Diva." Hört, hört! Dann fügt sie laut hinzu: „Alle Mädchen tragen Rot, Alexis, sogar Sky, die normalerweise diejenige ist, die mir das Leben schwermacht. Tom möchte, dass die Mädchen in Rot kommen und die Jungs in Schwarz und Weiß. Keine Ausnahmen."

„Ich bin nicht so wie die anderen", sagt Alexis. „Ich bin nicht so wie diese Primadonna Sky." Ich grinse Sky an, die so aussieht, als würde gleich Dampf aus ihren mit fünfkarätigen Diamanten gezierten Ohren herausschießen. „Und ich sehe auch nicht aus wie die kleine liebreizende immergute Burke." Sky unterdrückt ein Prusten.

Ich kann nicht glauben, wie sie mich gerade bezeichnet hat!

„Ich bin die Neue und habe das Recht, mich von den anderen abzuheben", räsoniert Alexis. „Hast du nicht von den Quoten gehört? Es ist meine Rolle, die uns wieder ganz nach oben gebracht hat."

„Die Kleine ist erledigt", flüstert Sky böse. „ERLEDIGT! Warte nur bis zu meinen neuen Vertragsverhandlungen in diesem Jahr. Wenn die glauben, dass ich mich abfinde mit dieser ..."

Ich unterbreche sie. „Sie ist eine szenenstehlende, namenlose, doppelzüngige Lügnerin, genau das ist sie! Sie hat mit meinem Freund geflirtet, uns in der Presse vorgeführt, und jetzt rüffelt sie die netteste Person im *FA*-Team. Und dabei tut sie so, als wäre sie Amerikas neuer Fernsehliebling! Damit kommt sie nicht durch!" Sofort halte ich mir den Mund zu. Ich bin schockiert von meinen Worten, und Sky grinst.

Ja, dieser Ausbruch hat sich gut angefühlt, aber ich hätte es nicht vor Sky tun sollen. Sky steht immer nur auf ihrer eigenen Seite. Sie könnte sich schon in einer Sekunde wieder gegen mich stellen.

„Renee, wo sind denn Sky, Alexis und Kaitlin?", höre ich Tom rufen, als er den Raum betritt. Er klingt ziemlich genervt. „Ich brauche sie auf der Stelle! Eigentlich schon vor fünf Minuten."

„Ich habe Sky und Kaitlin schon vor mindestens zehn Minuten losgeschickt." Renee klingt verblüfft. Oh-oh. „Aber, Tom, es gibt da ein Problem. Alexis gefällt keines der Kleider. Sie, ähm, möchte nichts Rotes anziehen."

Stille. Sky und ich starren uns an. Wir halten den Atem an. Tom wird bestimmt toben ...

„Renee! Das habe ich nicht gesagt", wendet Alexis mit einem nervösen Lachen ein. „Tom, ich habe zu Renee gesagt, dass ihre Kleider alle atemberaubend sind, aber keines von ihnen, ähm, so richtig zu mir passt, weißt du?"

Lügnerin!

„Du hast es doch selbst gesagt – im Augenblick ist Colby richtig heiß", fügt Alexis hinzu. „Sie ist das neue, böse Mädchen hier. Ich muss einfach unverwechselbar aussehen. Wie würde das wirken, wenn ich wie alle anderen gekleidet wäre? Ich bin sicher, dass du mir zustimmen wirst, das würde nicht funktionieren."

Toms Walkie-Talkie meldet sich. „Tom! Tom! Bring die Mädchen her! Wir müssen das Ganze in fünfundvierzig Minuten im Kasten haben, wenn wir den Technikern keine Überstunden zahlen wollen! Wo liegt das Problem?"

„Noch zehn Minuten, Rick", schreit er zurück. „Ich verstehe, was du meinst, Alexis, aber ich will trotzdem alle Mädchen in Rot haben." Tom klingt bestimmt.

Ha! Nimm das, Alexis!

„Bitte!", bettelt Alexis. „Kannst du nicht diesmal eine Ausnahme machen? BITTE ... Ich bin sicher, dass unser Publikum auch will, dass ich mich von den anderen abhebe. Ich versuche doch nur, das zu machen, was für die Serie am besten ist, Tom."

Sky nimmt meine Hand und drückt sie fest. Sie fühlt sich eiskalt an.

„Tom! Tom! Wir brauchen sie JETZT!" Wieder höre ich die Stimme aus dem Walkie-Talkie, und Tom knurrt frustriert.

„Wir kommen!", bellt er. „Renee, such ihr etwas zum Anziehen. Und sorge dafür, dass sie es mit was Rotem kombiniert. In fünf Minuten bist du draußen, Alexis. Verstanden?"

„Tom, du Lieber!", schnurrrt Alexis. „Du wirst es nicht bereuen!"

Skys Griff wird fester.

Was? Augenblick mal – Tom hat nachgegeben? „Er gibt niemals nach, wenn *du* so einen Wutanfall produzierst", flüstere ich.

Sky scheint auch überrascht zu sein. „Ich weiß", schmollt sie.

Oh mein Gott. Das Shooting! „Wir müssen hier raus, bevor Alexis uns entdeckt", stelle ich fest.

„Renee, such mir was Enges, Langes aus Seide. Und mach ein bisschen dalli", fordert Alexis jetzt, da Tom außer Hörweite ist.

Als Alexis Renee in die kleine Kammer folgt, flitze ich aus dem Umkleidebereich heraus, und Sky ist mir dicht auf meinen Gucci-Highheel-Fersen. Wir rasen den Flur hinunter zur Aufnahmebühne, rutschend und schiebend, während jede versucht, als Erste durch die Türöffnung zu kommen.

„Ha!", verkündet Sky triumphierend, als sie sich an mir vorbeidrückt.

„Angeberin", murre ich.

„Geht es dir gut?", erkundigt sich Matty. „Du wirkst so aufgeregt."

Ich blicke mich um und stelle fest, dass auch die anderen uns anstarren. Sky und ich stehen meist mindestens sechs Meter voneinander entfernt, wenn nicht gerade die Kamera läuft.

„Klar, Matty, alles in Ordnung", versichere ich ihm, obwohl ich immer noch zittere wegen dem, was ich gerade mitangehört habe. Ich kann es nicht glauben, aber vielleicht war mein Verdacht gegen Alexis absolut zutreffend. Warte nur, bis ich das Nadine erzählt habe. „Bist du bereit für dein erstes großes *FA*-Foto-Shooting?", erkundige ich mich und zerstrubble seine Haare.

„Mach meine Frisur nicht kaputt", beschwert er sich grinsend. „Wo ist eigentlich Alexis?", will er wissen. Ich runzle die Stirn.

„Königin Alexis wollte kein Kleid in derselben Farbe tragen wie wir, also lässt sie sich alle Zeit der Welt, bis sie hier auftaucht", sagt Sky schnippisch.

Matt wird blass. „Oh, ich, ähm, habe nur gefragt, weil ich in der nächsten Szene dran bin. Und ich darf heute nur noch dreieinhalb Stunden arbeiten und will nichts verpassen", sagt Matty.

„Du hast nur zwei Zeilen. Ich bin sicher, dass sie das noch irgendwo dazwischenquetschen können", schnauzt Sky.

„Hey, ich weiß, dass du sauer bist wegen dem, was gerade passiert ist, aber lass das nicht an meinem Bruder aus", sage ich warnend.

„Ich habe keine Ahnung, wovon du eigentlich sprichst", zischt Sky. „Mir geht es gut." Vermutlich hat sie heute Morgen in ihrer Yogastunde zu lange auf dem Kopf gestanden.

Bevor einer von uns noch irgendetwas sagen kann, erscheint Tom. Er sieht aus, als ob er dringend einen doppelten Espresso bräuchte.

„Leute, wir sind so weit", sagt er. Der Schweiß läuft ihm über seinen kahlen Schädel, und seine Brille beschlägt, als er über die Bühne geht.

Direkt hinter ihm saust Alexis herein. Unser Producer sieht aus wie ein Zwerg neben Alexis, der Riesin. Sie steht neben ihm und wirkt cool und entspannt in einem grünen Wickelkleid von Diane Furstenberg mit roten Ohrringen und einem roten Armband. Als die restliche Mannschaft sieht, was sie anhat, beginnen alle miteinander zu flüstern.

„Wir schießen jetzt diese Fotos und gehen anschließend direkt zur Schulhallen-Kulisse", erklärt Tom müde. „Wir haben bereits Verspätung, und einige von euch haben zeitliche Beschränkungen." Matt räuspert sich. „Nach dem hier habt ihr fünfzehn Minuten zum Umziehen und Auffrischen, und dann drehen wir die nächste Szene vor dem Mittagessen." Alle flüstern wieder miteinander. Wenn das so weitergeht, machen wir erst um drei Uhr Mittag! Alles wegen Alexis.

Alexis schiebt ihren Arm unter meinen. „Hey, Süße, du siehst fantastisch aus in diesem Kleid", sagt sie bewundernd. „Deinen Freund würde es umhauen, wenn er dich so sehen könnte."

Wie bitte?

„Äh, danke", sage ich. Ich muss mich daran erinnern, dass Alexis nicht weiß, dass ich ihren oscarreifen Moment eines Nervenzusammenbruchs miterlebt habe. Vielleicht ist sie schizophren.

„Es wird noch ewig dauern, bis wir was zwischen die Kiemen bekommen, aber hast du Lust auf einen Salat, wenn es so weit ist?", fragt Alexis. „Ich habe das Gefühl, wir müssen viel nachholen."

Gerade erst hat sie mich vor Renee schlechtgemacht, und jetzt will sie mit mir Mittag essen?

„Zu dumm! Ich habe leider ein Telefoninterview!", lüge ich. „Vielleicht morgen?"

„Ich werde dich daran erinnern", erwidert Alexis und zwinkert mir zu.

Ich rieche Unheil, aber bis ich nicht weiß, was Alexis vorhat, spiele ich lieber mit.

Montag. 23.9.

Persönliche Notizen:

Drehbeginn Di: 7 Uhr
Mi, Do, Fr: Außenaufnahmen in Malibu.
Beginn: 5 Uhr
*Websites über Fahrschulen checken!
*Geburtstagsgeschenk suchen!
Verabredung mit Austin – Fr abend, Slice of Heaven

FA2008 „Krankenhaus-Karussell"

(DREHBUCHFORTSETZUNG)

INNEN; KRANKENZIMMER VON PAIGE, TAG 7

PAIGE
(klingt geschwächt) Mädchen, ich möchte einen Moment mit euch beiden sprechen – ich meine, mit euch dreien.

SAM
Was ist los, Mom?

PAIGE
Ich liebe euch so sehr. Dank Colby fühle ich mich jetzt schon viel stärker.

COLBY
Bedanke dich doch nicht immer wieder. Ihr habt doch schon so viel für mich getan.

SARA
Ja, Mom. Wir haben schon genug gemacht. Wir haben ihr ein schönes Hotelzimmer besorgt, saubere Klamotten, ein warmes Essen, und dabei haben wir noch gar nicht Weihnachten. Du hast jetzt wirklich andere Sorgen. Du bist gerade aus dem Koma aufgewacht!

PAIGE
Ich kann das niemals gutmachen, Colby. Du hast mir das Leben gerettet. Du hast mir meinen Mann und meine Mädchen zurückgegeben. Es ist mehr als ein Wunder, was ich gerade erlebe. Dafür bin ich dir ewig dankbar.

SAM
Mom, du hast gesagt, du müsstest uns etwas erzählen. Haben die Ärzte etwas über deinen Zustand gesagt?

Paige schaut Colby an und streckt die Hand nach ihr aus. Die beiden fassen sich an den Händen und lächeln.

PAIGE
Mädchen, mir geht es gut. Eigentlich wollte ich mit euch über Colby sprechen. Ich weiß, dass euch Gerüchte zu Ohren gekommen sind, und ich wollte, dass ihr von mir die Wahrheit erfahrt.

SARA
(zu Sam) Warum hält sie ihre Hand?

PAIGE
Sara, pass auf. Es ist wichtig. Hört genau zu, was ich euch jetzt sagen werde. Es war nicht nur ein glücklicher Zufall, dass Colbys Blut mein Leben rettete an dem Tag, als sie ins Wartezimmer des Krankenhauses kam.

SAM
Es war ein Wunder. Wir wissen es, Mom.

PAIGE
Es war mehr als ein Wunder.
Es war Schicksal.
Was ihr nicht wisst, ist das, was Colby Dr. Braden erzählt hat. Sie ist meine lang verloren geglaubte Tochter. Wir haben zur Bestätigung einen DNA-Test machen lassen, aber mein Gefühl sagt mir, dass es wahr ist.

SAM
Was? Nein! Du würdest Dad niemals betrügen! Du liebst ihn doch.

PAIGE
Mädchen, das geschah, bevor euer Vater und ich uns überhaupt begegnet sind. Großvater schämte sich so sehr, deshalb habe ich … (unter Tränen) meine erstgeborene Tochter weggegeben. Ich dachte, ich würde sie niemals wiedersehen. Colby und ich haben uns unterhalten und die Fakten zusammengetragen, und ich bin sicher, dass sie richtig informiert wurde. Sie ist meine Tochter. (seufzend) Colby, es tut mir so leid, dass ich dich weggegeben habe.

COLBY
Jetzt verstehe ich das alles. Reg dich nicht auf. Du musst dich ausruhen, Mom.

SARA
„Mom?" Das ist ja krank. Eine gute Geschichte und eine Blutgruppe beweisen gar nichts!

PAIGE
Colby und mein Baby haben denselben Geburtstag, und Colby sagt, dass sie im selben Krankenhaus geboren wurde, in dem ich entbunden habe. Sie sieht vielleicht nicht wie eine Buchanan aus, aber sie ist eine.

SAM
(geschockt) Mom, bist du sicher?

PAIGE
Ganz sicher.

COLBY
Darf ich etwas sagen? Ich weiß, dass das ein Schock ist. Aber ich hoffe, dass wir uns langsam aneinander gewöhnen können. Wir sind doch schon Freunde. Vielleicht können wir darauf hinarbeiten, dass wir uns als Schwestern fühlen.

PAIGE
Nun, ihr habt ganz viel Zeit. Ich möchte, dass du sofort bei uns einziehst.

SARA
Was? Sie hat noch nicht einmal einen Bluttest gemacht!

COLBY
Das ist ein wirklich großzügiges Angebot, aber ich kann nicht … Ich möchte keine Schwierigkeiten machen.

SARA
Mom, bist du sicher, dass du klar denken kannst?

PAIGE
Das reicht jetzt. Colby hat mir das Leben gerettet, und damit gehört sie zur Familie, ganz egal, wie das Ergebnis des Bluttests aussehen wird. Ich erwarte von euch allen, ihr das Gefühl zu geben, willkommen zu sein. Alice bereitet zu Hause ein Zimmer für sie vor, und von euch beiden erwarte ich, dass ihr dafür sorgen werdet, dass sie sich wohlfühlt.

SARA
Aber …

SAM
Du hast es gehört, Sara. Wir möchten, dass Mom sich bald

erholt. Wir müssen alles tun, um ihr zu helfen. Colby, wir hoffen, dass du dich bei uns wohlfühlen wirst.

COLBY
Oh, da bin ich mir ganz sicher.

Sam und Sara umarmen ihre Mutter, während Colby mit unergründlichem Lächeln zuschaut.

FÜNF: *Ich liebe Alexis*

„Und los geht's!", brüllt Tom in sein Megafon.

Die *FA*-Crew, also fast hundert Menschen, wird ruhig, als das gleißende Scheinwerferlicht auf Sky, Alexis und mich fällt. Wir drängeln uns um Melli, die in einem Krankenbett liegt. Tom überwacht die Szene auf einem Monitor, der vor seinem Regiestuhl steht, während der Gastregisseur in unserer Nähe auf dem Kamerawagen sitzt. Wie üblich stehen unsere Autoren mit Stift und Block hinter Tom, um unpassenden Text sofort korrigieren zu können.

„Mom, bist du sicher, dass du klar denken kannst?", erklärt Sky als Sara.

Melli alias Paige nickt schwach. Sie muss so aussehen, als sei sie gerade aus dem Koma erwacht, und deshalb ist sie weiß geschminkt und ihre Augen sind ohne Make-up.

„Das reicht jetzt", sagt Melli heiser, und auf ein Zeichen schenke ich ihr aus dem Plastikkrug auf ihrem Nachttisch ein Glas Wasser ein. Ein riesiger Blumenkorb von unserem „Dad" Dennis (alias Spencer) und Luftballons in allen Farben und Formen füllen das Zimmer. „Colby hat mir das Leben gerettet, und damit gehört sie zur Familie, ganz egal, wie das Ergebnis des Bluttests aussehen wird", fügt sie hinzu. „Ich erwarte von euch allen, ihr das Gefühl zu geben, willkommen zu sein. Alice bereitet zu Hause ein Zimmer für sie vor, und von euch beiden erwarte ich, dass ihr dafür sorgen werdet, dass sie sich wohlfühlt."

„Aber ...", protestiert Sky.

Ich nehme Mellis Hand, und mit der anderen greife ich nach Skys. „Du hast es gehört, Sara", sage ich leicht zitternd. „Wir möchten, dass Mom sich bald erholt. Wir müssen alles tun, um ihr zu helfen." Ich wende mich Alexis zu. „Colby, wir hoffen, dass du dich bei uns wohlfühlen wirst."

„Oh, da bin ich mir ganz sicher", sagt sie sanft.

Ich warte auf den Kameraschwenk, bevor ich aus meiner Rolle schlüpfe, aber Alexis nicht. Angewidert verzieht sie das Gesicht. „Würg! Das klingt so blöd!", erklärt sie uns. „Es tut mir leid, dass ich die Szene verdorben habe, aber ich kann einfach nicht verstehen, warum Colby so unheilvoll klingen muss."

„Schnitt!", brüllt der Regisseur. Er und Tom betreten die Szene. „Ich dachte, wir hätten das bei der Probe geklärt", sagt der Regisseur leicht genervt.

Alexis richtet ihre großen Augen auf ihn. „Ich weiß, und du hast das auch ganz wundervoll erklärt, aber ich bin trotzdem nicht sicher, ob dieser Text funktioniert. Die Zuschauer lieben Colby, nicht wahr? Ich möchte nicht, dass sie denken, dass sie durch und durch böse ist", schmollt Alexis. „Ich meine, glaubst du, dass der Sender das so haben will? Ich weiß nicht. Vielleicht sollten die Autoren den Text überarbeiten."

„Überarbeiten", wiederholt der Gastregisseur. „Okay, fünf Minuten, wir reden darüber."

„Autoren", ruft Tom. „Ihr seid dran."

Melli massiert sich den Nacken. Sky verdreht die Augen. Ich beiße mir auf die Unterlippe. Wir rennen heute schon wieder der Zeit hinterher, und das ist die zweite Textstelle, die Alexis an diesem Morgen in Frage stellt. Seit der Priceless-Party sind zwei Wochen vergangen und eine seit unserem berüchtigten Foto-Shooting, und Alexis ist seitdem immer unverschämter geworden mit ihren Forderungen. Ja, die Presse und die meisten aus unserer Besetzungsmannschaft stellen sie noch immer auf ein Podest, aber jede Diva im Praktikum muss wissen, wann sie besser den Schnabel halten sollte.

Jetzt ist dieser Moment gekommen. Denn niemand, absolut niemand unterbricht eine Szene mit Melli. Seit dem ersten Tag spielt Melli in dieser Serie mit, und deshalb genießt sie eine besondere Art Respekt, ohne dass das jemand aussprechen müsste. Melli ist eine Autorität. Und so jemanden verärgert man nicht. Aber Alexis macht es offenbar nichts aus, ins Fettnäpfchen zu treten.

„Tom, muss ich hier dabei sein?", fragt Melli. Sie schlägt die Krankenhausbettdecke zurück und enthüllt hautenge, ausgebleichte Jeans unter ihrem kotzgrünen Kittel. Melli schwingt sich aus dem Bett. „Ich habe meinen Kindern versprochen, sie in ihrer Mittagspause anzurufen, und wenn wir noch länger brauchen, ist die vorbei."

„Mel, bitte", bettelt Tom. „Gib uns nur zwei Minuten."

Melli seufzt. „Ich nehme mein Handy mit. Wenn ihr fertig seid, findet ihr mich beim Caty. Ich brauch einen Kaffee."

Ich zögere und frage mich, ob ich ihr folgen soll. Ich würde zu gerne mit Melli über meine verwirrenden Gefühle wegen meiner Zukunft, Sky und Alexis sprechen.

Melli ist wie eine zweite Mutter für mich, und ich kann ihr alles erzählen. Aber heute scheint sie nicht in der Stimmung zu sein, also bleibe ich, wo ich bin. Eine Horde Schreiberlinge mit Drehbüchern und Laptops stürmt an mir vorbei.

Wir haben ungefähr zwanzig Drehbuchautoren, und man könnte meinen, dass es mit ihnen auf unserer bereits vollen Bühne ein ziemliches Gedränge gibt, aber das ist nicht so. Unser Set für *FA* ist einfach gigantisch. Im Haushalt der Buchanans gibt es verschiedene Schauplätze – die Küche mit echtem fließendem Wasser, das Wohnzimmer mit Möbeln von *Restoration Hardware*, das Schlafzimmer von Paige und Dennis (das doppelt genutzt wurde als Sams und Saras Zimmer, bis wir vor ein paar Jahren endlich unsere eigene Kulisse bekamen) und das langgestreckte Esszimmer mit einem Tisch von Ethan Allen, an dem zwanzig Leute sitzen können. Er ist bestens geeignet für große Familiendiskussionen, das Markenzeichen von *FA*.

Unser Aufnahmestudio bietet auch noch die folgenden Innenausstattungen: Schlafzimmer und Küche meiner Tante Krystal, Penelopes Wohn- und Schlafzimmer, Kantine von Summerville, Wartebereich des Summerville-Krankenhauses und ein Krankenzimmer (wo wir gerade drehen), und gerade in diesem Jahr haben wir auch noch unsere eigene Attrappe der Aula bekommen und ein Klassenzimmer, sodass wir nicht jede von Sams und Saras Schulszenen an der Summerville High vor Ort drehen müssen. Die Außenaufnahmen des Anwesens der Buchanans drehen wir auf einer nachgebauten idyllischen Straße auf dem Studiogelände.

HOLLYWOOD-GEHEIMNIS NUMMER FÜNF: Bei *FA* werden – wie bei vielen anderen TV-Serien – die Innenszenen nicht in dem Haus gedreht, dessen Fassade im Film gezeigt wird. Normale Räume sind viel zu beengt für eine vielköpfige Kameramannschaft, die Drehbuchautoren und die Typen, die am Set das Sagen haben. Deshalb gibt es meistens nur drei Wände, oder die Räume sind zumindest größer als ein durchschnittliches Zimmer, sodass eine Filmmannschaft hineinpasst. Wenn ihr im Fernsehen ein Haus von außen seht, dann hat das Studio entweder dafür bezahlt, die Außenansicht filmen zu dürfen, oder sie haben die nachgebaute Fassade des Gebäudes auf das Außengelände des Studios gestellt. Auf unserem Außengelände gibt es eine Straße mit vielen Häusern, die schon in anderen Fernsehserien oder in Filmen verwendet wurden und die jetzt als Stadt Summerville für *FA* dient. Als Paige und Penelope vor einiger Zeit in dem brennenden Buchanan-Anwesen waren, haben sie dafür ein verfallenes altes Haus aus diesem Block verbrannt. Die frei gewordene Fläche wurde zu einem Park, den wir für Schulaußenaufnahmen nutzen. Buchanan Manor ist das größte von all den Pseudohäusern. Aber niemand muss einen Badeanzug anziehen – unser Swimmingpool befindet sich nicht am Set. Diese Szenen werden dreiundzwanzig Meilen entfernt in einer Villa in Arcadia gedreht.

„Hallo, meine Damen." Max Welsh, der neueste Drehbuchautor von *FA*, kommt herüber und schenkt uns ein strahlendes Lächeln, das mich fast ohnmächtig werden lässt. Ich kann es nicht abstreiten: Max ist mehr als süß. Seine Bräune könnte aus Südkalifornien stammen, er hat kurzes, stacheliges braunes Haar und braune Augen, und sein gut gebauter Körper steckt in metrosexuellen Klamotten. Praktisch jeder am Set schwärmt heimlich für den Mittzwanziger. (Ich würde meine Gefühle nicht als *schwärmen* bezeichnen. Ich stehe einfach nur auf seine Cleverness. Das ist doch kein Verrat an Austin, oder?)

„Was können wir für euch tun?", fragt er.

„Es tut mir leid, dass ich euch auf die Nerven gehe", sagt Alexis mit weinerlicher Stimme. In ihrem superengen Snoopy-Shirt, das ihren Bauchnabel freilässt, und tief sitzenden dunklen Jeans sieht sie aus wie eine Zehnjährige. Und mit dieser Stimme klingt sie auch so. Colby soll irgendwie billig aussehen, deshalb die Kleidung. „Ich stolpere immer wieder über diese eine Zeile. Colby soll verdächtig wirken, und das ist in Ordnung, aber ich bin wirklich der Meinung, dass sie viel mehr sein sollte als nur das. Wie wäre es, wenn sie einen interessanten Hintergrund bekäme? Das würde erklären, warum es so aussieht, als versuchte sie, die Buchanans zu hintergehen." Alexis verstummt und winkt wie verrückt einigen der Drehbuchautoren im Hintergrund zu. „Becky, diese Farbe steht dir ausgezeichnet! Hey Roger! Wollen wir später ein paar Körbe werfen?"

Peter, einer unserer altgedienten Autoren, runzelt die Stirn. „Aber Alexis, Colby versucht *tatsächlich*, die Buchanans zu hintergehen", sagt er vorsichtig. „Diese Zeile soll die Zuschauer neugierig machen auf das, was noch kommt."

„Ich verstehe, was du meinst, wirklich, aber vielleicht lassen wir uns hier die Gelegenheit für eine komplexere Handlung entgehen", sagt Alexis schnell. „Muss Colby wirklich allen vorlügen, dass sie die Tochter von Paige ist? Überleg doch mal, wie sehr das Publikum diese Figur mag. Glaubst du wirklich, sie wollen, dass sie in ein paar Monaten wieder verschwindet? Wie wäre es, wenn wir sie in der Nähe behielten, damit sie noch ein paar anderen Leuten in der Stadt Probleme bereiten kann und nicht nur den Buchanans?", sagt Alexis hoffnungsvoll. „Jede Serie braucht doch eine gute böse Figur."

„Diese Serie hat bereits eine", faucht Sky. „Mich."

Alexis schenkt ihr keine Beachtung. „Ich hasse es einfach, einen gefragten Handlungsstrang zu ruinieren, wenn wir daraus so viel mehr machen könnten – und aus Colby. Ich glaube, dass wir diese Saison hier etwas wirklich Großes machen, und ich zum Beispiel möchte das Ganze nicht zu früh sterben sehen." Alexis drückt meine Hand. Ich widerstehe dem Drang, meine Hand wegzuziehen, und lächle honigsüß.

„Alexis, wir haben das schon diskutiert", warnt Tom.

„Aber ..." Alexis' Augen werden feucht.

Es ist nichts Besonderes, dass die Drehbuchautoren zu Hilfe gerufen werden, weil ein Witz nicht funktioniert oder weil irgendein Text so barsch klingt, dass jeder am Set zusammenzuckt. Aber die Perspektive eines ganzen Charakters ändern? So eine Entscheidung wird ganz oben getroffen, aber nicht hier am Set. Ich kann nicht glauben, dass Alexis die Stirn hat, so etwas auch nur vorzuschlagen. Ich unterdrücke den Drang, sie anzustarren. Mal ganz davon abgesehen, dass ich mitangehört habe, welchen Mist sie über mich erzählt hat, und dass ich sie beim Flirten mit meinem Freund erwischt habe – ihr neuestes Interview in *Hollywood Nation* kann ich nicht vergessen. Ich kann einfach nicht glauben, dass sie die Nerven hatte, zu erzählen, dass Sky und ich nicht miteinander auskommen. Nachdem das Ganze erschienen war, schickte Alexis mir Blumen mit einem Brief, in dem stand, dass sie ihre Bemerkung aus dem Zusammenhang gerissen hätten. Aber das kaufe ich ihr nicht ab.

„Was das Publikum angeht, so hast du recht, Alexis", sagt Tom nachdenklich. „Aber die ganze Handlung hat einen Anfang und ein Ende, die bereits geplant waren, bevor du überhaupt engagiert wurdest. Colby enthüllt schlussendlich ihren wahren Charakter. Sie versucht die Buchanans zu erpressen, weil sie sie als Baby im Stich gelassen haben. Aber Sam und Sara finden den Beweis dafür, dass Colby gar nicht Paiges Tochter ist. Es stellt sich heraus, dass Colbys tote Mutter Paiges Zimmergenossin am College war, deshalb wusste sie alles über das Baby, das nach seiner Geburt weggegeben wurde. Colby weiß so viel über die Buchanans, dass sie denkt, sie würde als Verwandte durchgehen. Nachdem ihre Tarnung aufgeflogen ist, wird sie in Folge dreizehn die Stadt verlassen."

„Ich kann es gar nicht erwarten", stichelt Sky.

Alexis wirft ihr einen bösen Blick zu. „Ich weiß", sagt sie gefasst. „Aber alles läuft doch so gut, dass ich dachte, ihr würdet eure Meinung vielleicht ändern." Die letzten Worte stößt sie schluchzend hervor, und einer der Techniker legt Alexis seine Hand auf die Schulter. Ich sehe mich um. Alle, vom Kameramann bis zu Shelly, meiner Maskenbildnerin, gucken traurig.

Hat Alexis was ins Trinkwasser getan? Wie kommt es, dass alle auf diesen Schwindel hereinfallen? Sie kannte doch die Geschichte ihrer Figur, als sie ihren Vertrag unterschrieb!

„Ich habe eine Idee", sagt Max.

Er hat immer kluge Einfälle, deshalb hören alle aufmerksam zu. Max ist erst seit ein paar Wochen bei uns, aber er ist bereits berühmt, weil er ganz allein Mellis herzzerreißende Aufwachszene geschrieben hat. Alle sagen, dass Melli für diese Szene ihren nächsten Emmy bekommen wird.

„Tom, vielleicht können wir diesen Text streichen und dafür etwas Einfaches bringen, sodass es dem Zuschauer überlassen bleibt, wie er das Ganze sehen will", sagt Max. „Wir werden Colbys Motive sowieso erst in ein paar Folgen aufdecken."

Er macht wohl Witze, oder?

„Das ist richtig", sagt Sarah, eine langjährige Drehbuchautorin für *FA*. „Wahrscheinlich ist es besser, wenn sich die Geschichte ein wenig beruhigen kann, bevor wir einen Gang höher schalten. Außerdem ist es doch nur eine Zeile Text."

Nein! Neiiiin! Es geht nicht nur um eine Zeile! Alexis will eine Rolle auf Dauer. Warum checken sie das denn nicht? Tom, hör nicht auf sie!

„Es ist nur eine Zeile." Tom scheint einverstanden. „Ich denke, das ist in Ordnung."

Seufz!

„Aber", fährt er warnend fort, „Alexis, wenn du das nächste Mal einen Vorschlag zum weiteren Schicksal deiner Figur machen willst, dann stimmst du es mit mir ab, bevor wir anfangen zu drehen, und nicht mitten in einer Szene!" Alexis lässt den Kopf hängen und nickt. „Ich habe das letzte Wort, wenn es um die Handlung geht, nicht die Drehbuchautoren und nicht die Schauspieler. Obwohl ich nicht sagen kann, dass deine Idee mir in den vergangenen Wochen nicht auch durch den Kopf gegangen wäre", fügt Tom hinzu, und das macht mich leicht schwindelig. „Aber meine Meinung kann und will ich im Augenblick deswegen nicht ändern. Es ist meine Entscheidung, und ich will niemals wieder darüber vor der gesamten Mannschaft diskutieren. Hast du das verstanden?"

„Ja", sagt Alexis schlicht, und ein Lächeln umspielt ihre vollen Lippen. „Absolut."

Ich bin ziemlich durcheinander. Stimmt, Tom hat Alexis auf ihren Platz verwiesen, aber er schien auch nicht abgeneigt, ihre Rolle zu verändern. Das bedeutet, dass sie uns noch länger auf den Geist gehen könnte! Ich glaube, ich muss mich ausruhen.

„Gut", sagt Tom gerade. „Ich werde jetzt Melli holen gehen. Wir wollen versuchen, diese Szene ohne weitere Verzögerung in den Kasten zu bekommen." Er wirft Alexis einen vielsagenden Blick zu.

Max kritzelt ein paar Notizen in sein Drehbuch. „Lasst uns ein paar andere Textideen ausprobieren."

Alle schlagen die fragliche Seite auf und beginnen Vorschläge zu machen. „Ich kann es gar nicht erwarten?" – „Du bist super?" – „Danke, Sam?" Sie einigen sich auf: „Danke. Euch allen vielen Dank", und damit klingt Colby wie eine Heilige. Ich beiße mir auf die Lippen, sonst muss ich losschreien.

„Vielen Dank!", gurrt Alexis und umarmt Max. „Ihr seid die besten Drehbuchschreiber in der ganzen Stadt."

Sky wendet sich angewidert ab. „Woher weiß sie das?", sagt Sky so leise, dass nur ich es hören kann. „Was hat sie vorher gemacht? Einen Werbespot für Kentucky Fried Chicken?"

Wir müssen beide kichern. Wir schauen uns an, und uns wird klar, dass wir uns dieses eine Mal einig sind. Schnell wenden wir uns ab.

Zwanzig Minuten später haben wir die Szene im Kasten, und ich verlasse das Set. Nadine hält mich auf, noch bevor ich die Tür erreiche, die zu den Garderoben führt.

„Das hat ja ewig gedauert. Was war denn los?", fragt Nadine. Sie hatte sich an diesem Morgen in meiner Garderobe verkrochen, um den Terminplan für nächste Woche zu machen und ein paar Telefoninterviews festzuklopfen. Heute trägt sie ein enges marineblaues Shirt, abgewetzte Jeans und Laufschuhe. Ich bin zu erledigt, um ihr zu erklären, was los war. Dafür knurrt mein Magen protestierend.

„Ziemlich grummelig, was?", erkundigt sich Nadine. „Ich kümmere mich gleich darum. Willst du zuerst die guten oder die schlechten Neuigkeiten hören?"

Ich bleibe wie angenagelt stehen. Was ist denn nun schon wieder passiert? Ich ziehe den Aufschlag an meiner Caprijeans von Dr. Denim zurecht. Ich trage ein enges Seidentanktop mit Blütendruck von Prada mit einer Schärpe um die Taille sowie Ballerinas. „Hat Mom das mit meiner Theorieprüfung herausgefunden?", frage ich beunruhigt.

Liz und Austin haben mich wegen des Führerscheins so aufgestachelt, dass ich in jener Nacht direkt nach

Hause gegangen bin und meine Eltern gefragt habe, ob ich die Theorieprüfung machen könnte.

Mom hatte mich angesehen, als ob ich gefragt hätte, ob ich bei Jerry Springer Talkgast sein dürfte. Dann sagte sie: „Warum solltest du das wollen, wenn du doch einen Chauffeur hast, der dich überall hinfährt?" Ich versuchte zu protestieren, aber ich merkte schnell, dass ich nichts erreichen würde. Mom verstand einfach nicht, worum es mir ging.

Ich dachte, Dad würde es vielleicht verstehen, als Autoliebhaber und so, aber er spielte Mr Ernsthaft bei dem Thema. „Autofahren ist so, als ob du den Kofferraum deines Cadillac öffnen und versuchen würdest, den Motor einzustellen", sagte er. „Wenn du keine Ahnung hast von dem, was du tust, richtest du nur Schaden an. Ich glaube nicht, Katie-Kins, dass du schon so weit bist."

Ich versuchte, sie bei ihrem Geschäftssinn für meine Karriere zu packen, und fragte, was passieren würde, wenn mir eine potenzielle oscarreife Filmrolle angeboten würde und ich sie nicht annehmen könnte, weil die Figur, die ich spielen sollte, Auto fahren können müsste. Wie sollte das gehen ohne Führerschein? Beide lachten und sagten, normalerweise würden Filmstars sowieso nicht Auto fahren. Es ist viel einfacher, eine Autoszene zu drehen, wenn das Auto von einem Pritschenwagen gezogen wird. Nach dieser Bemerkung stürmte ich aus dem Zimmer.

Da ich mich ein wenig rebellisch fühlte und mich um meine Karriere sorgte, tat ich etwas, was ich noch niemals gemacht hatte – ich fälschte die Unterschrift meiner Mutter. Dann brachte ich Nadine dazu, mich für die

Theorieprüfung anzumelden. Nadine findet, ich sollte meiner Mutter das Ganze beichten, und ich werde das auch tun.

Nachdem ich bestanden habe.

Nadine und ich verschwinden in einer leeren Gästegarderobe, und sie zieht eine Zeitschrift aus ihrer „Bibel". So haben wir den Ordner genannt, in dem sie meinen Terminplan versteckt – und eigentlich mein ganzes Leben.

„Deine Mom weiß nichts von deiner Theorieprüfung", versichert mir Nadine. Ich atme erleichtert auf. „Aber ich denke immer noch, dass du es ihr sagen solltest." Ich schaue sie an. „Okay, gut. Das ist auf jeden Fall *nicht* die schlechte Nachricht. Die schlechte Nachricht ist, dass die neue *Hollywood Nation* da ist und du wieder drin bist", sagt sie. „Eine unbekannte Quelle berichtet, dass du letzte Woche wegen Erschöpfung die Dreharbeiten verzögert hast. Albern, was?" Keine von uns lacht.

„Ich habe niemals die Dreharbeiten aufgehalten!", beschwere ich mich. „Kein einziges Mal. Mom zwingt mich sogar zu kommen, wenn ich erkältet bin!"

„Ich weiß." Nadine tätschelt mir beruhigend die Schulter. „Alle wichtigen Leute wissen, dass du es gar nicht warst."

„Sky kann es einfach nicht lassen, nicht wahr?", sage ich ärgerlich.

„Wenn Sky das Gerücht in die Welt gesetzt hat, dann kann sie sich darüber nicht sehr freuen. Hier ist auch noch ein Artikel, der sie in die Pfanne haut." Nadine blättert um.

Ich schaue auf die Doppelseite, die Nadine mir hinhält,

und schnappe nach Luft. SKY MACKENZIE KÄMPFT MIT BULIMIE.

Ich hatte immer den Verdacht, dass Sky weniger negative Presse bekam, weil sie den Reportern zum Ausgleich erfundene Geschichten über mich anbot. Ich habe das noch niemals gemacht, aber ich kenne Schauspieler, die so was tun. Manche unternehmen alles, um schlechte Publicity zu vermeiden. Aber wenn Sky es diese Woche getan haben sollte, dann ist der Schuss nach hinten losgegangen. In dem Artikel steht, dass Sky so dünn wie ein Bleistift ist, weil sie sozusagen die Kloschüssel anbetet. Auf der gleichen Seite ist ein riesengroßes Foto von ihr, auf dem sie ausgezehrt aussieht im Vergleich zu einem danebenstehenden Bild von letztem Jahr. Ich persönlich glaube, es liegt nur an dem Kleid, das sie anhat. Eins ist ein weites Hängerkleid, das andere aus Lycra.

„Es ist unglaublich, dass ich Sky verteidige, aber ich kann mir nicht vorstellen, dass sie sich den Finger in den Hals steckt", gebe ich zu. „So krank ist nicht einmal sie." Ich runzle die Stirn und blättere zurück zu dem Artikel über mich. Er trägt die Überschrift KAITLIN BURKES ZUSAMMENBRUCH AM SET! Wenn es nicht Sky ist, die mich in die Pfanne hauen will, wer dann?

„Wir sollten uns um Schadensbegrenzung bemühen", sagt Nadine.

„Okay", stimme ich zu. Plötzlich bin ich deprimiert.

„Bereit für eine gute Nachricht?" Nadine hört sich fröhlicher an. „Rate mal, wer in deiner Garderobe auf dich wartet?" Ich zucke die Schultern. „Er ist goldig, und es interessiert ihn nicht die Bohne, was die Zeitungen über dich schreiben."

„Austin ist hier?", quietsche ich. „Kann ich mich später mit diesem Artikel beschäftigen und jetzt zu ihm gehen?"

Nadine nickt. „Ich werde Laney anrufen", sagt sie und öffnet mir die Tür.

Ich sause den Gang hinunter und stolpere über einen Fuß, als ich vor meiner Garderobe ankomme.

„Pass doch auf!", meckert Sky.

Was macht sie denn hier? „Was willst du?", frage ich und verschränke die Arme vor der Brust.

„Ich habe ein Hühnchen mit dir zu rupfen wegen dieser fiesen Geschichte, die du in *Hollywood Nation* platziert hast." Skys dunkle Augen mustern mich trotzig.

Ich schnaube. „Ach, komm schon. Warum sollte ich so etwas erzählen? Auch wenn ein gewisser *Jemand* sich eine Geschichte über meine angebliche Erschöpfung ausgedacht hat."

Jetzt sieht Sky wirklich überrascht aus. „Hey, das war ich nicht!"

Tief in mir weiß ich, dass Sky es nicht war, aber laut mag ich es nicht zugeben. Stattdessen zucke ich die Schultern.

„Also, wenn ich denen nichts über dich erzählt habe und du nichts über mich, wer ist dann für diesen Müll verantwortlich?", erkundigt sich Sky.

Ich bin so gereizt über diesen neuerlichen Angriff in der Presse und sauer, dass Sky mir auflauert, um mich zur Rede zu stellen, dass mir das im Augenblick ganz egal ist. „Ich habe keine Zeit, darüber zu sprechen", sage ich. Ich weiß, dass das nicht sehr vernünftig klingt. Ich will einfach nur Sky stehen lassen, meinen Freund küssen und diesen ganzen grässlichen Morgen vergessen. „Wenn du mich entschuldigst ..." Ich schlängle mich an ihr vorbei und strecke die Hand nach der Tür aus.

„Gut", sagt Sky verschnupft und stampft davon.

Ich hole tief Luft und schiele ins Zimmer. Austin sieht mich und grinst. In seinen Trainingshosen und einem langärmeligen Fleecepullover mit einem blauen Hockeyzeichen darauf sieht er heute besonders süß aus. In seinen bequemsten Klamotten wirkt er immer am tollsten.

„Was machst du denn hier?", frage ich und spüre, wie mich das Glück überwältigt. Ich beuge mich hinunter und gebe Austin einen Kuss und bemerke erst jetzt, dass Matty neben ihm sitzt. Oops.

„Wir hatten Elternsprechtag", grinst Austin. „Ich wollte dich überraschen. Im Gang habe ich Matty getroffen. Wir bereden gerade ein kleines Problem von ihm."

„Ist alles okay, Matty?", erkundige ich mich beunruhigt. „Geht es um den Terminplan? Wird es zu viel für dich mit deinen Hausaufgaben und dem Textlernen und so?"

Matty schüttelt den Kopf. „Das ist es nicht." Matty schaut mich nicht an. „Mann, musstest du es meiner Schwester sagen?", fragt er Austin.

„Erzähl es ihr einfach", beharrt Austin. Matty schüttelt den Kopf. Er sieht richtig verlegen aus. Ich schaue Austin an. Jetzt bin ich nervös.

„Es geht um Mädchen", erklärt Austin.

Erleichtert atme ich auf. Ahhh ... mein kleiner Bruder ist verknallt! Er ist erst dreizehneinhalb, aber vermutlich ist das die Zeit. „Matty, das ist wundervoll. Wer ist es?", frage ich. „Willst du dich mit ihr verabreden?"

Austin nickt aufmunternd.

„Nichts für ungut, aber ich konnte es dir nicht zuerst erzählen", sagt Matty langsam. „Du bist meine Schwester. Ich kann doch nicht mit meiner Schwester über Mädchen reden. Bist du verrückt?"

„Natürlich nicht." Ich kann gar nicht aufhören zu grinsen. „Obwohl ich mir gewünscht hätte, dass du Vertrauen zu mir hast."

„Ja schon, aber ich war nicht sicher, ob sie dir gefallen würde." Er runzelt die Stirn.

Ich knuffe ihn am Arm. „Wovon redest du? Natürlich gefällt mir jede, mit der du dich verabreden willst." Ich schaue Austin an. „Das ist klasse. Wir können gemeinsam ausgehen!"

„Würdet ihr zu unserem ersten Date mitkommen?", fragt Matty hoffnungsvoll. „Ich bin so nervös. Ich habe überlegt, sie ins *Ivy* einzuladen."

Ich schüttele den Kopf. „Ein bisschen zu öffentlich für deine erste Verabredung. Wir überlegen uns einen richtig romantischen und einsamen Ort. Also, wer ist sie? Kenne ich sie?"

„Ja, tust du." Matt rutscht verlegen hin und her und blickt wieder zur Seite.

Oje. Ich greife mir an die Brust. „Bitte sag nicht, dass du dich in Sky verknallt hast!"

„Niemals!" Matt schaut mich empört an. „Ich würde dich niemals so respektlos behandeln."

„Gut." Ich bin erleichtert. „Also, wer ist es dann?"

Matt blickt zu Austin. Austin schaut Matt an. Dann sehen beide mich an.

„Es ist Alexis", flüstert Matt. „Ich liebe Alexis."

„ALEXIS?", kreische ich. Beide springen in die Höhe. „Das kannst du nicht. Das geht einfach nicht!", stoße ich hervor. Ich klinge wie eine Verrückte. Ich weiß das. Aber es ist mir egal.

„Ich wusste, dass du so reagieren würdest!", jammert Matt. „Ich habe es Austin gesagt."

„Was meinst du damit!", will ich wissen.

„Du bist eifersüchtig auf sie", sagt Matt.

„Ich bin nicht eifersüchtig", schreie ich und spüre, wie ich knallrot anlaufe.

„Ganz eindeutig." Matt klingt wütend. „Es ist nicht leicht, nicht mehr von allen bewundert zu werden, aber ertrag es wie eine Lady, Kates. Alexis ist jetzt angesagt. Das bedeutet doch nicht, dass du nicht trotzdem von allen geliebt wirst."

„Das w-weiß ich", stottere ich. Ich kriege keine Luft. Ich kriege wirklich keine Luft mehr. Irgendjemand muss gerade allen Sauerstoff aus diesem Zimmer gesaugt haben.

„Wirklich?", fragt Matty. „Weil du dich nämlich ständig beschwerst, dass Alexis so viel Aufmerksamkeit bekommt. Ich habe gehört, wie du auf dem Weg zur Arbeit mit Nadine und Rodney gesprochen hast. Du solltest dich schämen. Sie war immer nur nett zu dir."

Ich öffne meinen Mund, um zu antworten, schließe ihn aber ganz schnell wieder. Was soll ich sagen? Dass Alexis eine doppelzüngige Diva ist, die alle manipuliert? Matt ist so blind, weil er verknallt ist, er würde mir wahrscheinlich nicht glauben. Und außerdem, was für Beweise habe ich denn? Dass ich im Umkleideraum mit angehört habe, wie gehässig sie ist, oder wie boshaft sie auf dem roten Teppich war? Nein. Solange ich nicht ganz sicher weiß, dass sie irgendetwas vorhat, halte ich lieber meinen Mund. „Es ist nicht so, dass ich eifersüchtig bin oder sie nicht mag", sage ich stattdessen. „Ich denke nur, dass sie zu alt ist für dich."

„Nun, das stimmt nicht", sagt Matt beleidigt und läuft zur Tür. „Und ich werde es dir beweisen. Danke, Austin." Knallend wirft er die Tür hinter sich zu.

„Austin, ich hoffe, du hast versucht, ihn davon abzubringen!" Ich hüpfe auf und ab wie eine verzogene Zweijährige, und es ist mir ganz egal. „Sie ist zu alt für ihn! Sie wird ihm das Herz brechen! Aber was am wichtigsten ist, sie ist nicht diejenige, die sie zu sein vorgibt. Sie ist eine Betrügerin! Ich will nicht, dass sie meinen kleinen Bruder verschlingt!" In meiner Brust hämmert es.

Austin lacht leise, legt seinen Arm um mich und zieht mich fest an sich. Ich vergrabe meinen Kopf an seiner Brust, die nach Waschpulver riecht, und hole tief Luft.

„Beruhige dich wieder, Tiger", sagt Austin sanft. „Ich rede noch einmal mit ihm. Ich verspreche es." Er drückt mich an sich. „Aber du weißt, wie das ist – wenn du dich in jemanden verknallt hast, ist meist nichts zu machen. Man kann das nicht einfach abschalten, auch wenn man weiß, dass die Chancen schlecht stehen, wenn ein großer Star mit einem Niemand ausgeht."

Ich werde rot. „Ich weiß, was du meinst."

Er küsst mich. „Hey, wenigstens hat er einen guten Geschmack, oder? Alexis ist umwerfend."

Ich löse mich von ihm. „Du findest sie umwerfend?" Ich weiß, dass ich gereizt klinge, aber es ist mir egal. Ich *bin* gereizt!

An seinen weit aufgerissenen Augen kann ich erkennen, dass Austin sofort klar wird, was er getan hat. Er hat die Beziehungsregel Nummer eins verletzt: Sprich niemals vor deiner Freundin über ein anderes Mädchen. Austin beginnt sich zu entschuldigen, und ich weiß nicht, ob es echt oder gelogen ist, aber es klingt so furchtbar, dass ich ihn in Ruhe lasse.
Momentan.

Dienstag, 1.10.

Persönliche Notizen:

Mi: früh um 7 Uhr 15 „vor Ort" sein wegen Theorieprüfung
Mi: abends lernen!
Mi: Drehbeginn 8 Uhr 15
Do, Fr: Drehbeginn 5 Uhr 15
Anprobe mit Kristen für die nächsten 4 Folgen: Di 15 Uhr (geplant 2, vermutlich 3 Stunden)
Fr 19 Uhr – Date mit Austin :-)
Wellnesstag (halleluja) mit Laney, Liz, Mom – 5. Oktober

SECHS: *Kein ungetrübtes Glück*

Liz seufzt. „Warum machen wir das nicht öfter?" Ihre Stimme klingt gedämpft. Unsere Köpfe sind tief in flauschigen Kopfkissen vergraben, und wir ruhen nebeneinander auf Massageliegen in dem Argyle Salon and Spa in Westhollywood. Wir genießen vierhändige Massagen. (Zwei Masseurinnen arbeiten an einer Person. Es ist einfach himmlisch!)

„Wir sollten jede Woche herkommen." Von dem Geruch des Jacqua-Buttercream-Frosting-Öls, das Liz und ich uns für unsere Massagen gewünscht haben, fühle ich mich total entspannt und ein bisschen benebelt. „Ich glaube, ich sollte einen festen Raum für uns hier buchen."

„Wenn du das nicht machst, werde ich Dad bitten, es für uns zu tun", sagt Liz, und ihre Stimme hüpft, weil die Masseurin gerade auf ihren Rücken trommelt. „Ich kann es immer noch nicht glauben, dass deine Mom diese Idee hatte."

„Ich weiß." Die Masseurinnen sind schwer damit beschäftigt, die kleinen Knoten in meinem Nacken und den Schultern zu bearbeiten. Dank der Prügel in *Hollywood Nation* und auf *Celeb Insider*, die ich diese Woche wegen meines angeblichen schlechten Benehmens am Set bezogen habe, bin ich dauernd verspannt.

Ich könnte Sky die Schuld dafür geben. Sie schien zwar

erschüttert zu sein, als wir letzte Woche nach der Verzögerung wegen Alexis' Textänderung diese Auseinandersetzung vor meiner Garderobe hatten. Aber sie hat mich ja schon vorher unzählige Male bei der Presse angeschwärzt. Aber selbst Sky scheint nicht immun zu sein gegen schlechte Presse. Nein, Nadine und ich haben darüber gesprochen, und wir sind überzeugt, dass Alexis diesmal dahintersteckt. Noch haben wir keinen Beweis, aber Nadine arbeitet daran, und bis sie etwas gefunden hat, muss ich Ruhe bewahren. Ich verstehe bloß nicht, was für ein Motiv Alexis hat. Sie hat so viel Lob in der Presse bekommen, dass es für Jahre ausreicht. Warum will sie Sky und mich gleichzeitig fertigmachen?

„Mom hat Nadine sogar dazu gebracht, ein Interview für heute abzusagen, damit mein Terminplan frei ist", füge ich hinzu. „Sie hat gesagt, ich bräuchte einen freien Tag."

„Das ist das erste Mal", spottet Liz, und ihre Stimme hallt in dem höhlenartigen Raum. Mom hat die überdimensionale Wellness-Suite von *Argyle* reserviert, in der sich acht Leute gleichzeitig aufhalten können, und mich, Liz und Laney eingeladen. (Ich dachte, Nadine würde sauer sein, weil sie nicht mit dabei war, aber sie war begeistert, einen „laneyfreien Tag" zu haben, wie sie betonte.)

Der Raum sieht aus wie eine superluxuriöse Hotelsuite, mit märchenhaften Seidengardinen und einer riesigen, fast vierhundert Liter fassenden Wanne für Behandlungen. Sie ist gefüllt mit Rosenblütenblättern und winzigen Kerzen. Sogar ein komplettes Frühstück erwartete uns, als Rodney uns abgesetzt hatte. Da das Wellnessbad zum Sunset Tower Hotel gehört, kann man sich sogar Essen aufs Zimmer bestellen. Laney war zum Frühstück verabredet, und Mom sagte, sie hätte einen Termin, sodass keine von beiden vor elf da sein wird. Aber das ist für mich in Ordnung, denn so haben Liz und ich ein bisschen Zeit für uns allein, und das ist mehr als nötig.

„Wir sind fertig, Kaitlin", flüstert mir eine meiner Masseurinnen ins Ohr. „Lasst euch Zeit mit dem Aufstehen. Der Kräutertee, den du bestellt hast, steht auf dem Tisch. In einer halben Stunde beginnen die Maniküre- und Pediküretermine."

„Vielen Dank", seufze ich glücklich. „Das war unglaublich schön." Wir bleiben beide auf unseren Liegen, bis wir die Tür ins Schloss fallen hören, dann stehen Liz und ich langsam auf. Wir ziehen die weißen, flauschigen Bademäntel und die Pantoffeln an, die das Personal für uns dagelassen hat, und schlendern hinüber zur Couch. Unser voll gepackter Terminplan beinhaltet noch eine gemeinsame Maniküre und Pediküre, Gesichtsbehandlungen und eine Ganzkörperpackung für jede. Liz und ich haben die spezielle Argyle-Körperpackung gewählt, die aus einer Mischung aus Avocado, Schokolade, Mandel, Kokosnuss, Nelke, Zimt, Orange und Vanille besteht. Ich lege meinen Kopf auf ein Kissen und atme tief den Duft von Freesien ein, der den schwach beleuchteten Raum erfüllt. Das Einzige, was ich höre, ist Meeresrauschen, das von einer CD mit Entspannungsmusik kommt. „Ich möchte alles erfahren, womit du dich in dieser Woche beschäftigt hast."

„Ich finde, man sollte zur Bedingung machen, vor den Studieneignungstests hierherzukommen", sagt Liz. Ihr wildes, lockiges braunes Haar ist zu einem Pferdeschwanz gebunden und mit einem Kopftuch von Louis Vuitton bedeckt. „Ehrlich gesagt, war das alles, was ich gemacht habe: lernen. Das und die Arbeit mit Daniella an deinem Film. Warte nur, bis du ein paar der Szenen bei der privaten Vorführung im Dezember siehst, Kates. Du siehst so wild aus. Du wirst Angelina Jolie bestimmt einen harten Wettkampf bei den Actionfilmen bieten."

„Nicht, dass ich wüsste", lache ich. Mein Gesicht fühlt sich auf einmal so frisch an. Vielleicht deshalb, weil mein elfenbeinfarbener Teint nicht von einer Schicht aus Grundierung und Puder bedeckt ist. Ich habe mir heute Morgen nicht einmal die Haare gewaschen. Stattdessen habe ich sie zu einem tiefen Knoten gesteckt, um die Cremes und Öle von meinen Strähnchen fernzuhalten. „Habe ich dir schon erzählt, dass ich Monique gebeten habe, mir ein paar Eignungstests zum Üben zu geben? Sie sind wirklich schwer, aber ich finde sie hilfreich. Ich weiß noch nicht, was ich mit dem College mache, aber wenn ich eine gute Punktzahl erreiche, dann habe ich wenigstens ein paar Möglichkeiten."

„Ich halte das für sehr klug, Kates", stimmt mir Liz zu.

„Oh, ich habe auch noch einige andere Neuigkeiten. Ich glaube, ich habe das perfekte Geburtstagsgeschenk für Austin gefunden." Bei dem Gedanken daran muss ich lächeln. „Du weißt doch, wie gerne er NASCAR-Rennen anschaut? Ich habe mich mit Rodney darüber unterhalten, und er hat mir erzählt, dass die Motor Raceway in Las Vegas Mitfahrgelegenheit auf der Rennstrecke anbietet. Ich dachte, wir könnten an seinem Geburtstag nach Las Vegas fliegen – der Flug dauert nur eine Stunde –, und er könnte in einem Rennwagen mitfahren. Dann könnten wir noch im SW Steakhouse im Wynn Las Vegas zu Abend essen, bevor wir zurückfliegen. Was hältst du davon?"

Liz runzelt die Stirn und schlägt die Augen nieder.

„Die Idee gefällt dir nicht, oder?", sage ich besorgt. „Warum? Hältst du es für zu übertrieben? Ich dachte, wenn ich Austin irgendwohin einlade, würde ihm das weniger peinlich sein als ein teures Geschenk. Denkst du, ich liege falsch? Oder geht es um unsere Mütter? Daran habe ich nicht gedacht, aber vielleicht wollen sie nicht, dass wir für eine Verabredung die Stadt verlassen."

„Kates, beruhige dich", sagt Liz sanft. „Ich denke, Austin würde es sehr gefallen."

Erleichtert seufze ich auf. „Aber es gibt trotzdem ein Problem."

„Was denn?" Ich beiße auf meine Lippe.

„Dieses Jahr fällt Austins Geburtstag auf das Herbstfest. Das wäre an sich keine große Sache, wenn nicht gestern die Nominierungen für das Festkomitee verkündet worden wären." Liz macht eine Pause. „Austin ist dabei. Das bedeutet, dass er die Parade leiten muss. Eigentlich muss er beim Tanz nicht dabei sein, also könnte er am Nachmittag nach Las Vegas fliegen. Aber ich habe noch nie von einem Nominierten gehört, der den Tanz geschwänzt hat. Vielleicht könnte er seine Nominierung zurückgeben", schlägt Liz vor.

Ich schüttle den Kopf. „Das ist albern. Ich mache die Las-Vegas-Geschichte ein andermal."

Liz lächelt. „Ganz bestimmt!"

„Ich frage mich nur, warum mir Austin nichts davon

erzählt hat", überlege ich. „Gestern Abend waren wir Sushi essen, und er hat kein Wort davon gesagt."

„Du weißt doch, wie Jungs sind", sagt Liz verächtlich. „Mir hat er auch nichts erzählt. Aber Josh. Josh hat gesagt, Austin wüsste, dass du eine Geburtstagsüberraschung für ihn planst, und er wollte dich nicht enttäuschen. Josh hat ihm gesagt, er solle dich stattdessen zum Tanz einladen, aber Austin meinte, du hättest bestimmt keine Lust dazu nach allem, was beim letzten Schultanz passiert ist."

„Wenn die Paparazzi wieder auftauchen und den Tanz ruinieren würden, würde mich das bei den Schülern nicht gerade beliebt machen", stimme ich ihr zu. „Clark würde mich lebenslang ausschließen." Ich schaue an die cremeweiße Decke, aber dort finde ich auch keine Antwort. „Tanz klingt gut", sage ich. „Und wenn er nun mal an Austins Geburtstag stattfindet und er dort hinmuss, dann möchte ich dabei sein. Vielleicht gibt es ja eine Möglichkeit, ihn zu begleiten."

Eine Minute lang schweigen wir beide. Dann sagt Liz: „Warum denn nicht? Die Paparazzi müssen doch nicht erfahren, dass du dort sein wirst?"

„Sie kriegen es raus." Ich runzle nachdenklich die Stirn. „Das ist immer so."

„Nicht wenn Austin ebenfalls keine Ahnung hat, dass du kommen wirst." Liz klingt jetzt aufgeregt. „So musst du es machen: Erzähl Austin, du hast gerade erfahren, dass du einen Nachdreh für *Schöne junge Attentäter* hast, ausgerechnet an seinem Geburtstag. Entschuldige dich überschwänglich und sage ihm, dass du stattdessen am Sonntag mit ihm feiern wirst. Austin ist kein Spielverderber. Er wird sich verpflichtet fühlen, zum Tanz zu gehen, und wird deswegen kein schlechtes Gewissen mehr haben. Wenn man ihn fragt, ob du mitgehst, wird er natürlich Nein sagen. Die Pressefritzen werden denken, dass du nicht dort bist. Und dann kannst du am Abend in der allerletzten Minute dort auftauchen, wenn niemand mehr damit rechnet. Das wird das ultimative Geburtstagsgeschenk!"

„Liz, du bist einfach genial." Ich umarme sie. „Und am Sonntag fliege ich mit Austin nach Vegas. Er bekommt zwei Geburtstagsgeschenke."

„Siehst du? Ich wusste, wir würden eine Lösung finden." Sie grinst. „Ich besorge dir diese Woche eine Karte für den Tanz, dann hast du sie schon mal. Austin muss die Karten im Voraus kaufen, und er wird keine für dich nehmen, wenn er glaubt, dass du arbeiten musst."

„Perfekt." Ich höre, wie die Tür geöffnet wird.

„Guten Morgen, Katie-Kins!", singt meine Mutter. „Habt ihr beiden Spaß?" Meine Mom ist lässig gekleidet mit einer Jeans von Genetic Denim, einem marineblauen T-Shirt mit Ausschnitt im Ballettstil und dreiviertellangen Ärmeln sowie flachen Schuhen.

„Hier ist es einfach cool, Mom", sage ich zu ihr. „Du musst sie bitten, für deine Massage das Jacqua-Buttercream-Frosting-Öl zu verwenden."

„Ist es das, was hier so penetrant riecht?"

Wer hat das gesagt?

Ich muss zweimal hinschauen. Hinter meiner Mom betritt Alexis den Schauplatz. Abgesehen von einem extrabreiten Lächeln trägt sie Hüftjeans von J Brand und ein leuchtend burgunderrotes Tanktop. Ihr langes rotes Haar ist ein wenig kraus, aber an den Enden perfekt eingedreht. Es sieht so aus, als wäre sie gestern Nacht auf einer Party gewesen und hätte seitdem nichts mehr daran getan. Hinter ihr steht Laney und sieht richtig verärgert aus.

„Hey, Alexis." Es gelingt mir, mich schnell wieder zu fassen. „Ich hatte ja keine Ahnung, dass du heute auch hier sein würdest."

„Ich habe Alexis eingeladen, uns zu begleiten, damit wir ihr alles darüber erzählen können, wie das Burke-Management deine Karriere beflügelt hat", erklärt Mom glücklich.

Was? Neiiin!

Mein herrlicher Sonntag ist dahin.

Ich spüre, wie mein Herzklopfen wieder angekurbelt wird. Letzte Woche habe ich so viel gearbeitet, und Moms Gesellschaftskalender war voller als das Restaurant *Nobu* an einem Samstagabend. Deshalb hatte ich noch keine Gelegenheit, ihr oder Laney von meinem Verdacht bezüglich Alexis zu erzählen oder von den wahnsinnigen Dingen, die sie am Set macht. Glücklicherweise erkenne ich an Laneys Gesichtsausdruck, dass Nadine ihr das eine oder andere berichtet haben muss. Aber ganz offensichtlich hat Laney noch nicht mit Mom darüber gesprochen.

Laney schlüpft aus dem Blazer von BCBG, den ich ihr geschenkt habe, und lässt sich neben mich aufs Sofa fallen. „Ich hatte keine Ahnung, dass sie kommen würde, bis ich hier vorfuhr und ihr flammend rotes Haar im BMW deiner Mom entdeckte", flüstert sie mir zu, während Mom damit beschäftigt ist, Alexis Liz vorzustellen.

„Ich habe mich geirrt in diesem Mädchen. Ich möchte, dass du weißt, dass ich damit nichts zu tun habe, Kaitlin. Ich vertrete keine Heuchler. Mir genügt es, den größten Star von *FA* auf meiner Liste zu haben."

Ich bin so gerührt, dass ich sie am liebsten umarmen würde. Aber ich weiß, dass Laney es gar nicht schätzt, wenn ihre säuberlich gebügelten Kleider zerknittert werden. Stattdessen schenke ich ihr ein strahlendes Lächeln.

„Nadine hat mich über Alexis aufgeklärt und über ihren unverfrorenen Versuch, die Drehbuchautoren für sich einzuspannen", fährt Laney fort, und ihre Stimme trieft vor Verachtung. „Nun, aber das ist noch gar nichts, verglichen mit dem beunruhigenden Klatsch am Set, der mir zu Ohren gekommen ist." Mir wird ganz schwach ums Herz, als Laneys dunkle Augen Unheil verkündend in meine blicken. „Dieses Mädchen ist nicht in Ordnung. Ich traue ihr nicht, und mir gefällt nicht, wie sie *FA* beeinflusst hat. Sei vorsichtig. Das ist mein Ernst."

„Ich weiß", sage ich. Mir ist schwindelig. Laney hat gerade bestätigt, was ich bereits seit einiger Zeit über Alexis denke, und ich bin nicht sicher, wie ich das verarbeiten soll.

„Ich werde deine Mutter aufklären", verspricht Laney, während meine Mom einen großen Stapel Papier aus ihrer grünen Einkaufstasche von Balenciaga herausholt und vor mir auf den Tisch legt. „Vertrau mir."

„Hast du mich deshalb heute hierherkommen lassen?", flüstere ich meiner Mutter zu, als sie auf der gegenüberliegenden Couch Platz nimmt. Ich lächle Alexis freundlich an, die mit Liz plaudert. „Um Alexis anzuwerben?"

Mom spitzt ihre Lippen, die wieder dünn aussehen.

Ich bin sicher, dass heute noch „Lippen aufspritzen" auf ihrem Programm steht. „Pst", sagt sie und wirft über die Schulter einen Blick auf Alexis. „Schau mich nicht so an. Wir sind hier, also kannst du einen wohlverdienten erholsamen Tag genießen. Ich dachte nur, der ganze Aufwand würde sich noch mehr lohnen, wenn wir auch ein wenig arbeiten. Deshalb habe ich Alexis eingeladen."

„Ist das nicht sowieso ein Gratisangebot, weil Kaitlin hier zu Gast ist?", erkundigt sich Laney. Ich versuche nicht zu grinsen. Vermutlich hat sie recht.

Mom hebt die rechte Augenbraue in Laneys Richtung. Oje. „Es kann nicht schaden, mit ihr über meine Managementfirma zu sprechen, nicht wahr?", bemerkt Mom.

„Ich glaube eigentlich nicht, dass das eine gute ..." Laney unterbricht sich, als sie merkt, dass Alexis zuhört.

Alexis kommt herüber und setzt sich neben mich. „Ich bin so froh, dass wir heute eine Chance bekommen, uns anzufreunden, Kaitlin", sagt sie zu mir. „Gerade habe ich deiner Mom erzählt, dass ich dich kaum sehe, wenn wir nicht gerade drehen." Sie guckt wie ein trauriger kleiner Hund im Schaufenster einer Tierhandlung.

„Sie ist gut", flüstert Liz mir ins Ohr.

„Deshalb bist du heute gekommen, Alexis? Um mit Kaitlin zusammen zu sein?", erkundigt Laney sich höflich. „Das ist ja so lieb von dir."

Lock sie in die Falle, Laney. Wenigstens erkennt noch jemand anders als ich – und, nun ja, Sky –, was für ein falsches Spiel Alexis so verführerisch liebenswürdig spielt.

„Das ist der Hauptgrund." Alexis lächelt mich an. „Ich würde so gerne mehr über Kaitlin Burke erfahren! Was bewegt dich? Was machst du gerne an deinen freien Tagen?" Sie starrt mich an und wartet auf eine Antwort.

„Nichts Besonderes", sage ich langsam. „Ich mache nichts anderes als andere Leute."

„Du bist zu bescheiden!", lacht Alexis. „Du kannst ruhig zugeben, wie märchenhaft dein Leben ist! Bestimmt ist es einfach fantastisch. Aber ich muss zugeben, dass ich auch noch aus einem anderen Grund hier bin."

Ich halte die Luft an und frage mich, was Alexis sagen wird.

„Ich wollte die legendäre Laney Peters treffen und mit deiner Mom reden", grinst Alexis. „Ich habe gehört, dass Sie beide ein unschlagbares PR- und Management-Team sind."

Jetzt ist meine Mom dran mit Lächeln. Immer diese gute Laune! Irgendwann friert ihr mal das Lächeln bei einer Kosmetikbehandlung ein.

„Bisher habe ich geglaubt, ich brauche keinen Agenten, aber jetzt bin ich nicht mehr sicher." Alexis runzelt die Stirn. „Diese Stadt kann ganz schön brutal sein."

Daher weht der Wind.

„Hollywood ist nicht für jeden geeignet", erklärt Laney schlicht. Die Tür unserer Suite öffnet sich, und fünf Angestellte des Argyle Spa mit einem Maniküre- und Pedikürewagen treten nacheinander ein.

„Gut, unser erster Termin", sagt Mom aufgeregt. Sie schaut Alexis interessiert an. „Alexis, meine Liebe, sag uns, was los ist. Macht man dir Schwierigkeiten?"

„Ich habe ein Problem mit meinem Vertrag." Alexis ist den Tränen nahe.

Wow, im Manipulieren ist sie sogar noch besser als Sky.

„Als ich unterschrieben habe, war mir nicht klar, dass es nur für eine halbe Staffel ist", jammert sie. „Die Figur der Colby könnte ein großer Gewinn für die Serie sein, wenn sie sie nur behalten würden."

Als ich Alexis das sagen höre, möchte ich fast lachen. Alexis denkt also, meine Mom, Laney und ich würden ihr helfen? Ich schüttle den Kopf. Ihre Motive sind mir jetzt klar, aber ich habe immer noch keine Ahnung, was das mit mir und Sky zu tun hat. Warum erzählt sie so einen Müll über uns? Aus Eifersucht, weil wir von Anfang an dabei sind? Es gibt noch so vieles an Alexis, was ich noch nicht kapiert habe.

„So ist das Fernsehen", gibt Laney laut meine Meinung wieder. „Man unterschreibt für eine begrenzte Handlung der Geschichte, und das ist alles, was man kriegen kann."

Alexis scheint beunruhigt über diese Antwort und wendet ihre Aufmerksamkeit wieder meiner Mom zu.

„Aber vielleicht können wir helfen, Laney", schlägt Mom vor. Sie betrachtet Alexis' trauriges Gesicht. „Können wir irgendetwas tun, um ihre Meinung zu ändern?"

Alexis' Gesicht entspannt sich etwas. „Nun, je mehr Leute sagen, dass sie gerne mit mir arbeiten, desto besser", sagt sie vertraulich. „*FA* ist wie eine große Fernsehfamilie, und ich würde gerne länger dazugehören. Ich bin nur irgendwie damit überfordert und weiß nicht, wie ich es anstellen soll. Wissen Sie, ich bin nicht so clever wie Kaitlin. Ich bin nicht so gut in diesem ausgefallenen Fachjargon und weiß nicht, wie ich mit den Paparazzi umgehen soll." Sie macht eine Pause und wendet sich an die Frau, die ihre Maniküre vorbereitet. „Danach hätte ich gerne eine Hammam-Bürstenmassage, eine Organic-Boost-Gesichtsbehandlung und, wenn die Zeit noch reicht, eine vierhändige Massage mit heißen Steinen."

„Sie macht nicht gerade einen beschränkten Eindruck", flüstert Liz. Ich versuche, nicht zu kichern.

Vom anderen Ende des Zimmers höre ich den vertrauten Vibrationston meines Sidekick und ergreife die Gelegenheit, aufzuspringen und es zu holen. Fünf Minuten mit Alexis in einem Zimmer, und schon spüre ich, wie sich die gelockerten Knoten in meinen Schultern wieder neu bilden. Ich lese meine Nachricht.

> WOOKIE: Wie geht es meinem Mädchen? Noch nicht einmal 12 Stunden seit unserem letzten Treffen, und ich vermisse Dich schon.

Ich muss grinsen, und für einen Moment vergesse ich das Szenarium von der Schönen und dem Biest, in dem ich gerade mittendrin stecke. Ich nehme mein Sidekick mit zurück auf die Couch. Dabei bemerke ich, dass dort weniger Platz ist, weil Alexis näher gerutscht ist, aber ich quetsche mich wieder auf meinen angestammten Platz. Die Kosmetikerin sieht, dass ich mit dem Sidekick hantiere, und entfernt deshalb zunächst den Nagellack von meinen Zehen.

> PRINZESSINLEIA25: Du rettest meinen Tag. Ich stecke in der Wellnesshölle.
> WOOKIE: Wellnesshölle. Gehen da nicht die Supermodels zum Sterben hin?

Ich muss laut lachen. „Mit wem unterhältst du dich?", will Alexis wissen.

„Vermutlich mit ihrem Freund", erklärt Mom. Sie klingt leicht gereizt. Ich werfe meiner Mutter einen Blick zu. Musste sie ihn ins Spiel bringen?

Alexis lächelt. „Er ist wunderbar. Ich habe auf der Priceless-Party eine Weile mit ihm gesprochen, als du mit dem Fernsehsender zu tun hattest. Pass lieber gut auf ihn auf, damit ihn dir keine wegnimmt."

Ich kann nichts dagegen tun. Die Worte purzeln aus meinem Mund, bevor ich es verhindern kann. „Glücklicherweise findet mich Austin – wie die meisten in Hollywood – absolut unwiderstehlich." Ich drücke die Sendetaste auf meinem Sidekick und lächle süffisant.

> PRINZESSINLEIA25: Ich erklär's Dir später, aber ich vermisse Dich. Besonders jetzt.
> WOOKIE: Hast Du schon erzählt, dass Du Deine Theorieprüfung bestanden hast?
> PRINZESSINLEIA25: Pssst! Nein, damit wollte ich bis nach meiner Massage warten.
> WOOKIE: Oh-oh. Viel Glück. Bis später – wenn es Dich dann noch gibt.

Sehr komisch! Ich verstaue mein Sidekick wieder sicher in meiner Tasche und widerstehe dem dringenden Wunsch, Alexis mit dem Gerät eins über den Kopf zu ziehen. Sollte sie auch nur noch ein Wort über Austin sagen, könnte ich die Beherrschung verlieren.

„Oh, er ist nicht berühmt", höre ich meine Mom zu Alexis sagen. Bestimmt spricht sie von Austin. „Kaitlin hat ihn kennengelernt, als sie letztes Jahr dieses grauenvolle Schul-Ding durchgezogen hat."

„Schul-Ding?", fragt Alexis fasziniert.

„Ich muss mal schnell ins Bad", sagt Liz. Sie versucht, aus der Schusslinie zu kommen. Ich höre, wie ihre Pantoffeln auf den Boden klatschen, als sie davoneilt.

Laney räuspert sich. „Ich fühle mit dir, Alexis, aber ich glaube wirklich nicht, dass Meg und ich dir helfen können", unterbricht sie und bringt meine Mutter damit aus dem Konzept. Meiner Mutter fällt die Kinnlade herunter, und Alexis ergeht es genauso. Ich ringe mir ein Lächeln ab. „Kaitlin zu betreuen, ist eine große Aufgabe, und ich glaube kaum, dass eine von uns beiden genügend Zeit haben wird, sich um einen anderen Klienten aus derselben Serie zu kümmern. Das wäre ein Interessenkonflikt." Alexis macht einen verwirrten Eindruck. „Aber ich gebe dir gerne die Namen ein paar anderer Managementfirmen und Presseagenten aus meiner Firma. Ich hoffe, wir haben nicht deine Zeit verschwendet an diesem Samstag. Wenn du willst, darfst du gerne bleiben und mit Kaitlin zusammen sein. Das wolltest du ja." Laney lächelt schmallippig.

Mom sieht aus, als wollte sie noch etwas sagen, aber vermutlich hält Laneys grimmiger Blick sie davon ab. Wenn es etwas gibt, das Mom nach all den Jahren auf jeden Fall wahrnimmt, dann ist es Laneys Mimik.

„Vielen Dank, Laney", erwidert Alexis schnell. „Ich weiß Ihre Offenheit zu schätzen, aber ich bin enttäuscht. Ich habe genügend andere Angebote. Aber da ich so viel über Sie beide gehört habe und Kaitlin so gern mag, wollte ich Ihnen beiden die erste Option einräumen."

„Dafür sind wir dankbar", sagt Laney liebenswürdig.

„Übrigens, auch wenn der Sender meinen Vertrag nicht verlängert hat, haben sie mir doch eine Erwähnung mit *und* während der Titelmelodie zugestanden." Alexis lächelt mich an.

„Das ist nicht dein Ernst!", bringe ich erstickt heraus. „Ich meine, das ist der Wahnsinn."

Ich lege meine Hand auf die Tasche mit meinem Sidekick. Ich möchte sie am liebsten schlagen. Ich weiß, das ist gemein, aber ich kann nichts dagegen tun. Ich bin eifersüchtig, okay? Ich weiß, dass sie nicht für immer bei *FA* herumlungern wird, aber ich wünschte, sie wäre überhaupt nicht in unserer Mannschaft. Laney hat recht. Alexis wird es nicht gelingen, ihren Vertrag zu ändern. Sie ist für eine begrenzte Anzahl von Folgen dabei, und das ist es aber auch. Ich muss nur noch die nächsten paar Monate mit ihr überstehen, und dann wird sie mir bestimmt nicht mehr unter die Augen kommen.

„Ich dachte, *FA* würde das nur bei Schauspielern machen, die die ganze Zeit dabei sind." Plötzlich wirkt Mom nervös.

„Offensichtlich liebt mich *FA*", sagt Alexis hämisch.

HOLLYWOOD-GEHEIMNIS NUMMER SECHS: Jeder weiß, dass es mehr als wichtig ist, an welcher Stelle im Vor- oder Abspann von Filmen ein Schauspieler namentlich genannt wird. Wenn die Namen der Darsteller am Filmbeginn gezeigt werden, dann ist gewöhnlich die erste und die letzte Namensnennung für die größten Stars reserviert. Im Fall von *FA* wird Melli (Paige) als Erste genannt. TV-Serien und Filmplakate reservieren das *und* für einen Schauspieler, der nicht gerade die Hauptrolle spielt, dessen Name aber doch bekannt genug ist, dass er nicht mit den anderen zusammen im Vor- und Nachspann untergehen sollte (wie zum Beispiel ich, die den fünften Platz hat, noch vor Sky und hinter Spencer, der meinen Fernseh-Dad spielt). Diese Platzierung ist so wichtig, dass die Schauspieler tatsächlich vor Vertragsunterzeichnung darüber verhandeln, an welcher Stelle ihr Name stehen wird.

Wenn sie Alexis das *und* zugestehen, halten sie sie wirklich für einen Star. Bedeutet das etwa, dass sie darüber nachdenken, ihren befristeten Vertrag zu verlängern? Dann müsste ich mich ja mit Sky *und* Alexis abfinden! Ich glaube kaum, dass meine Nackenmuskeln das überleben würden, auch wenn ich mir wöchentliche Massagen mit Jacqua-Buttercream-Frosting-Öl gönnen würde.

„Du bist sicher begeistert", sagt Mom angespannt zu Alexis. Vielleicht hat sie jetzt endlich kapiert, worum es geht: Wenn Alexis so viel Anerkennung von *FA* bekommt, dann ist das eine Bedrohung für ihre Tochter. „Nun, ich hoffe, du bleibst trotzdem hier und genießt die Behandlungen."

„Natürlich!", erwidert Alexis. „Und Laney, ich würde mich über diese Liste sehr freuen." Die Kosmetikerin ist fertig mit Alexis' Zehen, die blutrot lackiert sind. Alexis schlüpft in ihre Pantoffeln, sammelt ihre Gucci-Tasche und die schwarzen Riemchen-Stilettos ein und geht zur Tür. „Ich gehe zur Gesichtsbehandlung, bevor ich mit Maniküre weitermache, aber ich bin sicher, dass ich euch alle später noch sehen werde."

„Kaitlin, ich komme mir wie ein Idiot vor", sagt Mom, als sie sich vergewissert hat, dass Alexis die Tür hinter sich geschlossen hat. „Ich hatte keine Ahnung, dass sie in deiner Serie bleiben wollte! Ich kann nicht gleichzeitig sie vertreten und meine Kleine. Natürlich will ich, dass *FA* dich bevorzugt." Sie umarmt mich fest.

Ich bin so geschockt, dass ich fast vergesse, sie auch zu drücken. Mom hat es gemerkt. Vielleicht zum allerersten Mal überhaupt hat Mom begriffen, wie es um mich steht.

„Laney, es tut mir so leid", fügt Mom hinzu.

„Ich hätte dir deshalb bei *Barneys* Hausverbot erteilen lassen können", witzelt Laney, aber ihre Stimme klingt kühl, und ich weiß, sie meint es ernst. „Jubel mir niemals wieder einen potenziellen Klienten unter, ohne vorher mit mir darüber zu sprechen! Eher hätte ich dir eine geknallt, als dass ich dir erlaubt hätte, einen Vertrag mit ihr zu unterschreiben! Die Göre bedeutet Ärger."

Ich informiere Mom über Alexis' Benehmen à la Jekyll und Hyde. Dass sie mehr als nett zu den Stars ist und sich bei den Drehbuchschreibern einschleimt, aber das Fußvolk wie Dreck behandelt. Wie sehr sie sich bemüht, um jeden Preis eine Stammschauspielerin bei *FA* zu werden. Und dass sie Tobsuchtsanfälle bekommt und die Dreharbeiten aufhält.

„Klassischer Fall von aufgeblasenem Ego." Laney schüttelt den Kopf. „Ich kaufe ihr auch die Unschuld vom Lande nicht ab. Das Mädchen weiß genau, was sie mit der Presse anstellt, mit der Serie, mit allem. Kaitlin, es war kein Scherz, als ich sagte, dass du aufpassen musst. Mir ist egal, wie nett sie zu dir persönlich ist. Sie möchte ein ständiges Engagement bei *FA* und wird vor nichts zurückschrecken, um es zu bekommen."

Mir wird ganz kalt. „Ich weiß", stimme ich ihr zu. „Aber was soll ich denn deswegen tun?" Bevor jemand antworten kann, stürmt Liz ins Zimmer und schlägt die Tür hinter sich zu.

„Ihr werdet nicht glauben, was ich gerade zufällig mitangehört habe!", ruft sie. „Ich kam gerade von der Toilette zurück und lief an einem Zimmer vorbei. Darin stand Alexis und wartete auf ihren nächsten Termin. Sie telefonierte und schrie in den Hörer, dass die „kleine Miss Perfekt" ihr nicht wenigstens ein bisschen Schmutz liefere, den sie gegen sie verwenden könne, und dass dieser Morgen die reinste Zeitverschwendung gewesen wäre. Kaitlin, sie hat über dich gesprochen!"

„Das überrascht mich nicht", sage ich wütend. „Ich habe sie schon mal dabei belauscht, wie sie mich schlechtgemacht hat. Genau das habe ich gemeint. Wir müssen sie aufhalten."

„Wir werden sie ganz bestimmt zur Strecke bringen!", wiederholt Laney wie einen Schlachtruf. „Keinen Schmutz? Die Göre versucht mit aller Macht, die Zeitungen mit Müll über dich zu versorgen! Ich bin sicher, dass nur von ihr all diese neuen Geschichten stammen."

„Ich dachte, was das angeht, wäre Sky unser Problem", sagt Mom, die ziemlich blass aussieht.

„Das habe ich auch zuerst gedacht, aber Sky hat ebenfalls ihr Fett abgekriegt", erkläre ich. „Und ich denke, im Augenblick hasst Sky Alexis noch mehr als mich. Es muss Alexis sein. Ich bin mir jetzt noch sicherer als vorher." Warte nur, bis ich Nadine erzählt habe, was hier los ist.

„Ich habe dir deinen Wellnesstag komplett verdorben", seufzt Mom. „Ich kann es nicht glauben, dass ich dieses furchtbare Mädchen hierher eingeladen habe. Wie kann ich es bloß wiedergutmachen, Liebling?"

Ohne mit der Wimper zu zucken, antworte ich: „Du könntest mir erlauben, Fahrstunden zu nehmen."

Liz lacht.

Meine Mom ist verblüfft. „Du hast doch noch nicht einmal deine Theorieprüfung."

„Genau genommen habe ich die Prüfung gemacht und bestanden", murmele ich. Mom hört es trotzdem.

„Wie bitte? Was soll das heißen?", fragt sie.

„Um es auf den Punkt zu bringen: Ich habe die Theorieprüfung hinter mir und sollte jetzt fahren lernen", sage ich zu ihr. „Was ist, wenn die nächste Rolle, für die ich vorspreche, von mir Autofahren verlangt? Was ist, wenn ich sagen muss, dass ich das nicht kann?"

„Sie hat nicht unrecht", sagt Laney. Mom betrachtet mich nachdenklich.

„Mom, alle in meinem Alter lernen fahren", füge ich hinzu. „Ich sollte es auch können."

„Okay, also gut, wir können dir hinten auf dem Grundstück das Fahren beibringen, so wie alle anderen es tun", überlegt Mom.

„Den Unterricht muss ein amtlich zugelassener Fahrlehrer geben", erkläre ich. „Ich muss sechs Fahrstunden nehmen plus fünfzig Stunden Fahrzeit in Begleitung eines verantwortlichen Erwachsenen, der älter ist als fünfundzwanzig. Ich habe eine ganze Menge Fahrschulen gegoogelt, und es gibt tatsächlich etliche in der Nähe des Studios …"

„Oh-oh." Mom schüttelt den Kopf. „Wir engagieren einen erstklassigen Privatlehrer für dich, der dich in der

Mittagspause unterrichten kann. Ich möchte nicht, dass du eine öffentliche Fahrschule besuchst."

„Die Paparazzi werden einen Heidenspaß haben, wenn du dich in irgendeiner mickrigen Fahrschule anmeldest und ein Auto zu Bruch fährst", stimmt Laney zu. Ich öffne den Mund, um zu protestieren. „Kein aber, Kaitlin. Du kannst fahren lernen – wenn deine Mom es erlaubt –, aber normale Fahrschulen kommen nicht in Frage."

„Aber wir sind in Los Angeles!", wende ich ein. „Hier kaufen Promis ihre Lebensmittel selbst ein, gehen in den Park, mit dem Hund spazieren, wandern, und keiner belästigt sie. Warum sollte es mit Fahrstunden anders sein? Klar, vielleicht gibt es ein paar Fotos. Aber ich wette, einer Fahrschule wäre es ziemlich schnurz, wenn ich mich anmelde."

„Das stimmt", schließt sich Liz an. „Es ist absolut in, sich so zu benehmen, als wäre es einem total egal, dass ein Promi in der Nähe ist."

„Siehst du?", sage ich. „Ich will keinen Privatlehrer oder eine Sonderbehandlung, wie ich sie sonst immer bekomme. Ich möchte eine ganz normale Fahrschule, in der ein griesgrämiger alter Lehrer mich anschreit, weil ich jemandem die Vorfahrt nehme. Ist das zu viel verlangt?"

„Ja!!!" Mom rastet förmlich aus. „Und ich bin sicher, dass dein Dad derselben Meinung ist. Du bist eben nicht wie alle anderen, meine Süße. Das haben wir doch schon diskutiert. Du kannst lernen, Auto zu fahren, prima, aber du musst es nach unseren Regeln tun. Es ist nur zu deinem Besten. Im Augenblick kannst du wirklich nicht noch mehr schlechte Presse gebrauchen. Nicht, solange wir noch nicht wissen, was Alexis eigentlich vorhat."

„Aber ..."

„Keine Diskussion." Mom bleibt standhaft. „Und jetzt lass uns über angenehmere Dinge sprechen, zum Beispiel über Autos. Das erste Auto, das ein Promi fährt, hat große Bedeutung. Möchtest du ein Vorzeigeobjekt, oder willst du einen umweltfreundlichen Toyota Prius fahren?"

„Oooh! Vielleicht können wir einen Tango Elektrowagen für sie bekommen!", schlägt Laney vor. „Ich kenne einen, der jemanden kennt, der Kaitlin einen für weniger als 100.000 Dollar beschaffen kann."

„Meinen Glückwunsch", sagt Liz, während Laney und Mom sich weiter unterhalten.

Glückwunsch wozu?

Halt, Liz hat recht! Zwar haben sie nicht zugestimmt, dass ich Fahrstunden nehme, aber sie waren immerhin einverstanden, dass ich fahren lerne. Jetzt kann ich sie bestimmt auch dazu bringen, die niedliche kleine Fahrschule in Burbank zu akzeptieren, mit der ich insgeheim bereits gesprochen habe (psst ...). Ich bin richtig high. Ich denke, ich werde heute Nachmittag anrufen und mich dort anmelden. Wenn ich nach der ersten Fahrstunde nach Hause komme (oder vielleicht auch nach der zweiten), dann werde ich Mom, Dad und Laney eine kleine Kostprobe meiner erstaunlichen Fahrkünste liefern. Außerdem werde ich betonen, wie ich mir die Paparazzi vom Leib gehalten habe, und dann werden sie so stolz auf mich sein, dass es ihnen nichts ausmacht, dass ich sie angelogen habe.

Denke ich mal.

Nadine weiß nicht, dass ich hinter ihrem Rücken Fahrschulen auskundschaftet habe (in diesem Punkt ist sie mit Mom und Laney einig), aber ich bin sicher, dass sie nicht sauer sein wird. Oder?

Samstag, 5.10.

Persönliche Notizen:

A. von Fahrschulen erzählen – ihn warnen, dass er Nadine und Rodney nichts sagt.
Erster Termin: Fr, 11.10., 7 Uhr früh
Drehbeginn: 10 Uhr (hurra!)
Las-Vegas-Planung festmachen: A.s Mom um Erlaubnis bitten, dass ich A. 1 Tag nach seinem Geb. nach Las Vegas entführe.
Kleid für den Tanz besorgen!

SIEBEN: *Kurvenfahren*

Drei ... zwei ... eins und ...

„Ich weiß, ich habe versprochen, nichts mehr dazu zu sagen, aber ich kann nicht anders!" Nadine hält mir eine Standpauke. „Ich verstehe einfach nicht, dass du das gemacht hast. Ich kapier's echt nicht!"

Okay, vielleicht habe ich das Ganze unterschätzt. Nadine ist völlig aus dem Häuschen, weil ich mich zur Fahrschule angemeldet habe, ohne ihr etwas davon zu erzählen. Sie ist mehr als wütend.

Schluck.

„Du bist so ein kluges Mädchen, Kaitlin! Wie konntest du das nur tun?", fährt Nadine fort. An diesem Punkt unserer Unterhaltung schreit sie immer noch, als Ralph, mein Fahrlehrer von *Wheel Helpers*, auftaucht. Es ist sieben Uhr am Morgen, und Nadine, Rodney, Austin und ich stehen an dem total geheimen Treffpunkt, auf den Ralph und ich uns geeinigt haben – ein ehemaliger Parkplatz an der nordwestlichen Ecke der West Olive Street. Ralph kommt zehn Minuten zu spät. Vielleicht ist er auch um uns herumgeschlichen, weil er Angst hat, Nadine gegenüberzutreten.

Im Augenblick erinnert mich Nadine verdammt an Laney. Oder Mom. Oder sogar Melli bei den seltenen Gelegenheiten, wenn Sky und ich uns vor ihren Augen streiten.

„Ich dachte, du wärest stolz auf mich, weil ich ganz alleine eine Fahrschule gefunden habe", schniefe ich. Ich glaube, ich bekomme einen Schnupfen – schon seit Tagen klingt meine Stimme so, als ob ich durch die Nase spreche. Vermutlich ist das auch der Grund dafür, dass mir so kalt ist. Ich stopfe meine Hände in die Taschen meiner olivgrünen Cargohose, um sie zu wärmen. Ich wollte wie ein ganz normaler Teenager aussehen, der seine erste Fahrstunde nimmt, und mich auch so fühlen. Deshalb habe ich eine lässige Gap-Hose angezogen und ein schlichtes schwarzes Shirt mit V-Ausschnitt.

Nadine starrt mich zornig an, während sie den Reißverschluss ihres blauen Kapuzenpullis schließt und bis zur Nase hochzieht. Sie sagt kein Wort.

Jetzt habe ich ein schlechtes Gewissen. „Nadine, sei doch nicht so", bitte ich. „Ich erzähl dir alles. *Alles*. Die Wahrheit ist, dass ich einmal etwas alleine herausfinden wollte." Ich mache eine Pause. „Und ich wollte nicht, dass du mit Mom und Laney Schwierigkeiten bekommst. Deshalb dachte ich, es wäre besser, dir gar nichts davon zu erzählen."

Ich hatte versucht herauszubekommen, wie Nadine dachte, aber sie schien der gleichen Ansicht zu sein wie meine Eltern und Laney – dass ich keine Stunden nehmen sollte, bis wir einen Privatlehrer gefunden hatten, den auch das Studio absegnen würde. Am besten wäre es, wenn er bereits Leute wie mich unterrichtet hätte, zum Beispiel Mischa, Hilary oder Lindsay (und vermutlich war er so nachsichtig mit ihnen gewesen, dass sie nicht einmal lernen mussten, wie man parallel einparkt). *Und* er musste damit einverstanden sein, ein Geheimhaltungsabkommen zu unterschreiben. Diese ganze Idee mit dem Privatlehrer schien mir total übertrieben. Warum konnten sie denn nicht verstehen, dass Unterricht an einer Fahrschule keine große Sache war? Und bevor ich mich auf weitere Diskussionen einließ, habe ich eben das Ganze alleine angeleiert.

„Aber du hast mir doch immer vertraut, egal wie die Konsequenzen aussahen", antwortet Nadine sanft. „Und mit gutem Grund. Habe ich dich jemals falsch beraten?"

Das stimmt, aber sie übertreibt, weil sie verletzt ist. Ich weiß das. Sogar Yoda hatte nicht immer recht. Oder?

Ich dachte, diese besonders frühe Zeit für das Treffen und der absolut geheime Ort würden Nadine stolz auf mich machen, aber nein, sie ist immer noch sauer. Rodney sammelte Austin auf unserem Weg hierher ein, und Nadine dachte, er würde zu einem Besuch am Set mitkommen (an einem Schultag?). Auf halbem Weg auf der Fahrt zum Studio gestand ich Rodney und Nadine die Wahrheit – ich hatte erst um zehn Uhr Drehbeginn, und Austin war dabei, um mich bei meiner ersten Fahrstunde zu unterstützen. Rodney nahm es ganz gut auf, aber Nadine *flippte aus*.

Wieso konnte sie nicht verstehen, dass ich wie alle anderen in meinem Alter eigene Erfahrungen mit dem Fahrenlernen machen wollte? Dies ist eine der größten Entscheidungen, die ich bisher alleine getroffen habe – nun, wenn man mal die Sache mit dem Tausch Hollywood gegen Schule außer Acht lässt –, und ich bin sicher, dass ich irgendwann stolz darauf sein werde. Wenn es Jen Garner gelingt, jede Woche mit ihrer kleinen Tochter im Sandkasten zu spielen, ohne belästigt zu werden, dann werde ich wohl ohne Paparazzi-Gefolge die Fahrschule schaffen.

„Ich habe dich nicht nur im Stich gelassen, weil ich dich nicht von dieser Selbstmordaktion abhalten konnte, ich werde auch noch meinen Job verlieren!" Nadine wird bereits wieder hysterisch. „Wenn deine Mutter und Laney herausfinden, was ich zugelassen habe, werden sie einen Killer auf mich ansetzen!"

Ich bin nahe dran, ihr die Papiertüte von Austins Sesambagel zu geben und zu sagen, dass sie ganz langsam dort hinein ein- und ausatmen soll, aber stattdessen bemerke ich: „Ich werde ihnen die Wahrheit sagen – dass du keine Ahnung hattest, was ich geplant habe." Sie wirkt nicht sehr erleichtert.

„Sieh es doch mal so, Nadine. Wenigstens ist sie nicht ganz alleine hingegangen", bemerkt Rodney und beißt in ein Eiersandwich, aus dem Ketchup tropft.

„Ich habe wirklich lange über diese – ähm – Sache nachgedacht, Nadine", sage ich. „Die Schule ist ganz neu, also weiß kaum jemand, dass es sie gibt. Ich habe mit Ralph, meinem Fahrlehrer, gesprochen, und es ist ihm völlig egal, dass ich in einer Fernsehserie mitspiele."

„Das hat er dir erzählt. Ich gebe dem Ganzen noch fünf Minuten, bevor die Hubschrauber über uns kreisen!" Nadine schneidet eine Grimasse.

„Ralph hat mir versichert, dass er ein Geheimhaltungsabkommen unterschreiben wird, wenn er kommt", sage ich, bevor ich niesen muss.

„Als deine langjährige Assistentin hätte ich dir geraten, Verträge immer unterschreiben zu lassen, *bevor* es zum Treffen kommt", erwidert Nadine. „Jetzt können sie in *Hollywood Nation* erscheinen, und du kannst gar nichts dagegen tun."

Daran hatte ich nicht gedacht. „Ralph schien sehr vertrauenswürdig zu sein", behaupte ich. „Ich habe ihn mehrmals in die Mangel genommen, bevor ich dieses Treffen vereinbarte."

Nadine verdreht die Augen. „Austin, bring sie zur Vernunft, okay? Erinnere sie daran, wie viele Stars von Leuten verraten wurden, die sie für nett hielten."

„Lasst mich aus dem Spiel", sagt Austin und hebt die Hände. Nadine läuft angewidert weg.

„Unter uns muss ich gestehen, dass Nadine mit einigen Dingen nicht ganz unrecht hat", sagt Austin taktvoll.

Ich könnte ihm eine reinhauen, aber ich fühle mich zu schwach. Ich schwitze und friere gleichzeitig. Ist das überhaupt möglich? Gott sei Dank ist Austin hier, um mich zu wärmen. Er lässt seine beiden ersten Stunden sausen, um mir beizustehen, was nicht sehr schlau, aber unglaublich süß von ihm ist.

„Ernsthaft, jeder hier denkt, dass das Ganze keine gute Idee ist", fügt Austin hinzu. „Was ist, wenn Nadine recht hat?"

Ich schüttele den Kopf. „Ich nehme ganz früh am Morgen meine Fahrstunden, wenn Larry der Lügner noch mit seinem Kater von der Nacht zuvor beschäftigt ist. Das kann gar nicht zur Presse durchsickern. Und außerdem hat Ralph mir gesagt, dass ihn der ganze Promikult überhaupt nicht interessiert, deshalb bin ich sicher, dass er … dass er …" In meiner Nase juckt es. „Ha…hatschi!"

„Gesundheit! Hör zu, Burke, ich bin auf jeden Fall auf

deiner Seite, egal, was passiert", sagt Austin. „Ich wollte mich nur noch einmal vergewissern, dass du dir das Ganze gut überlegt hast."

Genau das ist mein Problem.

Ich denke über alles, was ich mache, gründlich nach! So wie letzthin am Set.

Wir hatten viel Spaß beim Drehen einer Szene mit Melli – bei der Alexis nicht dabei war –, und ich bin sogar mit Sky klargekommen und hatte viel Spaß mit Matty. Tom machte mir vorne und hinten Komplimente, wie gut ich mich als Schauspielerin entwickelt hätte, und ich konnte an nichts anderes denken, als dass ich hierhergehörte. Ich möchte in *FA* mitspielen, bis ich über vierzig bin, so wie Melli. Wen interessiert schon die Uni?

Aber zehn Minuten später sagte die Stimme in meinem Kopf: „Was ist, wenn *FA* abgesetzt wird? Was, wenn deine Karriere zu Ende ist? Willst du dann vielleicht billigen Schmuck im Home-Shopping-Kanal verhökern? Geh aufs College wie Austin und Liz und überlege dir einen Ersatzplan!" Und dann sagte die andere Stimme in meinem Kopf: „Aber wenn du *FA* aufgibst, um aufs College zu gehen, wird deine Karriere im Eimer sein", und so immer weiter. Ich wünschte, ich könnte einfach den Augenblick genießen und mir nicht so viele Gedanken über die Zukunft machen. Heute habe ich eine Entscheidung getroffen, und dabei bleibe ich.

„Hör zu, Meyers. Ich stecke schon viel zu tief drin, um jetzt noch die Pferde zu wechseln. Irgendwie mag ich dich und dein Herbstfest", ziehe ich ihn auf und kriege so prima die Kurve. Ich versuche, diese Sache mit *Ich bin sauer, dass ich nicht zu diesem Herbstfest gehen kann* aufrechtzuerhalten, damit Austin nicht misstrauisch wird. Das ist ein gutes Schauspieltraining.

„Das Herbstfest ist mir egal", sagt er, aber es klingt nicht sehr überzeugend. „Es ist eine blöde Tradition. Ich habe nicht darum gebeten, dafür nominiert zu werden." Austin trägt sein kurzärmliges Shirt mit dem *Clark High Hockey*-Aufdruck über einem langärmligen grauen Shirt und abgewetzten Jeans. „Am liebsten würde ich die Parade schnell hinter mich bringen und so lange wie möglich mit dir Geburtstag feiern."

Ich finde es süß, dass Austin wegen der Nominierung verlegen ist. Und es ist sogar noch süßer, dass er mich vor den Paparazzi beschützen will – die, wie Liz mir erzählt hat, Schüler angeheuert haben, um herauszufinden, ob ich mit Austin zum Tanz gehen werde (genau das hatten wir ja gehofft); aber er muss sich keine Sorgen machen. Ich habe mich darum gekümmert, genau wie um die Fahrstunden. Jetzt muss ich mich nur noch an den Gedanken gewöhnen, dass Austin vielleicht mit seiner Exfreundin Lori tanzen wird, die dummerweise auch für das Komitee nominiert wurde. Mist.

Nadine kommt wieder zu mir herüber, mit Rodney im Schlepptau. „Und noch was – weißt du, worum sich deine Assistentin auch noch gekümmert hätte, wenn sie zuständig gewesen wäre?", fragt sie. „Sie hätte dafür gesorgt, dass Rodney den Treffpunkt einer gründlichen Sicherheitsprüfung unterzogen hätte, genauso wie die Fahrschule."

Rodney beißt wieder in sein Sandwich. „Nadine, die Fahrschule ist brandneu und der Ort ein ehemaliger Parkplatz. Ich fürchte, du bist zu oft mit Laney zusammen."

Er lacht leise in sich hinein, aber trotzdem sieht er Furcht einflößend aus mit seinem kahlen Kopf in der Kapuze seines schwarzen Sweatshirts.

Ich will lachen, aber stattdessen muss ich wieder niesen.

„Burke, ich glaube, du wirst krank." Austin legt mir die Hand auf die Stirn, genauso wie unsere Haushälterin Anita es manchmal macht, wenn sie denkt, dass ich mich überanstrenge. „Du fühlst dich warm an."

„Es geht mir gut", lüge ich. Mir ist tatsächlich heiß, aber ich dachte, das käme daher, weil ich so aufgeregt bin. Außerdem habe ich gar keine Zeit, krank zu werden. Schauspieler melden sich fast nie krank.

HOLLYWOOD-GEHEIMNIS NUMMER SIEBEN: Promis werden nicht krank. Zumindest erzählen sie es nicht herum – es sei denn, sie brauchen wirklich dringend Ruhe und Erholung und müssen wegen „Erschöpfung" in die Klinik Cedars Sinai einchecken (Sky hat das schon zweimal hinter sich gebracht). Normalerweise halten Promis sich an das Motto: *The show must go on*. Sie kämpfen gegen Erkältungen an (mit Hilfe von Vitaminsäften aus dem Reformhaus) und schlagen sich mit Magen-Darm-Grippe herum (lieber ein paar Stunden Verzögerung bei den Dreharbeiten als einen ganzen Tag aussetzen). Wenn du ein wichtiger Schauspieler im Team bist und die Windpocken bekommst, dann werden die Dreharbeiten natürlich vertagt. So war es, als meine Freundin Gina krank wurde und zwei andere Besetzungsmitglieder ihrer Fernsehserie ansteckte. Ich habe noch keinen Tag krank gemacht, aber vermutlich deswegen, weil meine Mom, wenn ich auch nur niese, mich daran erinnert, dass Oprah sich in fast zwanzig Jahren noch nie krank gemeldet hat.

„Seit zwei Tagen hustest und niest du jetzt schon, Kaitlin", sagt Nadine. „Du solltest mehr Hustensaft trinken. Ich habe welchen mit Orangen- und mit Sahnegeschmack gekauft."

„Ich habe doch schon gesagt, dass ich nicht krank bin! Außerdem sollte ich nicht Auto fahren, wenn ich Medikamente genommen habe", witzele ich.

„Prima." Nadine massiert sich die Schläfen. „Werde nur krank. Lass dich von *Hollywood Nation* erwischen."

Ich umarme ihren widerstrebenden Körper. „Das wird nicht passieren." Nadine knurrt. „Aber ich danke dir, dass du dich immer um mich sorgst", versichere ich ihr, als eine alte, weiße, viertürige Limousine auf den Parkplatz fährt. Auf dem Dach ist eine Leuchtreklame mit den Worten *Wheel Helpers* angebracht. „Er ist da!", rufe ich aufgeregt, während ich niesend auf und ab springe.

Rodney verschränkt die Arme vor der Brust und setzt einen bedrohlichen Blick auf. „Es sieht wie ein ganz normales Fahrschulauto aus. Und ihm folgt auch niemand."

Als der Wagen anhält, sehe ich Ralph, der mit seinem Klemmbrett und einem Stoß Papiere kämpft. Alles fällt ihm immer wieder in den Schoß, genauso wie seine Brille. Er klappt die Sonnenblende herunter, schaut in den Spiegel und streicht seine buschigen Augenbrauen glatt. Anschließend sieht er sich noch einige Male nach hinten um, als ob er etwas vergessen hätte, dann öffnet er schließlich die Autotür. Als Erstes bemerke ich seine wenigen grauen Haarsträhnen, die er sich über den Kopf gekämmt hat. Er trägt ein zerknittertes weißes Button-

Down-Hemd, und in seiner Brusttasche steckt ein gut gefülltes Kugelschreiberetui. Seine graue Hose hat zu breite Hosenaufschläge.

„Hallo, ich bin Ralph von *Wheel Helpers*", sagt er mit schriller Stimme. Seine Augen sind so groß wie die Untertassen im Ritz. Er starrt mich so eindringlich an, dass es mir peinlich ist. „Und du bist bestimmt Kaitlin", sagt er und reicht mir eine feuchtkalte Hand. Er lacht albern.

„Hi", sage ich und wische mir über meine schwitzige Stirn. „Schön, Sie kennenzulernen, Ralph. Vielen Dank, dass Sie mich in aller Herrgottsfrühe treffen."

„Kein Problem. Ich kann Geheimnisse gut für mich behalten, Kaitlin. Kaitlin Burke." Er fummelt an seinem Kugelschreiberetui herum und starrt mich fortwährend an. Er lacht nervös. Diesmal klingt es wie ein Schluckauf. „Das ist so aufregend. Ich habe noch nie einen Promi getroffen."

Nadine räuspert sich. „Haben Sie das Geheimhaltungsabkommen, worüber Kaitlin am Telefon mit Ihnen gesprochen hat, Ralph?"

„Sicher, sicher." Er blättert in seinen Papieren und runzelt die Stirn. „Ich hatte es mir doch zurechtgelegt." Er sucht weiter. „Ich weiß genau, dass ich es mitgebracht habe. Es muss noch im Wagen sein." Nadine mustert ihn finster.

„Also, Ralph, ich muss um zehn bei der Arbeit sein, und deshalb um halb zehn hier weg", erkläre ich ihm. „Was denken Sie, wie lange meine erste Fahrstunde dauern wird?"

Ralph scheint mich gar nicht zu hören. „Kaitlin Burke. *Die* Kaitlin Burke! Ich kann nicht glauben, dass sie mit mir spricht." Er stößt Austin an, der mir einen vernichtenden Blick zuwirft.

„Kaitlin sagte, Promis wären Ihnen egal", bemerkt Nadine geistreich.

Ralph wirkt gekränkt. „Schon richtig", sagt er schnell. „Aber irgendwie ist es schon toll, oder? Ich teile mit Kaitlin Burke ein Geheimnis. Ich fasse es einfach nicht, dass du bei mir Fahrstunden nimmst, Kaitlin Burke."

Warum betont er meinen Namen immer so seltsam? Ich vermeide Nadines Blick. „Sagen Sie doch einfach nur Kaitlin, Ralph", sage ich lächelnd.

„Okay, Kaitlin", antwortet er und fuchtelt immer noch mit seinen Stiften herum. „Lass uns anfangen." Ralph geht zur Limousine, und wir folgen ihm. Er dreht sich um. „Ähm, die anderen kommen aber nicht mit, oder? Ich habe nämlich eine Menge Papiere auf dem Rücksitz."

„Nein, keinesfalls", sage ich und schaue die drei eindringlich an. „Sie wollten mir nur Glück wünschen." Austin küsst mich auf die Wange, und Rodney schlürft seinen Milchshake.

„Bevor ihr verschwindet", sagt Nadine laut, „brauchen wir noch dieses Geheimhaltungsabkommen."

Ralph wirkt verlegen. Er reißt die Wagentür auf, nimmt ein Papier vom Beifahrersitz, zieht einen Stift aus seiner Brusttasche und kritzelt seine Unterschrift darauf. „Hier." Er hält es Nadine hin.

„Vielen Dank." Nadine schnappt sich das Papier und schiebt es in ihre vordere Tasche. „Und denk dran, Kaitlin, wir sind sofort da, falls du uns brauchst." Sie schaut Ralph an. Ich nicke und steuere auf den Wagen zu.

Da jetzt die Quälerei vorüber ist, beginne ich mich zu

entspannen. Ich öffne die Vordertür, atme den scharfen Lavendelgeruch eines Lufterfrischers ein und gleite auf den blauen Vinylsitz. Rasch schnalle ich mich an, dann fahre ich mit den Fingern über Armaturenbrett, Lenkrad und Radio. Wow. Der Fahrersitz. Cool! Genau in diesem Moment plärrt der Oberbefehlshaber-Klingelton meines Handys los. Laney. Ahhh! Was soll ich machen? Wenn ich nicht drangehe, lässt sie es immer weiter bimmeln. Verlegen lächle ich Ralph an, nehme das Handy und hebe ab. „Ich kann jetzt nicht sprechen", flüstere ich.

„WAS?", schreit Laney. Ich wusste nicht einmal, dass sie so früh aufsteht. „Ich bin gerade unterwegs zum Training. Wo bist du? Am Set?" Sie muss das Dach ihres BMW-Cabrios geöffnet haben, denn die Autobahn klingt viel lauter als gewöhnlich.

Ralph starrt mich mit dümmlichem Grinsen an. „Ja", lüge ich. „Ich muss los."

„Was ist los mit dir? Du hörst dich so komisch an?"

Oh Gott. Ralph spielt schon wieder mit seinem Kugelschreiberetui. Die Stifte machen ein klickendes Geräusch, wenn sie aneinanderschlagen. Ungeduldig klopft er mit dem Arm auf die Rückenlehne seines Sitzes.

„Gar nichts! Ich schwöre es. Ich bin nur beschäftigt. Ich ruf dich später an."

Laney kichert. „Ich hab nur Spaß gemacht. Ich rufe an, um dir zu sagen, dass *Hollywood Nation* einen Widerruf wegen dieses Mülls über deine angebliche Erschöpftheit drucken wird. Ich habe ihnen gesagt: ‚Kaitlin Burke ist ein großer Star, und ihr könnt sie nicht so behandeln.' Du musst dich nicht bei mir bedanken", fügt sie hinzu.

„Trotzdem dankeschön, Laney", antworte ich dankbar.

„Aber ich bin jetzt gleich am Set, und es ist ziemlich laut hier. Ich versuche es später noch mal", rufe ich, lege auf und schalte das Handy schnell aus. Ich lache nervös.

„Am Set?", wiederholt Ralph. „Weiß irgendjemand nicht, dass du hier bist?"

„Meine PR-Managerin", gebe ich zu. „Und meine Eltern. Sie hatten was gegen diese ganze Fahrschulgeschichte. Sie wollten, dass ich einen Privatlehrer nehme, der Promis unterrichtet."

Ralph nickt. „Überängstlich", sagt er. „Viele Eltern sind so." Seine Stifte klicken wieder aneinander. Dieses Geräusch ist irgendwie nervend. „Aber sind deine denn noch schlimmer als normal? Ich habe gelesen, dass deine Mom etwas von einem Barrakuda hat. Nichts für ungut." Er lehnt sich näher zu mir, und ich weiche zu meiner Tür zurück.

„Meine Mom ist wie jede Mom eine ..." Ich verziehe meine Nase. „... eine Mom eines ... hatschi! ... Teenagers. Immer besorgt", sage ich mit angespanntem Lächeln.

„Hast du es satt, immer im Rampenlicht zu stehen, Kaitlin?" Ralph legt die Stirn in Falten, als er mir tief in die Augen schaut. „Wenn du willst, kannst du mit mir darüber sprechen. Ich werde es keinem erzählen. Der Stress macht dich verrückt, nicht wahr?"

Was? Wovon spricht er überhaupt? Ich werfe einen Blick durch das Rückfenster und sehe Nadine, Rodney und Austin, die in ein Gespräch vertieft sind. Nadine zeigt auf ein Papier in ihrer Hand und scheint zu schreien. Sie nimmt ihr Handy und beginnt zu wählen. Es ist doch wohl nicht nötig, sie noch einmal hierherzubitten, oder? Ralph ist nur ein wenig dreist, das ist alles. Ich habe so etwas bei Fans schon erlebt. „Soll ich den Wagen anlassen?", erkundige ich mich und ignoriere seine Fragen.

Er wirkt enttäuscht. „Klar", murmelt er.

Ich drehe den Schlüssel um, und der Motor heult auf. Ich bin bereit für meine erste Fahrstunde.

„Nimm jetzt den Fuß von der Bremse und drücke langsam das Gaspedal. Das ist das Pedal rechts", belehrt mich Ralph. „Heute bleiben wir auf dem Parkplatz. Beim nächsten Mal gehen wir raus auf die Straße."

Ich zögere. „Wollen Sie mir nicht ein paar Sicherheitshinweise geben, bevor ich starte?", frage ich ängstlich.

Ralph sieht verwirrt aus. „Oh klar, ähm, das habe ich vergessen. Nun, du scheinst ja ein schlaues Mädchen zu sein. Immerhin bist du ja ein Filmstar. Ich bin sicher, du weißt bereits alles. Ich werde dir sagen, wenn du etwas falsch machst, okay? Du kannst jetzt losfahren." Er lächelt und ich kann die gelben Verfärbungen auf seinen Zähnen sehen.

Was für ein komischer Kerl. Vermutlich ist er nur nervös. Ich folge seiner Anweisung. Mit meinem großen Fuß trete ich heftig auf das Pedal, und wir schießen noch vorne. Ralph knallt fast mit dem Kopf auf das Armaturenbrett.

„Bremsen! BREMSEN!", ruft Ralph. „Okay, wir fangen mit etwas ganz Einfachem an. Drücke mit dem Fuß *leicht* auf das Gaspedal, und dann fahren wir in einfachen Kurven um den Parkplatz."

Ich fahre ganz langsam und bremse jedes Mal, wenn die Tachoanzeige über vierzig hinausgeht. Ich halte meinen Blick auf die Straße gerichtet und schließe die Augen nur dann, wenn ich niesen muss. Allerdings passiert das häufig. Nach ungefähr zehn Minuten denke ich, dass ich langsam das Gefühl dafür bekomme. Ich fahre Auto! In diesem Augenblick bemerke ich, dass Ralph wieder zu starren anfängt. Nicht auf das Lenkrad oder die Straße, sondern auf mich.

„Ich muss dich das einfach fragen." Ralph stößt mich an. „Ist es wahr, dass du mit Sky Mackenzie nicht auskommst?" Er beugt sich zu mir herüber, aber da ich Auto fahre, kann ich nichts dagegen unternehmen. Er fängt an, mich nervös zu machen.

„Meine Güte, Ralph, ich dachte, Sie hätten keine Ahnung von Promis", scherze ich. „Wieso das plötzliche – hatschi! – Interesse?" Ich brauche wirklich dringend ein Tempo.

Er lacht nervös. „Letzte Woche nach deinem Anruf habe ich angefangen, mich über dich zu informieren", erklärt Ralph. „Ich wollte einfach mehr über dich wissen, damit wir ein Gesprächsthema haben."

Oh, das leuchtet mir irgendwie ein. Und dabei hat er natürlich auch etwas über Sky erfahren. Nachrichten über unsere Fehde sind in aller Munde. „Hatschi!" Ich spüre, dass ich jetzt stärker schwitze, weil ich nicht mehr in der Kälte stehe, und mir wird schwindelig.

„Also, magst du sie oder nicht?", versucht Ralph es wieder.

„Vielleicht sollten wir das mit dem parallel Einparken versuchen", antworte ich und reiße das Lenkrad zu stark herum. Ich korrigiere, und meine Hände umklammern das Lenkrad so fest, dass ich mich nicht traue, eine Hand zu heben, um mir den Schweiß abzuwischen. Es ist wirklich heiß hier drin.

„Gleich", sagt Ralph beharrlich. „Komm schon, wir sind doch Freunde, oder nicht? Ich muss die Wahrheit wissen. Magst du Sky oder nicht?" Er beugt sich schon wieder zu mir herüber. Warum macht er das ständig? Ich wende meinen Blick von der Straße und schaue auf Ralphs Brusttasche. Die Stifte schauen aus dem Etui heraus. Zum ersten Mal fällt mir auf, dass seine Brusttasche ziemlich dick aussieht. Sehr dick sogar. Dick genug für ein winziges Aufnahmegerät. Oh mein Gott!

Bevor ich etwas sagen kann, spüre ich einen heftigen Schlag. Es fühlt sich so an, als käme es vom Rücksitz.

„Was war das", frage ich erschrocken.

„Nichts", erwidert Ralph schnell, „nur eine Kiste. SIE WIRD SICH NICHT NOCH EINMAL BEWEGEN."

Warum schreit er denn so? Augenblick mal. Da ist doch nicht noch jemand mit uns im Auto, oder? Das hätte ich doch gemerkt, oder? Oder? Aber wenn doch? Ich will hier raus! Ich muss raus hier, sicher ist sicher. Ich lenke den Wagen wieder in Richtung Rodney und Nadine und stelle fest, dass sie auf mich zurennen. Nadine winkt wie verrückt mit den Armen. Da Austin am besten in Form ist, ist er ihnen weit voraus, und er brüllt: „STOPP!"

Irgendetwas stimmt hier nicht. Sie wissen es. Ich weiß es. Ich kippe gleich um. Okay, Kaitlin, mach es nicht zu deutlich. Sieh zu, dass du aus diesem Auto rauskommst, bevor Ralph merkt, dass deine Leute ausflippen. Hau ab, und es wird keine Szene geben. „Ralph, mir geht es nicht so – hatschi! – gut. Ich muss die Stunde jetzt abbrechen."

„Was? Nein!", erwidert Ralph unfreundlich. „Das

waren doch erst zehn Minuten." Dann ändert er seinen Ton, und seine Stimme klingt jetzt viel sanfter. „Komm schon! Es gibt noch so vieles, was ich dich fragen möchte – ich meine, dir beibringen will."

„Nein, ich muss jetzt gehen", unterbreche ich. Ich kann nicht einfach aus dem Auto hüpfen, schließlich sitze ich hinter dem Lenkrad. Ich konzentriere mich darauf, zum Lincoln zu lenken und hinter ihm anzuhalten.

„Kaitlin! Bleib stehen!", höre ich Nadine rufen.

„Nur noch fünf Minuten", bettelt Ralph. Er sieht Nadine und Rodney auf uns zustürmen und macht den Eindruck, als würde er schwitzen. „Ich habe dich noch nicht einmal nach der Geschichte mit Tom Pullman gefragt, die in *Hollywood Nation* steht."

Was? Das ist ja noch viel schlimmer, als ich dachte. Warum habe ich nicht auf Nadine gehört? Warum nur? Habe ich meine Lektion immer noch nicht gelernt?

„Tut mir leid." Ich halte den Wagen an und stelle den Schalthebel auf Parken. Dann öffne ich meinen Gurt. „Ich will nicht darüber sprechen. Die Stunde ist zu Ende." Mein Gesicht brennt. Ich habe keine Ahnung, ob vor Aufregung oder weil es mir nicht gut geht, aber es kostet mich alle Energie, Ralph nicht zu sagen, wohin er sich seine *Hollywood Nation* stecken kann.

„Nein. Warte!", bittet Ralph und greift ein wenig zu heftig nach meinem Arm. Mit der freien Hand verriegelt er die Tür, und ich spüre, wie sich mein Hals zusammenzieht. Das ist gar nicht gut. Ich stoße ihn weg und fasse nach dem Türgriff.

Mit einem dumpfen Geräusch treffen Austins Fäuste

das geschlossene Fenster, und Ralph und ich fahren zusammen.

„Raus aus dem Wagen, Kaitlin!", schreit Austin mit Furcht erregender Stimme, wie ich sie noch nie gehört habe. „JETZT!"

Das lasse ich mir nicht zweimal sagen und greife wieder nach dem Türgriff. Dann höre ich ...

Klick klick klick!

Ich fahre herum und sehe auf dem Rücksitz Macho Mark von der Website XLA.com, der Fotos schießt. „Hey, Kates", säuselt er.

Wir nennen ihn Macho Mark, weil er eitel ist – aus gutem Grund. Er hat kurze braune Haare und trägt immer enge Shirts, die seine Muskeln zeigen. Sie wären eine Attraktion in *General Hospital*. Oh Mann, er ist so süß, dass man manchmal vergisst, vor seiner Kamera davonzulaufen.

Aber das hier ist kein solcher Augenblick.

„Ich wusste es!", schreie ich Ralph ins Gesicht und entriegele die Tür. „Sie haben mich reingelegt!"

„Weißt du eigentlich, wie viel diese miese Fahrschule mir zahlt?", sagt Ralph mit eisiger Stimme. „Ich musste die Presse anrufen. Mark sagte, er würde mir ein gutes Geschäft vorschlagen. Für ein paar Fotos von dir kann ich meine Miete ein Jahr lang bezahlen!"

„Sie sind grässlich, Ralph! Wie blöd von mir, dass ich Ihnen vertraut habe. Gib mir die Kamera", sage ich und greife blindlings nach Marks Ausrüstung.

„Nein", antwortet Ralph, und bevor ich ihn davon abhalten kann, hat er den Wagen schon gestartet. Eine schnelle Bewegung, und sein linker Fuß tritt auf das

Gaspedal. Ich schreie, und zum Glück springt Austin zur Seite, bevor sich der Wagen in Bewegung setzt.

„Was machen Sie denn da?", brüllt Macho Mark. „Sie werden noch jemanden verletzen!"

„Ich verschaffe Ihnen noch ein paar ungestörte Minuten zum Fotografieren", blafft Ralph.

In einem Wutanfall entreiße ich Ralph das Lenkrad, und da passiert es.

Bremse. Gas. Bremse. Schleudern.

BUMM!

Aus dem Armaturenbrett steigt Dampf, und Ralph, Mark und ich schauen erschrocken hoch. Ralphs Limousine wird an unseren Lincoln gedrückt, der eine riesige Beule an der hinteren Stoßstange hat. Oh nein! Ich schaue aus dem Fenster und sehe Rodney, der sein Gesicht instinktiv mit der Hand bedeckt. Rodneys Wagen! Unser Wagen! Oh mein Gott. Ich schaue nach, ob die anderen – auch Ralph und Mark – unverletzt sind. Sie wirken eher geschockt als sonst was. Ich breche in Tränen aus. Ich muss laut niesen, und dann folgt ein langes Husten, was genauso gut eine Panikattacke sein könnte. Ich weiß es nicht genau. Mein Körper ist überhitzt. Brennt irgendetwas?

„Kaitlin! Kaitlin!", höre ich Austin rufen, und dann das Geräusch von Rodney und Nadine, die hinter ihm herrennen. Er reißt die Autotür auf, während Ralph und Macho Mark immer noch unter Schock stehen. „Geht es dir gut?"

„Du Idiot!", höre ich Macho Mark sagen, der Ralph gerade eine scheuert. „So was machen wir nicht. Sie könnte uns verklagen!"

Austin hilft mir aus dem Wagen. Mark erholt sich von seinem Schock und springt vom Rücksitz, um weitere Fotos zu schießen. Rodney rast hinter ihm her. Wahrscheinlich würde er ihn gerne niederschlagen, aber das Risiko, dass Mark ihn verklagen würde, ist zu groß. Diese Fotografen kennen alle Tricks, und im Augenblick sind wir in der Öffentlichkeit.

Grrr. Nadine hatte ja so recht.

„Ich bin nicht nur eine katastrophale Fahrerin, sondern habe auch wieder ein furchtbares Durcheinander angerichtet", schluchze ich.

„Haut ab!", schreit Nadine aus voller Lunge und macht Ralph und Mark eine Szene, die sich gewaschen hat. Die Kamera klickt noch immer. „Ihr seid zu weit gegangen! Wir könnten euch deswegen verklagen!"

„Zu spät", freut sich Ralph und zeigt auf seine Brust. „Alles, was ich brauche, habe ich hier, auf Band, so wie die Klatschpresse es haben wollte!"

Oh mein Gott. „Ich habe doch gar nichts gesagt! Hatschi!", schreie ich.

Rodney schubst mich auf den Rücksitz des Lincoln, und Nadine und Austin steigen ebenfalls ein, während Macho Mark weiter seine Bilder schießt. Ich würde ihn am liebsten anschreien, aber das würde alles nur noch schlimmer machen. Rodney fährt mit quietschenden Reifen davon, und ich höre Ralph kreischen: „Wer repariert mein Auto?"

„Kates, ist alles okay mit dir?", erkundigt sich Nadine, und ihre Stimme klingt besorgt. „Ich wusste es. Ich wusste es einfach. In dem Augenblick, als du wegfuhrst, habe ich mir Ralphs Geheimhaltungsabkommen angesehen. Schau nur, was der Idiot geschrieben hat." Ihre Hand zittert, als sie mir das Papier entgegenstreckt. In schlampiger Schrift stehen da die Worte *Mickey Maus*. „Ich habe versucht, dich anzurufen, aber dein Handy war aus", fügt sie hinzu.

Eine Träne fällt auf das Blatt Papier, und ich schaue Nadine an und fange wieder an zu weinen. „Ich bin so ein Idiot", jammere ich.

„Kates, sag doch nicht so was", beruhigt mich Nadine. „Du hast mit dem Herzen gedacht anstatt mit dem Kopf. Das kommt vor." Sie lächelt und wischt eine Träne aus meinem rechten Auge. „Erzähl uns, was passiert ist, als du eingestiegen bist."

Rasch berichte ich – nur unterbrochen von einer Reihe Schluchzern, Seufzern und Niesern – von Ralphs quälender Fragerei, dem falschen Kugelschreiberetui und wann ich bemerkte, dass Macho Mark mit ihm im Wagen war. Ich warte darauf, dass Nadine mich anschreit, aber stattdessen sagt sie nur immer wieder: „Kates, es tut mir so leid. Ich hätte dich davon abhalten sollen." Sie legt den Arm um mich, während Austin meinen zitternden Körper in Rodneys Sweatshirt wickelt. „Ich wollte nicht recht behalten."

„Kates, wir bringen dich nach Hause", sagt Austin. „Du bist wirklich krank."

Ich schüttle den Kopf und fühle mich selbst für eine Antwort zu erschöpft. „Vielleicht lege ich mich kurz hin, und dann geh ich zur Arbeit. Ich darf nicht ausfallen", schluchze ich. „Mom und Dad werden mich umbringen." Ich denke an die verbogene Stoßstange und Ralphs verbeulte Limousine.

„Wahrscheinlich hängt Ralph bereits am Telefon, um *Celebrity Insider* zu berichten, und Marks Fotos werden schon im Netz stehen, bevor wir auch nur zu Hause ankommen", sagt Nadine voller Abscheu. „Ich muss Laney anrufen und versuchen, das Ganze wieder in Ordnung zu bringen." Ich schließe die Augen. Ich fühle mich viel zu benommen, um darüber nachzudenken, auf welche Art und Weise sie mich umzubringen wünscht.

„Ich werde den Schaden bezahlen, Rodney", schluchze ich.

„Mach dir keine Sorgen, Kaitlin, wir kümmern uns um alles", verspricht Rodney. „Im Augenblick müssen wir nur nach Hause und dich ins Bett bringen."

Ich setze mich aufrecht hin und lege meinen Kopf an Austins Brust.

Vielleicht ist alles, wenn ich aufwache, nur ein richtig schlechter, ha... richtig schlechter ... ha-hatschi! ... Traum gewesen.

Freitag, 12.10.

Persönliche Notizen:

Rodney den Schaden am Wagen bezahlen.
Überlegen, Dad um Vorschuss aufs Taschengeld zu bitten.

ACHT: *Fieberträume*

38,7°. Diese Zahl zeigte das Thermometer an, als Anita meine Temperatur maß – wenige Minuten, nachdem Austin mich in der Art eines Feuerwehrmanns an meiner panischen Mutter vorbeigeführt („Ist sie krank? Bist du sicher? Sie sieht nicht krank aus.") und ins Bett gesteckt hatte. Anita folgte ihm auf dem Fuß mit einem Thermometer, einem Medikament gegen Fieber und Schmerzen, Ginger Ale und einem Telefon, um meinen Arzt anrufen und einen Hausbesuch vereinbaren zu können. Aber Anita konnte kein einziges Wort des Arztes verstehen, denn Mom belästigte Austin mit Fragen über Nadines Verbleib (sie telefonierte mit Laney), und Dad wollte wissen, ob ich mich auch entsprechend der Vorschriften krankgemeldet hatte. Anita bekam diesen verschlossenen Gesichtsausdruck, den sie immer kriegt, wenn sie sauer wird, und befahl Austin („Träum was Schönes, Burke.") und meinen Eltern („Sind Sie sicher, dass das Thermometer nicht kaputt ist, Anita?"), das Zimmer zu verlassen, damit ich in Ruhe schlafen konnte.

Das dauerte genau fünfundvierzig Minuten.

„Was meinst du damit, dass sie sich hinter deinem Rücken zur Fahrschule angemeldet hat?" Die Stimme meiner Mutter schreckte mich aus tiefem Schlaf auf. „Nadine, als du es herausgefunden hattest, warum hast du sie dann nicht aufgehalten?" Nadines gedämpfte

Stimme sickert durch die Wände, aber ich kann nicht verstehen, was sie sagt. Ich sollte hinuntergehen, aber mein Kopf tut so weh, dass ich ihn kaum vom Kopfkissen heben kann. Arme Nadine. Sie sollte nicht die volle Breitseite abbekommen. Wenn sie Mom erst von Ralph erzählt und dass er ein Aufnahmegerät hatte und von Macho ...

„Macho Mark war im Wagen? Wie konnte euch denn bloß entgehen, dass Macho Mark im Wagen saß?", kreischt Mom. „Sie kann keinen neuen Medienrummel gebrauchen, Nadine! Hol Laney! Hol auf der Stelle Laney her!"

Oje. Ich setze mich ein wenig zu schnell auf, und mir wird schwindelig. Ich halte mich an meinem weißen Nachttisch fest, ziehe mich daran hoch und schaffe es bis zur Tür. Neben meinem Poster von Orlando Bloom ruhe ich mich kurz aus. Ich nehme meinen salbeigrünen Morgenrock, der an der Tür hängt, und strecke meinen Kopf aus dem Zimmer. Nadines Stimme ist deutlich genug, sodass ich ein paar Worte aufschnappen kann. „Kaitlin ... gefahren ... Lincoln ... verbeult ..."

„Kaitlin hat unseren Wagen beschädigt?"

„Was für ein Auto hat Kaitlin denn gefahren", erkundigt sich mein Dad, der kein bisschen verärgert klingt. Wenn überhaupt, dann klingt er eher aufgeregt, dass er über sein Lieblingsthema sprechen kann: Automobile. „Hast du die Marke oder den Typ erkannt?"

„Mom? Dad?" Ich versuche zu rufen, aber heraus kommt nur ein Flüstern. Mein Körper fühlt sich feuchtkalt an, und ich bin zu schwach, um den Gang entlangzugehen. Ich sacke auf dem cremefarbenen Teppich zusammen und lehne mich an Matts Zimmertür. „Matty? Nadine? Anita?"

„Wow, Nadine hat keinen Witz gemacht – du siehst tatsächlich aus wie ein Gespenst", bemerkt Matty, als er die Treppenstufen hinaufspringt. Er trägt ein Rugby-Shirt mit einem knackigweißen Kragen und Jeans im Zimmermannsstil. Sein blondes Haar steckt unter einer royalblauen Dodgers-Kappe, die er verkehrt herum aufgesetzt hat.

„Was machst du zu Hause?" Ich schließe meine müden Augen.

„Tom hat mich nach Hause geschickt", seufzt Matty. „Als sich herumgesprochen hatte, dass du krank bist, ist einer der Kollegen ausgeflippt wegen der Bakterien und hat sich Sorgen gemacht, dass ich das ganze Set anstecken könnte. Monique muss mich heute hier unterrichten." Er macht eine Pause. „Übrigens, warum liegst du auf dem Gang herum?"

„Ich habe versucht, mich nach unten zu schleppen, um Nadine in Schutz zu nehmen." Hat jemand hier die Heizung hochgedreht? „Wer ist *einer der Kollegen*? Sky?", frage ich.

Matty schweigt. „Eigentlich nicht."

Hm. Ich nehme an, Sky ergibt keinen Sinn. Sie wäre begeistert gewesen, dass ich einen Tag krank bin, und hätte eine Wagenladung voller Smoothies bestellt, um das zu feiern. Sie hätte auch dafür gesorgt, dass Matty als Nachrichtenüberbringer in ihrer Nähe bleibt, damit sie mich verrückt machen kann. „Gut, wer also ist ausgerastet?" Ich spreche langsam, um nicht außer Atem zu geraten.

Matty murmelt etwas, das ich nicht verstehe. „Wer?", frage ich. Wieder murmelt er etwas. „Ich kann dich nicht verstehen."

„Alexis", nimmt er leise einen neuen Anlauf.

„Alexis?" Ich zerfließe in einem schlimmen Niesanfall. „Alexis hat dich nach Hause geschickt? Sie ist unglaublich! Wie kannst du sie nur mögen, Matty? Bitte verliebe dich nicht in sie. Sie ist nicht gut für ... hatschi!"

„Nies nicht einfach so in die Gegend", sagt Matt. „Ich will nicht, dass *ich* mich morgen krank melden muss."

„Tut mir leid", sage ich und strenge mich an, Nadine wieder zu hören. „Was hat Alexis über mich gesagt?"

„Sie war richtig nett", erklärt Matt ein wenig kleinlaut. „Sie hat Geld gesammelt, um dir Blumen zu schicken. Und sie konnte gar nicht damit aufhören, jedem, den sie traf, zu erzählen, wie furchtbar es ist, dass es dir nicht gut geht."

„Wichtigtuerin", flüstere ich.

„Wie hat sie es nur angestellt, sich bei einer Fahrschule anzumelden, ohne dass jemand es wusste?", höre ich Mom toben.

„Was ist denn da unten los?", will Matty wissen. „Stimmt es, dass du den Lincoln kaputt gemacht hast?"

„Du musst mir helfen, runterzugehen, Matty", bitte ich. „Ich muss Nadine da raushauen."

Matty bietet mir seinen Arm an. „Ich bringe dich wieder in dein Zimmer, aber sonst nichts. Du bist nicht in der Lage, Mom Auge in Auge gegenüberzutreten. Nadine wird schon damit fertig werden."

Ich bin so erledigt, dass ich nicht mit ihm streite. Matty bringt mich zurück ins Bett, und ich sinke zurück in meine Kissen und die weichen Decken. Ich schiebe die gebrauchten Taschentücher zur Seite und die große Kleenexschachtel und nehme einen Schluck von dem Ginger Ale, das Matty mir hinhält. Ich schaue mich in meinem Zimmer um. Ich wünschte, ich könnte mehr Zeit hier verbringen als nur im Schlaf. Ich liebe meine weißen Möbel, das Himmelbett, die beruhigenden blauen Wände und die gestreifte Bettwäsche, und ich habe das Gefühl, dass ich das meistens gar nicht richtig wahrnehme. Hallo Zimmer!

„Brauchst du noch was?", erkundigt sich Matty.

„Nein." Ich bin total erschöpft. „Danke, Matty. Oh, warte mal. Da ist doch noch was. Weck mich in zehn Minuten, damit ich mit Nadine sprechen kann. Ich muss mit ... Nadine ..." Schnarch.

„Kaitlin? Wach auf." Matty stupst mich sanft an.

Ich fahre hoch. „Was?", frage ich. „Sind die zehn Minuten schon vorbei?"

„Eigentlich eher acht Stunden", sagt Matty.

„Acht Stunden!" Ich niese heftig.

„Anita hat mir nicht erlaubt, dich aufzuwecken, aber alle haben angerufen. Austin hat es dreimal versucht, Liz zweimal", rattert Matty herunter. „Tom hat angerufen und sogar, ähm, Sky."

„Sky?" Augenblick, ich träume wohl noch. „Sky hat angerufen?"

Die Tür fliegt auf, und Laney schlendert herein in schwarz-weiß gestreiftem Oberteil mit dreiviertellangen Ärmeln und einer schwarzen Hose mit weiten Beinen. „Ich nehme an, Sky hat dich deswegen angerufen."

Ich wappne mich für eine größere Standpauke von Laney. Aber stattdessen schaltet sie nur schweigend den Fernseher ein, und hinter ihr marschieren Mom, Dad und Nadine ins Zimmer. Nadine sieht aus, als wäre sie gefoltert worden. Sie lächelt mich kurz an, und mein Magen schlägt Purzelbäume. Nadine hatte Ärger mit meiner Mom, und das alles nur wegen mir. Ich muss es Mom und Dad sagen. Gerade öffne ich meinen Mund, aber Maggie Swanson von *Celebrity Insider* kommt mir zuvor. Ich schaue auf den Bildschirm und sehe das bleistiftdünne blonde Model, das zur Nachrichtensprecherin des Promisenders geworden ist. Sie steht vor einem Monitor, auf dem Bilder von Sky und Alexis zu sehen sind.

„Hat Sky Mackenzie von **Family Affair** *in Bezug auf ihr Alter gelogen? Sie hat – und wir haben den Film, der das beweist. Nur hier auf* **Celebrity Insider!** *Bleiben Sie dran."*

Ich bin verblüfft. Darüber wollte Laney mit mir sprechen? Nicht über mein Fahrdesaster?

„Wann war *Celebrity Insider* denn am Set?" Matty runzelt die Stirn. „Ich wusste gar nicht, dass sie kommen und mit uns reden wollten."

„Ich nehme an, nachdem man dich in Quarantäne geschickt hatte", sagt Nadine. Matty starrt sie zornig an.

Ich hatte total vergessen, dass *Celebrity Insider* heute am Set sein würde! Die ganze Besetzung ist befragt worden wegen der am längsten laufenden Serie zur besten Sendezeit. Ich hatte mich darauf gefreut. Maggie Swanson ist eine meiner Lieblingsinterviewerinnen.

„Die heutige Sendung sollte eigentlich das Leben am Set von *Family Affair* zeigen", sagt Maggie. „Aber das heben wir uns fürs nächste Mal auf. Denn als ich heute am Set war, wurde ich Zeugin einer heftigen Auseinandersetzung zwischen dem langjährigen Star Sky Mackenzie und dem neuen Liebling Alexis Holden. Sehen Sie selbst."

Oh nein. Ich sehe den Beginn von Maggies Interview. Maggie und Alexis stehen am Set von *FA*, und Alexis trägt ein beiges, tief ausgeschnittenes leichtes Sommerkleid, das ein bisschen zu viel zeigt. „Und hier ist das Mädchen, über das jeder spricht, Alexis Holden", strahlt Maggie in die Kamera. „Erzähl uns etwas über das Leben bei *Family Affair*, Alexis."

„Ich liebe es", schwärmt Alexis. „Übrigens, Maggie, das ist ein fantastisches Oberteil. Woher hast du es?"

Maggie wirft einen Blick auf ihr hübsches braunes Bustier. „Vielen Dank! Ich habe es bei *Intuition* gekauft. Aber ich wette, du trägst eine Menge schöner Kleider wie das hier bei *Family Affair*."

„Sicher", sagt Alexis. „Und ich habe ein paar wahnsinnig tolle Nachrichten über Colby, die ich dir zuerst erzählen will. Ich habe es selbst gerade erst erfahren und platze fast vor Freude. Ursprünglich war vorgesehen, dass Colby nur für ein paar Folgen dabei sein sollte. Aber nachdem die Fans so stark auf die Figur reagierten, beschloss der Sender, meine Rolle für unbestimmte Zeit weiterzuführen."

„WAS?", versuche ich zu schreien (es klingt mehr wie ein Huster). Für unbestimmte Zeit? Das schaffe ich nicht, für unbestimmte Zeit mit Alexis zusammenzuarbeiten! Was soll das bedeuten? Ich krieg das nicht hin. Wie stellt sie es nur an, die Dinge so schnell zu ändern? Matty wendet sich ab, damit ich nicht sehe, wie ein breites Grinsen sein Gesicht überzieht. Dieser Verräter!

„Das sind wirklich großartige Neuigkeiten! Alexis bleibt noch bei uns, und Sie haben es zuerst auf *Celebrity Insider* gehört", wendet sich Maggie wieder ans Publikum. Im Hintergrund erkenne ich Sky in einem leuchtend gelben, geblümten Minikleid aus Seide. „Hast du das gehört, Sky?", ruft Maggie quer über die Bühne.

Sky eilt herbei und lächelt in die Kamera. „Was ist, Maggie?", fragt sie freundlich. Sie vermeidet jeglichen Blickkontakt mit Alexis.

„Deine neue Kollegin bleibt uns für unbestimmte Zeit erhalten!", meint Maggie bewundernd.

Sky blinzelt nervös.

„Das ist so ein großartiger Tag, Maggie", schwärmt Alexis. „Und weißt du, was diese Neuigkeit sogar noch besser macht? Heute hat Sky Geburtstag."

„Nein, das kann nicht sein", erzähle ich dem Fernseher. Alle im Zimmer schauen mich an, und für einen Augenblick vergesse ich die Schwierigkeiten, in denen ich stecke. „Sky hat im Januar Geburtstag. Sie wird einen Monat nach mir siebzehn. Sie erinnert mich immer wieder daran."

Auf dem Bildschirm ist eine lachende Sky zu sehen. „Alexis, mein Geburtstag ist im Januar. Ich bin sechzehn", sagt Sky direkt in die Kamera. „Ich bin einen Monat jünger als Kaitlin Burke." Sie winkt.

Die Kamera fährt zurück, und wir sehen Alexis, die einen Führerschein aus ihrer Handtasche zieht. „Oh, tut mir leid", sagt Alexis. „Aber das hier hat mich verwirrt." Die Kamera konzentriert sich auf den Führerschein des Staates Kalifornien. Es gibt keinen Zweifel – es ist Skys. „Mathe war noch nie meine Stärke, aber bedeutet das denn nicht, dass du siebzehn bist und heute achtzehn wirst?", fragt Alexis.

„Ich glaub's ja nicht", sagt Nadine. „Sky hat wegen ihres Alters gelogen! Warum bloß?"

„In Hollywood zählt jedes Jahr", erklärt Laney. „Vielleicht hat ihre Familie befürchtet, dass sie die Rolle nicht kriegt, wenn das Studio wüsste, dass sie älter ist. Wenn du vier bist, ist ein Jahr ein Riesenunterschied."

Matt fällt rücklings auf mein Bett und bricht in unkontrolliertes Gelächter aus. Ich bin viel zu geschockt und fühle mich zu schwach, um irgendetwas zu sagen.

„Das ist gut", sagt Laney in der Werbepause, mit der sie die Spannung auf Skys Zusammenbruch erhöhen wollen. Warum machen die Fernsehsendungen das andauernd? „Vielleicht konzentriert sich die Presse auf dieses Fiasko mit Skys Alter und vergisst darüber dein Fahrmissgeschick." Laney wirft mir einen bösen Blick zu.

Oh. Ich fürchte, ich bin noch nicht aus dem Schneider.

„Ich weiß, dass du krank bist, deshalb werde ich dich nicht in die Mangel nehmen, aber das war wirklich eine ziemlich dumme Sache." Laneys Stimme klingt kühl. „Das wird eine harte Zeit für mich, mir eine überzeugende Erklärung dafür auszudenken."

Mom schaut mich an und hebt, um ihr Einverständnis zu signalisieren, ihre rechte Augenbraue.

Schluck. „Jetzt weiß ich das", flüstere ich. „Können wir später darüber sprechen?"

„Kaitlin, ich bin einfach enttäuscht von dir", beginnt Mom, aber Matty unterbricht sie.

„Könnt ihr euch vielleicht beruhigen und sie in Ruhe lassen? Wir können uns später damit auseinandersetzen." Ich lächle Matty schwach an. Wenn er will, kann er wirklich reizend sein.

„Abgesehen davon ... Schaut doch mal." Nadine schnappt sich die Fernbedienung und spult die Aufnahme zurück bis zu dem Bild, das sie so erschreckt hat.

„Woher hast du das?", hören wir Sky quieken. Sie stürzt sich auf den Führerschein. Alexis fällt nach hinten und landet auf ihrem Po. Maggie hilft ihr hoch. „Du bist in meine Garderobe eingebrochen, nicht wahr?"

„Aber nein", sagt Alexis unschuldig. „Ich schwöre. Ich habe ihn auf dem Boden gefunden."

„Na klar", brumme ich.

„Ich wusste nicht, dass du so sauer sein würdest, wenn ich deinen Geburtstag erwähne", sagt Alexis zu Sky. Dann wendet sie sich an Maggie. Ihre Augen sind weit aufgerissen, und sie spielt die Unschuld vom Lande. „Ich wollte doch nur nett sein."

Die Kamera schwenkt auf Sky. „Du doppelzüngige, hinterhältige Tussi!" Sky beißt die Zähne zusammen. „Das wird dir noch leidtun!" Sie stürmt aus dem Bild. Fast erwarte ich, dass Skys Gesicht grün wird, ein Hexenhut auftaucht und sie dann sagt: „Und deinen kleinen Hund kriege ich auch noch!" Aber nichts passiert.

Alexis ist den Tränen nahe. „Ich hatte keine Ahnung, dass sie wegen ihres Alters lügt", schnieft sie. „Ich wollte doch nur allen sagen, dass Sky heute Geburtstag hat, damit wir feiern können." Maggie wirkt traurig und umarmt Alexis. Ich bin immer noch sprachlos, als die Kamera nach einem Schnitt Maggie und ihren Kollegen Brian Bennett im Studio von Celebrity Insider zeigt.

„Wow, Sky Mackenzie muss wohl so einiges erklären, nicht wahr, Maggie?", fragt Brian und sieht wie immer perfekt aus in seinem Nadelstreifenanzug (Brian kleidet sich immer so, als wäre er Nachrichtensprecher und nicht Klatschreporter).

Es ist furchtbar, was Alexis Sky angetan hat. Ich fasse es selbst nicht, dass ausgerechnet ich das sage, aber sie tut mir tatsächlich leid. Mom und Laney unterhalten sich so eifrig darüber, dass Sky Rollen für jüngere Figuren verlieren wird, dass wir fast Maggies Überleitung zum nächsten Beitrag verpassen.

„Aber vermutlich fragen sich unsere Zuschauer, wo eigentlich Kaitlin Burke während dieses Fiaskos war", sagt Maggie. „Produzent Tom Pullman sagt, sie ist krank, aber unsere Kameras haben sie außerhalb ihres Bettes und hinter dem Lenkrad eines Wagens erwischt, wie sie Fahrstunden nimmt."

Oh nein! Maggie, ich dachte, du magst mich!

„Aber ich bin wirklich krank!", sage ich mit heiserer Stimme und umklammere meinen abgeliebten Teddy. „Das mit der Fahrstunde war nur Zufall." Ich glaube, ich muss kotzen.

„Sie haben bereits Filmmaterial von deinem Unfall?" Laneys Gesicht ist gerötet. „Ich dachte, es hätte dort keine Videokameras gegeben, Nadine."

„Gib ihr nicht die Schuld", bitte ich. „Nichts von all dem war ihre Schuld. Es war meine."

„Es gab keine Kameras", mischt Nadine sich ein. „Ich

habe keine Ahnung, wovon die Rede ist. Die Einzigen, die außer uns dort waren, waren Ralph und Macho Mark."

Celebrity Insider blendet ein Bild des Parkplatzes West Olive ein, auf dem ich heute Morgen noch war. Ralph steht vor seiner eingebeulten Limousine, die paar Haarsträhnen hat er säuberlich gekämmt.

„Oh mein Gott, bitte sag mir, dass du diesen Kerl schon kontaktiert hast wegen der Bezahlung für seinen Wagen", stöhnt Laney.

„Eigentlich nicht", antwortet Nadine leise. „Der heutige Tag war etwas hektisch."

„Erst heute Morgen hat Kaitlin ihre allererste Fahrstunde mit Ralph Abersam von der Fahrschule *Wheel Helpers* absolviert", erklärt Maggies Stimme aus dem Off. Der Song *Crash* der Dave Matthews Band erklingt im Hintergrund. „Erzählen Sie uns etwas über Kaitlin."

„Sie meinen, etwas anderes als die Tatsache, dass sie nicht fahren kann?", schnaubt Ralph.

Oje! Voller Scham verberge ich mein Gesicht. Auf dem Bildschirm erzählt Ralph, dass ich ihm gesagt hätte, ich wollte hinter dem Rücken meiner Familie Fahrstunden nehmen, und wie unerfahren ich am Steuer war. Während er spricht, werden ein paar Fotos gezeigt, die Macho Mark von mir gemacht haben muss, als mir erst einmal klar war, dass er im Wagen saß. Auf einem sehe ich wie eine Verrückte aus, als ich nach seiner Kamera greife. Auf einem anderen ist mein Mund zu einem wahnsinnigen Schrei verzerrt.

HOLLYWOOD-GEHEIMNIS NUMMER ACHT: Klatschsendungen und angesehene Zeitschriften, die auf die Zusammenarbeit mit Promis und deren Zugänglichkeit setzen, lehnen es ab, Fotos eines Prominenten zu zeigen, der verärgert oder genervt aussieht (mal abgesehen von Fahndungsfotos oder einer Abbildung zum Thema „Promis schreien Paparazzi an" für eine Sonderausgabe von *E! Online*). Sie wissen, dass ein wenig schmeichelhaftes Foto den Promi nur noch mehr verschreckt. Außerdem lässt es den Fotografen, der das Bild geschossen hat, unfähig erscheinen (Was? Kann der kein gutes Foto machen?) und langweilt die Leser, die den Gedanken gar nicht mögen, dass sich ihre Lieblingsstars wie ganz normale Menschen benehmen, die wie jeder andere auch manchmal wütend werden.

Aber laut Nadine, die mit den Leuten von ein paar weniger angesehenen Boulevardblättern und Klatsch-Websites auf Du und Du steht (sie füttert sie, wenn nötig, mit positiven Geschichten und Zitaten. Pssst ...), sind manche Mistkerle scharf auf die ausufernden, zornigen Worttiraden, weil sie genau wissen, tief drin, dass das Publikum so etwas gerne sieht.

In meinem Fall ist die absurde Situation – zusammen mit der Tatsache, dass ich wirklich nicht versucht habe, irgendjemanden zu verletzen – wahrscheinlich viel zu interessant, als dass die Medien es sich entgehen lassen könnten. Diese Bilder werden Ralph und Macho Mark zusammenschweißen und bis zum Ende der Woche in allen Zeitschriften zu sehen sein. Ich ziehe meine Daunendecke bis an die Nasenspitze hoch und versuche, mich unsichtbar zu machen. Da klingelt das Telefon.

„Nicht rangehen!", sagt Mom erschrocken, aber Matt hat bereits abgehoben.

„Hallo? Oh, hi, Tom." Matts Stimme wird tiefer. „Ja,

es geht ihr gut. Sie kann mit dir sprechen." Er schiebt mir das Telefon unter die Bettdecke.

„Hallo?", sage ich leise.

„Wie geht es dir, Champion?", erkundigt sich Tom und versucht, aufmunternd zu klingen. Aber ich kenne ihn. Ich weiß genau, dass irgendetwas nicht stimmt. „Wenn du dich krank meldest, dann muss es dir ziemlich schlecht gehen. Ich will dich nicht lange belästigen, aber ich muss dir etwas Wichtiges mitteilen."

„Ich freue mich über deinen Anruf. Ich hätte dich sonst angerufen", sage ich. Ich hole tief Luft. „Tom, ich bin wirklich krank. Meine Mom kann das bezeugen." Mom hustet. „Ich gebe zu, dass ich vor der Arbeit eine Fahrstunde hatte, aber ich schwöre, dass ich dabei krank wurde. Es hat nichts damit zu tun, was passiert ist, dass ich …"

Tom unterbricht mich. „Kates, mach dir deswegen keine Sorgen. Ich glaube dir. Deswegen rufe ich nicht an. Ich wollte dir nur sagen, dass Alexis heute in *Celebrity Insider* war."

„Wir haben es gerade gesehen." Bei der Erinnerung daran verziehe ich das Gesicht.

„Ich möchte mich dafür entschuldigen, dass du es im Fernsehen gehört hast und nicht von mir, dass Alexis bleiben wird", sagt Tom.

„Danke, Tom." Ich würde gerne noch so viel mehr sagen, aber jetzt ist nicht die passende Gelegenheit dafür.

„Du solltest wissen, dass keine dauerhaften Entscheidungen über ihre Figur getroffen wurden", fügt Tom hinzu. „Wir hatten nur den Eindruck, dass ihr Charakter so gut ankommt, dass wir sie nicht gehen lassen konnten.

Und, unter uns, da in diesem Jahr bei so vielen Leuten Vertragsverhandlungen anstehen und nicht alle Verträge verlängert werden, dachte das Studio, es könnte sich die Extraausgabe für eine Verlängerung sparen."

Bei den Worten *Vertragsverhandlungen* wird mir wieder schwindelig. Ist Tom denn nicht klar, dass auch ich zu diesen Leuten gehöre? Was sagt er da überhaupt?

„Ich bin nicht gerade begeistert davon, dass sie über ihr Bleiben gesprochen hat, bevor ich es euch allen sagen konnte", fährt Tom fort, und er ist sich bestimmt nicht bewusst, wie quälend das für mich ist. „Ich werde mit ihr darüber reden. Aber weil sie noch einige Zeit bei uns bleiben wird, möchte ich, dass sie sich wohlfühlt. Besonders nach all diesen Gerüchten, dass sie nicht dazugehört, und dem heutigen Schnitzer mit Sky."

Nicht dazugehört? Ich frage mich, wer diese Gerüchte in die Welt gesetzt hat. Ich würde gerne wissen, wer sich diese Geschichten ausgedacht hat über Alexis, die sich als Außenseiterin fühlt. Wahrscheinlich Alexis selbst, um mich in Schwierigkeiten zu bringen! „Ich habe kein Problem mit Alexis", sage ich zwischen zusammengebissenen Zähnen.

„Gut!", antwortet Tom zufrieden. „Dann wird es dir nichts ausmachen, mit ihr zusammen zu verreisen."

„Entschuldigung?" Mein Herz rast mit tausend Schlägen in der Minute.

„Der Sender ist so begeistert über die wachsenden Einschaltquoten, dass er seine Hauptdarsteller mit einer Reise nach Las Vegas belohnen will", erklärt Tom. „Melli und Spencer können nicht weg, weil sie Kinder haben, deshalb bekommen sie etwas anderes. Aber alle jüngeren

Besetzungsmitglieder fliegen nach Las Vegas. Klingt das nicht super? Ich begleite euch als Anstandswauwau, und jeder wird Gelegenheit haben, sich mit Alexis anzufreunden."

„Anfreunden", wiederhole ich. Was soll ich sagen? Wenn ich Tom erzähle, dass ich Alexis nicht traue, stehe ich als die Böse da. „Ähm, okay", erwidere ich. „Aber Tom, du weißt, wir dürfen nicht im Casino spielen, oder?"

„Bei den Wellness-Angeboten, dem Essen und den Shows wird euch das nicht weiter stören", sagt Tom. „Sag Matty, dass er auch mitkommt, okay? Ich rufe dich am Wochenende noch mal an und sage dir Genaueres, sobald ich es weiß. Wir mieten am Dienstag ein Privatflugzeug, und jeder von euch hat ein eigenes Zimmer. Der Sender wollte euch zum Campen schicken, wie im Ferienlager, aber ich dachte, es wäre das Beste, wenn jeder von euch auch ein bisschen für sich sein könnte."

„Das klingt gut", stimme ich ihm zu.

„Und jetzt ruh dich aus", sagt Tom, „und vergiss das blöde Auto. Ich habe drei Anläufe gebraucht, bis ich meine Fahrprüfung bestanden hatte." Er lacht in sich hinein.

„Danke, Tom." Ich strecke meinen Kopf unter der Decke hervor und lege auf. „Tom möchte das Team nach Las Vegas schicken", informiere ich die anderen.

„Das ist interessant. Ich wollte dir gerade verbieten, mit Austin dorthinzufliegen." Mom schaut mich streng an.

„Aber Mom, er hat Geburtstag", protestiere ich.

„Du hast uns angelogen, Kaitlin", sagt sie. „Du kannst

nicht erwarten, dass wir dich auch noch dafür belohnen."

Tränen steigen mir in die Augen. „Lass es nicht an Austin aus. Es ist doch sein Geburtstagsgeschenk!"

Mom schüttelt den Kopf und schaut meinen Dad an. „Einem Ausflug mit *FA* muss ich zustimmen. Aber zu einer anderen Reise nach Vegas werde ich nicht Ja sagen, bevor ich nicht gesehen habe, ob sich dein Benehmen bessert."

Ich könnte noch weiterdiskutieren, aber im Augenblick habe ich einen so schweren Stand, dass ich alles nur noch schlimmer machen würde. Wenigstens hat sie es mir noch nicht endgültig verboten. Es ist unglaublich, was für einen fürchterlichen Mist ich gebaut habe.

„Darf ich auch mit?", erkundigt sich Matty. Ich nicke. Er lässt einen Freudenschrei los.

„Neuigkeiten zu Vegas folgen später", übertönt Laney den Tumult. „Lasst uns zuerst das hier zu Ende ansehen." Sie schaltet den Rekorder wieder ein, und wir hören Ralphs Antwort auf Maggies Frage, was für eine Art Mensch ich wohl bin. („Verängstigt und einsam.") Mom versucht Ralph zu übertönen, indem sie mir immerzu Fragen stellt. („Kaitlin, was hast du dir nur dabei gedacht?") Die Aufnahme endet mit Ralphs Hoffnung, dass ich weiterhin Fahrstunden bei ihm nehme.

„Kaitlin, wenn du das hier siehst, will ich dir Folgendes sagen", spricht er feierlich in die Kamera. „Ich weiß, dass wir einen schwierigen Start hatten, aber du wirst keine bessere Fahrschule als *Wheel Helpers* finden. Als Wiedergutmachung bekommst du die nächste Stunde sogar umsonst. Was meinst du?"

Nicht in einer Million Jahre, Ralph!

„Das ist schlimm, aber es könnte schlimmer sein", sagt Laney nachdenklich, als sie das Gerät ausschaltet. „Es gibt zwei Dinge, die uns zugute kommen – die Sache mit Skys Alter wird viel Aufmerksamkeit auf sich ziehen, und wir können Kaitlins Krankheit ins Feld führen und behaupten, dass sie nicht ganz bei sich war."

„Ooooh!", quiekt Mom. „Vielleicht sollte Kate-Kate am Montag auch noch krank sein." Sie verlassen mein Zimmer, und ich greife nach Nadines Hand.

„Es tut mir so leid", sage ich. „Ich wollte dich nicht in Schwierigkeiten bringen."

„Schon gut. Meine Schuld", sagt Nadine. „Ich hätte es wissen müssen. Ich hätte dich da rausholen müssen."

Ich drücke ihre Hand. „Du hättest mich nicht stoppen können." Wir fangen an zu kichern. Wir lachen immer noch, als Anita ein paar Minuten später mit Suppe, frischem Ginger Ale, noch mehr Hustensaft und anderen Medikamenten gegen Erkältung mein Zimmer betritt.

„Der Arzt kommt morgen früh", sagt Anita. „Ich habe deiner Mom und Laney gesagt, dass sie dich heute Abend nicht mehr stören sollen. Du brauchst dringend Schlaf."

Ich schlucke den Hustensaft und lächle Anita und Nadine dankbar an. „Schaaf klent guu", sage ich mit verstopfter Nase. Ich fühle mich sehr erschöpft. Und dann dämmere ich in einem Nebel aus Medikamenten weg.

Fr, immer noch 11.1010101010101010101010

Pers. Not.:
Schaaf, Schaaf, Schaaf, Schaaf.

14. Oktober
Hot News aus Family Affair – sind Sky Mackenzie und Kaitlin Burke in oder out?
von **Christi Lemmon**

Die Besetzung von Family Affair hat Streit und Zank am Set wie jede normale Familie. Die Frage ist, ob die Spannungen an einem Punkt angelangt sind, an dem gewisse Familienmitglieder tatsächlich am Rand des Rausschmisses stehen? Es ist richtig, Leute – unsere Quelle am Set berichtet, dass die da oben langsam die Nase voll haben von all den privaten Faxen mancher Mitglieder. Und ein paar von ihnen sind vielleicht schon auf dem absteigenden Ast. Man hört, dass schon Neue gesucht werden, um die Lücke zu füllen.

Ihr wollt wissen, um welche Personen es geht? Wir haben bereits berichtet, dass Peter Hennings (er spielt Dr. Braden) Gefahr läuft, dass sein Vertrag nicht verlängert wird, nachdem sich sein Brüll-Wettkampf mit einem Techniker ausgesprochen unschön entwickelte. (Peter, es ist nicht nett, jemandem Obszönitäten an den Kopf zu werfen. Politisch ist so was einfach nicht korrekt.) Zurzeit ist Peter in Therapie, um daran zu arbeiten, was er „meinen inneren Hass, den ich bisher nicht kannte" nennt. Von einer Verlängerung seines Vertrags ist bisher nicht die Rede.

Während Peters möglicher Weggang offensichtlich ist, tut es richtig weh, die anderen Namen zu hören – Sky Mackenzie und Kaitlin Burke. Ja, sie liegen schon seit Jahren miteinander im Clinch, und ja, es ist immer amüsant, etwas darüber zu lesen. Aber anscheinend hat das Studio langsam das Drama satt, das ihre Kämpfe verursachen. „Normalerweise finden die Kämpfe nur zwischen den beiden Mädchen statt, und niemand anders ist davon betroffen", sagt eine Quelle, die nicht genannt werden kann, weil sie zu nahe an den Stars ist. „Aber in den letzten paar Monaten hat die Dramatik eine neue Qualität erreicht – Dreharbeiten werden unterbrochen, es gibt Verzögerungen und Schwierigkeiten mit anderen Besetzungsmitgliedern. Man könnte fast meinen, die beiden sind zu groß geworden für die Serie. Die letzten Vorfälle – Skys Lüge über ihr Alter, Kaitlins Lüge, dass sie krank zu Hause liegt, wenn sie eigentlich bei den Dreharbeiten sein sollte – haben die hohen Tiere richtig verärgert. Sie haben das Gefühl, dass Sky und Kaitlin eine Farce aus der Serie machen, und das wollen sie nicht länger zulassen.

Nun ja – die Verträge beider Mädchen stehen in diesem Jahr zur Verlängerung an. Und das ist die passende Zeit für das Studio, ihnen den Abschiedsbrief zu schreiben, nicht wahr? „Das Einkommen der Mädchen und ihre Forderungen sind über die Jahre immer mehr gewachsen", fügt die Informationsquelle hinzu. „Dabei gibt es auch weniger kostspielige Stars, mit denen man arbeiten kann, wie die Einsteigerin Alexis Holden, die ein richtiges Juwel ist. Sie zeigt keine Star-Allüren. Viele Leute denken, es wäre einfacher, sie auf die Liste zu setzen und die Unruhestifter fallen zu lassen. Außerdem würde das eine Menge Geld sparen."

Sky Mackenzies Pressesprecherin hat nicht zurückgerufen, aber Kaitlin Burkes PR-Managerin Laney Peters sagte: „Wie gewöhnlich haltet ihr euch daran, himmelschreiende Lügen zu berichten. Die Wahrheit ist, dass das Studio Kaitlin Burke vergöttert und ihr Job bei Family Affair nicht in Gefahr ist."

Bleiben Sie dran …

Abonnement   Permalink   Kommentare (52)   E-Mail an einen Freund
Nächste Seite

NEUN: *Alexis*

Ein Ausflug nach Las Vegas, bei dem alle Kosten bezahlt werden, ist der perfekte Urlaub vom Alltag. Mit den Zimmern eines Fünf-Sterne-Hotels, einem köstlichen Abendessen, Karten für den ausverkauften Cirque du Soleil, Ausweisen für den VIP-Club und privaten Umkleidehäuschen am Pool habe ich alles, was ich brauche. Damit kann ich all meine Probleme wie die halbe Niederlage gegenüber Alexis, das vermutliche Ruinieren von Austins Geburtstag und die Nachwirkungen meines Fahrfiaskos vergessen. Diese Reise hätte zu keinem günstigeren Zeitpunkt passieren und zu keinem schöneren Ort führen können. Vegas ist Hollywoods liebster Spielplatz, und mich juckt es in den Fingern, für einen Tag in den Sandkasten zu springen.

Ich hoffe nur, ich bekomme keine Probleme, weil ich Alexis mit Sand bewerfe.

Seit meiner unglückseligen Fahrstunde sind nur wenige Tage vergangen, deshalb bin ich vielleicht immer noch überreizt, weil Ralph mich verraten hat. Tatsache ist und bleibt, dass ich nicht aufhören kann, über Verräter und Alexis' tatsächliche Motive nachzudenken. Alle außer Sky und mir – angefangen von den Medien über unseren Sender und die Mannschaft bis hin zu meinem kleinen Bruder – scheinen Alexis anzuhimmeln. Deshalb frage ich mich immer wieder, ob mein eifersüchtiger Charakter meine ursprüngliche Wahrnehmung von ihr nachteilig beeinflusst hat? Ich meine, vielleicht hatte sie nur einen schlechten Tag, als Sky und ich sie zufällig in der Umkleide belauschten, wie sie uns schlechtmachte. Vielleicht wollte sie bei der Priceless-Veranstaltung auch einfach nur nett zu Austin sein und hat gar nicht mit ihm geflirtet. Und die hässlichen Geschichten in der Klatschpresse wie zuletzt die über Skys und meine Verträge, die Gefahr laufen, nicht verlängert zu werden, könnte jeder in die Welt gesetzt haben.

Nach zwei Tagen unserer *FA*-Reise beschließe ich, dass ich es nicht länger mit mir allein ausmachen kann und Lizzie als Gesprächspartnerin brauche. Sie wird mir sagen, ob ich unter Verfolgungswahn leide oder nicht. Als ich sie anrufe, beginne ich das Gespräch damit, dass ich ihr alles über meine erste Nacht in dieser Stadt erzähle. Dazu gehört auch das private Abendessen in *Emeril's Restaurant*, das der Chef selbst für uns kochte, und Karten für die Hommage für die Beatles. Wunderbar. Ich habe für Austin ein T-Shirt als Souvenir gekauft. Das war das wenigste, was ich tun konnte, nachdem ich in meiner Zimmerflucht zur Begrüßung zwei Dutzend Rosen von ihm vorgefunden hatte. Auf der beigefügten Karte stand: *Du darfst immer mein Auto fahren (wenn ich erst mal eins habe). Kopf hoch. Ich kann es kaum erwarten, dich in ein paar Tagen wiederzusehen.* Ich kann kaum glauben, dass ich so viel Glück habe. Ich habe ihm noch nicht erzählt, dass unser Trip nach Vegas vielleicht ausfallen wird. Ich hoffe, Mom wird es sich noch einmal überlegen.

„Du hast den allerbesten Freund auf der Welt", gibt Liz zu. „Abgesehen von meinem natürlich."

„Natürlich." Ich lache. „Hör zu, ich möchte dich was fragen …"

„Ich habe dir noch gar nicht meine tolle Neuigkeit erzählt." Liz hat nichts gehört und quasselt weiter. „Rate mal, wohin ich nächstes Wochenende gehe?" Sie wartet meine Antwort gar nicht ab. „New York! Mein Dad hat mich mit einem Ausflug überrascht, damit wir uns die New York University anschauen können."

„Liz, das ist fantastisch!", rufe ich begeistert.

„Ich habe ihm alles über das Schauspielstudium erzählt, und er meint auch, dass das genau das Richtige für mich sein könnte", berichtet Liz. „Kannst du dir das vorstellen, Kates? Ich in New York City? Das würde perfekt zu mir passen. Ich werde eine tolle Mitbewohnerin haben und nur einen Steinwurf von den coolsten Clubs und Restaurants entfernt sein. Wir müssen nur noch dafür sorgen, dass du ein paar Filme in der Stadt drehst, damit wir uns die ganze Zeit sehen können, dann ist alles klar."

„Bestimmt", antworte ich. „Ich werde mich sofort darum kümmern." Aber bei mir denke ich, wie viel einfacher das Leben sein würde, wenn Liz gar nicht erst auf die NYU gehen würde. Dann wäre sie nicht so weit weg.

Na ja, das ist wohl ziemlich egoistisch von mir. Liz ist schließlich meine allerbeste Freundin! Natürlich will ich, dass sie auf jede Universität gehen kann, die sie sich aussucht. Ich möchte, dass sie glücklich ist! Ich muss aufhören, nur an mich selbst und mein eigenes Glück zu denken. Sonst werde ich noch ein absolut arroganter, auf Konkurrenz bedachter Star, der sich nur für sich und seine Karriere interessiert.

Ich schäme mich so wegen meiner Gedanken, dass ich

mich mit ein paar lahmen Ausreden wegen Kopfweh entschuldige. Schnell lege ich auf und habe Liz keine einzige Frage über Alexis gestellt. Ich setze meine Schlafmaske auf und denke darüber nach, wie ich die Dinge in Ordnung bringen kann. Wenn ich schon bei Liz solche merkwürdigen Gedanken habe, die schließlich meine beste Freundin ist, dann bin ich vielleicht wirklich so mit Eifersucht geschlagen, dass ich Alexis völlig falsch beurteile.

Am Morgen treffe ich in einem engen braunen Samttrainingsanzug von Gap vor den Türen des Wellnessbereichs ein. Unsere ganze Gruppe hat einen Fitness- und Schönheitstag gebucht, und wir beginnen um 10 Uhr mit einer Runde auf den Standfahrrädern, deshalb weiß ich, dass Alexis auch da sein wird. In dem fast zwei Quadratkilometer großen Fitnesscenter der Canyon Ranch wird Pilates und Yoga angeboten, und es gibt eine steinerne Kletterwand über drei Stockwerke. Austin schwärmt immer vom Klettern mit seinen Teamkameraden, deshalb brenne ich darauf, es endlich mal auszuprobieren.

Aber zuerst mache ich mich auf die Suche nach Alexis. Ich werde ihr alles über die orientalische Rasul-Behandlung in der Canyon Ranch erzählen und sie davon überzeugen, eine mit mir zu machen. Anschließend werde ich sie mit meiner Freundlichkeit vollständig für mich gewinnen. Die Rasul-Behandlung kann sie sich nicht entgehen lassen. Dabei handelt es sich um eine nahöstlich inspirierte Ganzkörperpackung, bei der man in therapeutischem Schlamm in einem bienenkorbartigen Raum mit geheizten Bänken und Kräuterdampf und unter künstlichem Sternenhimmel liegt. Am Schluss der Behandlung fällt Regen vom „Himmel". Sogar Alexis wird davon beeindruckt sein.

Ich muss nicht lange nach ihr suchen. Alexis steht mit Tom, Trevor und den anderen vor dem Aerobicsaal. Bestimmt sabbert Matty schon beim Anblick von Alexis' Bekleidung: ein geripptes Shirt in Pink, das ihren straffen Bauch zeigt, und hautenge schwarze Radlerhosen, die ihre giraffenähnlichen langen Beine betonen.

„Hey, Kates", sagt Trevor, der bekleidet ist mit Hockeyshorts und einem Muskelshirt und aussieht wie das Titelbild von *Men's Health*. Sein blondes Haar klebt an seinem schweißnassen Gesicht, als ob er schon am frühen Morgen trainiert hätte, und seine blauen Augen blitzen schelmisch. Wenn irgendjemandem dieser Ausflug gefällt, dann ist er es. Die Mädchen haben sich überall, wo wir auftauchten, Trevor an den Hals geworfen. Und damit ist seine Verknalltheit in Sky schnell vergangen. „Fertig zum Strampeln?"

„Klar. Kannst du mir ein Gerät neben dir reservieren?", frage ich. „Ich muss noch schnell mit Alexis reden."

„Kein Problem." Trevor mustert die niedliche Trainerin mit den lockigen braunen Haaren und der Wespentaille, die an uns vorbei zur Tür des Aerobicraums geht, und folgt ihr.

In Kürze wird jeder hineingehen, also muss ich mich beeilen, wenn ich Alexis noch allein erwischen will. Schnell gehe ich zu ihr und lächle sie strahlend an. „Hey!", eröffne ich das Gespräch. „Gefällt es dir hier? Es kommt mir so vor, als hätte ich dich die ganze Zeit noch nicht gesehen."

Alexis beendet ihr Gespräch mit Hallie und schaut

mich einen Moment lang verblüfft an, aber sie erholt sich schnell. „Hallo, da bist du ja!", sagt sie begeistert. „Ich habe dich auch nicht gesehen, und ich wollte so gern etwas mit dir unternehmen." Sie zieht einen Schmollmund. „Ich habe mich mit Hallie hier angefreundet und versuche, diese Sache mit Sky aus der Welt zu schaffen." Ihre Augen füllen sich mit Tränen. „Ich habe immer noch so ein schlechtes Gewissen."

„Ich sage Alexis schon die ganze Zeit, dass es nicht ihre Schuld ist", sagt Hallie. „Sie konnte doch nicht wissen, dass Sky ein falsches Alter angegeben hat."

Ich nicke. „Übrigens, vielleicht ist es mir entgangen, aber hast du jemals erklärt, wie du Skys Führerschein überhaupt gefunden hast? Normalerweise hat Sky am Set keine Geldbörse bei sich." Die Alexishasserin in mir kommt schon wieder zum Vorschein, offensichtlich kann ich nichts dagegen tun.

„Wie ich schon sagte, sie lag auf dem Fußboden. Ich habe keine Ahnung, wie sie dort hingekommen ist." Alexis lächelt, aber ihre Stimme klingt irgendwie leicht angespannt.

„Verstehe. Nun, macht es dir was aus, wenn ich mich euch anschließe? Ich würde gern mit dir zusammen sein, wo ich dich endlich gefunden habe", sage ich. Ich könnte schwören, dass aus Mattys Gegend gerade ein Schnauben kam. Er hat ein sehr markantes Schnauben. Ich ignoriere es.

Alexis schaut mich verblüfft an. „Natürlich! Hal, entschuldigst du uns für eine Sekunde? Ich muss mit Kates allein über etwas sprechen und bin gleich wieder da."

Gut! Eine Minute mit ihr allein. Ich sage, was ich zu

sagen habe, wir versöhnen uns, und in einer Stunde sind wir bei der Rasul-Behandlung.

„Kein Problem", antwortet Hallie. „Ich halte Räder für euch frei."

Die Türen zum Sportraum öffnen sich, und Tom klopft mir auf die Schulter, als er mit Hallie und den anderen an mir vorbeigeht. Sky entdecke ich nicht. „Wir sehen uns drinnen", sagt Tom grinsend. „Ich möchte euch an das wichtige Abendessen heute im *Tao* erinnern. Ich habe *Celebrity Insider* und *Hollywood Nation* dazugebeten, damit sie ein paar nette Interviews mit der Besetzung machen können."

„Sie werden begeistert sein, Tom", sagt Alexis. „Geh jetzt rein und schau zu, dass du ein Fahrrad findest. Ich werde dich dann schon in Schwung bringen." Sie lacht.

Als Tom außer Hörweite ist, hört sie auf zu lachen und schaut mich an. „Also, was gibt es, Kates? Ich habe das Gefühl, dass du mir aus dem Weg gehst", beschwert sie sich.

Die Worte bleiben mir im Hals stecken, sie lassen mich plötzlich im Stich. „Ein wenig", gebe ich zu.

„Warum tust du das?" Alexis schaut mich bestürzt an. „Ich war doch immer nett zu dir."

„Nun …" Ich bin nicht sicher, wie ich das ausdrücken soll. „Es ist nur … Ich habe gehört, dass du hinter meinem Rücken über mich gesprochen hast." Na bitte. Ich habe es gesagt.

Für einen Augenblick habe ich das Gefühl, dass Alexis' kühles, selbstsicheres Auftreten in sich zusammenbricht. „Niemals. Wer hat das denn behauptet?" Sie wedelt wie verrückt mit den Händen. „Aber egal. Wer auch immer das gesagt hat, hat dir ins Gesicht gelogen." Sie streckt die Hand aus und umklammert meine. „Ich bewundere dich, Kaitlin. Im Gegenteil, ich würde gerne so sein wie du."

Ich schaue in ihr Gesicht, so strahlend und hoffnungsvoll. Vielleicht ist dieses nagende Gefühl, das ich spüre, falsch. Vielleicht hat Alexis all diese Dinge, die wir belauscht haben, gar nicht so gemeint. Vielleicht hat sie sie nur im ersten Ärger so gesagt. Das ist mir schließlich auch schon passiert. „Du willst so sein wie ich?" Ich kann mich nicht bremsen, das zu fragen. Es ist sehr schmeichelhaft.

„Unbedingt." Alexis drückt fest meine Hand. „Du hast genau die Karriere gemacht, die ich gerne hätte, ich meine, die ich anstrebe. Deshalb will ich auch so lange wie möglich bei FA bleiben. Um von dir zu lernen."

Wirklich?

„Und ich würde wirklich *nie, nie, nie* in meinem Leben etwas Böses über dich sagen", fügt Alexis mit einem gewinnenden Lächeln hinzu.

Nicht zu meinen, was sie sagte, ist eine Sache. Aber zu behaupten, dass sie es nie gesagt hat, ist eine fette Lüge. Warum kann sie nicht einfach zugeben, dass sie über mich geredet hat? Bevor ich lange nachdenke, öffne ich schon meinen Mund: „Aber du hast Dinge über mich gesagt, Alexis", versuche ich es sanft. „Vielleicht hast du es nicht so gemeint, aber ich habe es mit eigenen Ohren gehört." Ihr rechtes Auge zuckt leicht. „Du hast mit Renee gesprochen. Sky hat es auch gehört. Und Liz hat dich an jenem Tag im *Argyle Spa* belauscht."

Alexis' Gesicht versteinert. „Du hast dich verhört. Und

deine Freundin auch. Und diese Blutsaugerin Sky würde alles behaupten, um Karriere zu machen." Sie verdreht die Augen. „Ich dachte, du wolltest, dass wir gut miteinander auskommen. Warum machst du das? Warum glaubst du mir nicht?" Sie klingt erregt, und das lässt bei mir rote Warnlampen aufleuchten.

„Alexis", versuche ich es noch einmal, denn ich muss sicher sein. „Es ist in Ordnung. Jeder ärgert sich manchmal, aber ich muss die Wahrheit wissen. Mit all diesen gefälschten Artikeln in der Klatschpresse über mein und Skys Verhalten am Set weiß ich einfach nicht, wem ich noch trauen kann."

„Willst du etwa behaupten, ich hätte diese Artikel platziert?" Alexis' Stimme klingt schrill, und zum ersten Mal sieht sie wütend aus. Sie gibt einen Grunzlaut von sich und fährt sich mit den Händen langsam über das Gesicht. Danach sieht sie mich an, und ihr Gesichtsausdruck hat sich völlig verändert. Sie wirkt unheimlich ruhig. „Weißt du was? Vergiss es. Ich hab genug von der Verstellung", sagt sie. „Du hast mich erwischt."

„Was?" Ich kriege kaum Luft. Was meint sie bloß?

„Ich kann dich nicht ausstehen, Kaitlin", sagt Alexis rundheraus. Sie blickt sich um und vergewissert sich, dass außer mir niemand in Hörweite ist. „Sky war zu schlau, um auf mein Theater hereinzufallen. Aber ich habe versucht, nett zu dir zu sein, weil dich jeder mag. Und ich dachte, deine Freundin zu sein, würde mir das geben, was ich will. Doch nun weiß ich, dass du nicht anbeißt." Sie schüttelt den Kopf. „Um ehrlich zu sein, ist es eine Erleichterung, dass du Bescheid weißt. Jetzt muss ich mich dir gegenüber nicht mehr verstellen. Außerdem bin ich sowieso nicht der Typ Mädchen, der Freundinnen haben möchte." Sie lächelt leise. „Das bedeutet zu viel Konkurrenz und Eifersucht."

Ich bin zu schockiert, um etwas zu sagen. Meine Mundwinkel hängen bis auf den glänzenden gekachelten Boden.

„Du bist eifersüchtig auf mich, Kaitlin", sagt Alexis ruhig. „Das habe ich schon am ersten Tag gemerkt. Du kannst es ruhig zugeben."

„Bin ich nicht", lüge ich.

„Dir gefällt es nicht, dass ich dir in dein kostbares Gehege komme." Alexis zeigt mit ihrem rubinrot lackierten Fingernagel auf mein Gesicht. „Nun, Pech gehabt. Es ist Zeit für ein paar neue Charaktere, um ein bisschen Bewegung in *FA* zu bringen, und ich werde einer davon sein."

„Und was hat das mit mir zu tun?", erkundige ich mich mit versteinerter Miene.

Sie lacht bitter. „Alles. Denkst du, ich merke nicht, wie sehr Tom und alle anderen dich anhimmeln? Und sogar die Unruhestifterin Sky? Zuerst dachte ich, es wäre eine gute Idee, sich mit dir und deiner Truppe anzufreunden, da du so viel Einfluss auf Melli und Tom hast. Aber ich habe schon bald gemerkt, dass jeder dir verdächtig erscheint, der dir nahekommen will." Sie schüttelt den Kopf. „Also war ich weiterhin nett zu allen anderen bei *FA*, damit ich am Set und auch außerhalb bald so beliebt sein würde, dass sie mich nicht mehr gehen lassen könnten. Aber als all meine Anstrengungen und guten Taten nicht gewürdigt wurden und keine Chance auf eine Ausweitung meiner Rolle in Sicht war, habe ich schließlich mit Tom über diese Angelegenheit gesprochen." Sie verdreht die Augen. „Weißt du, was er mir gesagt hat? Dass er keine Möglichkeit für einen weiteren großen Teeniecharakter sähe, weil sie doch schon euch beide hätten. Nun, diese Antwort hat mich nicht gerade begeistert."

Ihre Stimme ist wie Eis, und mir läuft ein Schauer über den Rücken.

„Die Antwort auf mein Problem war nur allzu klar – wenn es nicht genug Platz für uns drei gibt, dann musste ich euch beide einfach los werden, um eine Chance zu haben. Ich wusste, dass Sky Verdacht geschöpft hatte, und deshalb musste ich herausfinden, ob sie eine Leiche im Keller hat. Ihr richtiges Alter zu enthüllen, war ein Hit." Sie lächelt selbstgefällig. „Aber was dich betrifft, so erschien es mir am besten, in deiner Nähe zu bleiben, bis ich einen geeigneten Weg gefunden hatte, dich abzuschießen. Jetzt merke ich, dass du mir bereits auf die Schliche gekommen bist, also warum soll ich mich noch länger verstecken? Du kannst mich sowieso nicht aufhalten. Du hast genug damit zu tun, mit all den schlechten Pressemeldungen über dein Benehmen am Set fertig zu werden." Ihre Augen blinzeln mich drohend an. „Und willst du das Beste wissen? Wenn ich den Drehbuchautoren weiterhin Honig ums Maul schmiere und nett zu allen anderen bin, werden sie mich nie verdächtigen, dass ich deinen guten Ruf ruiniere." Sie lacht in sich hinein.

ICH WUSSTE ES! Ich hatte recht wegen Alexis! Sie hat nichts anderes im Kopf, als Sky und mich fertigzumachen. Sie ist vollkommen verrückt. „Damit wirst du nicht durchkommen", schäume ich mit unheimlich ruhiger Stimme. Ich brauche all meine Selbstbeherrschung, um nicht die Hand auszustrecken und ihr ins Gesicht zu schlagen. „Tom wird Sky und mich niemals in die Wüste schicken nur wegen ein paar gefälschten Artikeln in der Klatschpresse." Ich bin so wütend, dass ich zittere. Aber die Wahrheit ist, dass ich keineswegs so sicher bin, wie viel mehr das Studio oder Tom noch schlucken werden. Plötzlich habe ich große Angst. Alexis könnte damit doch durchkommen, und hier ist der Grund dafür.

HOLLYWOOD-GEHEIMNIS NUMMER NEUN: Wieso schaffen es die Boulevardzeitungen immer wieder, solche haarsträubenden Lügen zu verbreiten? Sie sind einfach unerreicht gut in der Manipulation mit Worten. Laut Liz' Dad, meinem Rechtsanwalt, muss ein Promi nachweisen, dass eine Zeitschrift bösartige Absichten hatte. Nur so kann man es schaffen, ein Klatschblatt wegen Verleumdung oder Abdruck falscher Informationen zu verklagen und den Prozess zu gewinnen. Wenn also jemand behauptet: „Kaitlin Burke ist schwanger", und dies ganz offensichtlich falsch ist, ich aber stinksauer darüber bin, dann muss ich nachweisen, dass die Zeitschrift mit Absicht versucht hat, mich zu verletzen, indem sie die Bemerkung druckte. Das ist nicht immer einfach. Wenn eine Zeitschrift unter Beschuss steht wegen einer besonders schmutzigen Sache, dann müssen sie normalerweise nur sagen, dass sie zum Zeitpunkt des Drucks die Story *geglaubt* haben. Damit sind sie dann schon aus dem Schneider. Ziemlich raffiniert, nicht wahr?

„Vielleicht mögen dich die Leute, aber du bist nicht der einzige Grund dafür, dass unsere Serie dieses Jahr so gut läuft", erkläre ich Alexis. „Wenn du nicht so eine blutige Anfängerin wärst, wüsstest du, dass die Einschaltquoten von einer ganzen Reihe von Bedingungen abhängen." Zum Beispiel von der Tatsache, dass wir nicht mehr mit *CSI* konkurrieren müssen, dass die Story einfach super ist und wir ein Wahnsinnsteam mit vorwiegend neuen Autoren haben.

„Du hast ja keine Ahnung. Merkst du denn nicht, dass ich es gar nicht nötig habe, mit den Quoten anzugeben?", sagt Alexis überheblich. „Es werden immer mehr Klatschartikel erscheinen, und du kannst mir glauben, dass sie noch schlimmer werden. Du hast nichts in der Hand gegen mich, um zu beweisen, dass ich etwas damit zu tun habe." Sie lacht. „Eure zunehmende Feindseligkeit mir gegenüber wird genügen, dass du und Sky eure Koffer packen dürft."

Ich werde sie schlagen. Ich werde sie verhauen, und damit wird alles zu Ende sein. Und das ist genau das, was sie will. „Hättest du wohl gern", zische ich.

Ihre Augen verengen sich wieder zu Schlitzen. „Es wird passieren. Und wenn du auch nur daran denkst, jemandem etwas davon zu erzählen, was ich gerade zu dir gesagt habe, mache ich dich fertig. Was denkst du wohl, wem sie tatsächlich glauben werden? Dem beliebten, süßen neuen Mädchen, das die Quoten in die Höhe treibt, oder dem abgehalfterten Star, der ihnen nichts als Ärger macht?" Sie lächelt selbstzufrieden, macht auf dem Absatz kehrt und läuft ins Studio, während ich wutschnaubend zurückbleibe.

Ich will mich auf sie stürzen und ihr die Haare ausreißen, aber jemand hält meinen Arm fest.

„Lass sie gehen." Ich drehe mich um. Sky steht direkt hinter mir und sieht ebenso verärgert aus wie ich. Sie zieht den Reißverschluss ihres Sweatshirts auf und gibt den Blick frei auf einen rosafarbenen Sport-BH und enge schwarze Hosen. In ihrem Bauchnabel trägt sie ein doppeltes Piercing mit einem Cartier-Diamanten.

„Hast du gehört, was sie mir gerade erzählt hat?" Ich kann immer noch nicht glauben, was gerade geschehen ist.

„Nein, aber ich kann es mir vorstellen. Ich beobachte euch zwei seit einigen Minuten, und ich habe dich noch niemals wütender erlebt – nicht mal auf mich", betont Sky. „Ich sagte dir doch, dass ich diese gemeine Gottesanbeterin im Visier habe."

„Nun, jetzt glaube ich dir." Ich zittere immer noch und kann kaum sprechen. „Weißt du, sie will uns beide abschießen."

„Das weiß ich schon seit einiger Zeit." Sky klingt traurig. „Mit dieser Altersgeschichte hat sie mir bereits einen Schlag verpasst. Nicht dass ich mir Sorgen machen würde", fügt sie schnell hinzu. „Mein Agent hat gesagt, dass die Bekanntgabe meines wirklichen Alters keine große Rolle spielt." Sie macht nicht gerade den Eindruck, als würde sie ihm glauben.

„Halte durch", sage ich verlegen zu ihr. „Ich bin sicher, das Ganze wird bald vergessen sein. Bei meinen Skandalen ist das immer so."

Sky lächelt mich kurz an, und ich bemerke, dass ihre Augen verquollen sind. „Schon, aber das liegt daran, dass deine immer aus der gleichen ungenannten Quelle stammen und gelogen sind", sagt Sky, wobei sie nicht zugibt, dass sie normalerweise diese Quelle ist – bis vor Kurzem. „Meine sind wahr. Zumindest dieser."

„Das geht niemanden etwas an, wie alt du bist, Sky", wende ich ein. „Obwohl mir nicht klar ist, wie du als Vierjährige durchgehen konntest, obwohl du bereits fünf warst, als wir mit der Serie begonnen haben." Sky schüttelt nur den Kopf. „Aber nur fürs Protokoll", ergänze ich, „ich denke, es war einfach fies, was Alexis mit dir gemacht hat."

„Danke", erwidert Sky und schlägt die Augen nieder. Ich glaube, es ist das allererste Mal, dass ich dieses Wort von ihr gehört habe.

„Also, was wollen wir machen mit – wie hast du sie noch genannt? Gemeine Gottesanbeterin?" Ich versuche, ein Grinsen zu unterdrücken.

„Passt doch, oder?" Sky sieht aus, als wäre sie mit sich zufrieden. „Wir werden uns etwas ausdenken. Aber zuerst sollten wir ein wenig Dampf ablassen. Was meinst du, sollen wir die Trampelstunde ausfallen lassen und stattdessen die Kletterwand bearbeiten?"

„Du hast recht", sage ich.

Es ist immer besser, den Feind zu kennen, stimmt's?

Freitag, 18.10.

Persönliche Notizen:

Nadine & Laney baldmöglichst anrufen!

ZEHN: *Sensationen in Las Vegas*

Ein paar Stunden später, nachdem Sky und ich geschwitzt hatten, geklettert waren und unsere Körper genug gequält hatten, um unsere Wut auf Alexis wieder unter Kontrolle zu bekommen, gehe ich zurück in mein Zimmer, um mich in meiner übergroßen Badewanne einzuweichen. Dort überdenke ich noch einmal meine Unterhaltung mit Sky. Es war wahrscheinlich das längste Gespräch, das wir seit Jahren miteinander hatten. Alexis möchte uns als schwierig hinstellen, sodass wir untragbar werden. Deshalb waren Sky und ich uns einig, dass es vermutlich Selbstmord wäre, uns auf diesem gemeinsamen Ausflug mit ihr anzulegen. Wir müssen einen kühlen Kopf behalten, bis wir einen todsicheren Weg gefunden haben, Alexis ein für allemal loszuwerden. Allerdings ist uns nichts eingefallen.

Nachdem mein Kopf wieder klar ist, eile ich nach unten, um Matty zu treffen. Wir essen alle zusammen im *Tao*, das sich in unserem Hotel befindet. Das *Venetian Hotel* ist wie eine eigene kleine Stadt!

„Du wirst es mögen", sage ich zu Matty, schiebe meinen Arm durch seinen und versuche, optimistisch zu klingen. Wir haben uns beide für diesen Anlass in Schale geworfen. Matty trägt einen schwarzen Nadelstreifenanzug und ein weißes Hemd ohne Krawatte, und ich stecke in einem superblauen Kleid von Marc Jacobs. Das hat mir der Designer aus seiner neuen Kollektion geschickt. „Sie haben wahnsinnig tolles Sushi."

„Du wirst doch nicht damit angeben, dass du bei dem in New York warst, oder?", stöhnt Matt.

Ich stoße seinen Arm an. „Nein, du Spinner, mach ich nicht."

„Tut mir leid", sagt er. „Es ist nur so, dass Alexis seit ihrem Streit mit dir nicht mehr mit mir spricht."

Ich bleibe stehen und schaue ihn an. „Woher weißt du, dass wir uns gestritten haben?"

„Sie stürmte ihn den Sportraum und heulte, weil du zu ihr gesagt hattest, du würdest dafür sorgen, dass sie gefeuert wird, weil du sie nicht ausstehen kannst", erklärt Matty. „Ich habe gehört, wie sie es Ava erzählte."

Wow. Alexis ist noch raffinierter, als ich gedacht hatte. „Matty, glaubst du wirklich, dass ich so etwas sagen würde?" Er schüttelt den Kopf. „Warum, denkst du, hat sie das dann wohl gesagt? Die Wahrheit ist, dass sie mich rausekeln will. Sie will meinen Platz einnehmen." Er schaut zur Seite. Ich fühle mich mies, dass ich ihn so durcheinanderbringe, aber er muss wissen, was los ist. Es kommt überhaupt nicht in Frage, dass ich Alexis auch nur noch in die Nähe meines Bruders lasse.

Als wir durch die kreisrunde Eingangshalle gehen, die mit Becken voll schwimmender Blütenblätter ausgestattet ist, sehe ich, dass Sky, Brayden, Hallie, Trevor, Ava und Luke bereits warten. Alexis fehlt offensichtlich noch, und Ava starrt mich zornig an. Hmmm ... Ich muss sie wieder für mich gewinnen, ohne Alexis dabei auf die Füße zu treten.

„Tom kommt ein paar Minuten später", erklärt Trevor.

„Er hatte noch zwei Behandlungen im Spa, und sie dauerten länger."

„Und Alexis?", erkundigt sich Matty.

„Sie, ähm, kommt auch etwas später", sagt der Restaurantchef, der aussieht wie ein Doppelgänger von Zac Efron. „Sie hat angerufen und gesagt, dass sie sich verspäten wird."

„Aber in der Zwischenzeit haben wir Grund, etwas zu feiern", sagt Trevor und legt den Arm um eine errötende Hallie.

„Sag schon", bettle ich. Zur Abwechslung würde ich auf dieser Reise gerne einmal etwas Positives hören.

„Mein Agent hat gerade angerufen", sagt Hallie schüchtern. „Ich habe für dieses neue Projekt von JJ auf ABC unterschrieben."

„JA!", schreie ich albern. Hallie war schon seit Wochen aufgeregt wegen ihres Treffens mit JJ, und ich habe ihr immer wieder gesagt, es würde gut ausgehen. Ich umarme sie und wir jubeln beide vor Freude.

HOLLYWOOD-GEHEIMNIS NUMMER ZEHN: Du möchtest ein sicheres Zeichen dafür haben, dass Gevatter Tod eine deiner Lieblingsfiguren im Fernsehen dahinraffen wird? Behalte einfach die Titelseiten von *Variety* im Auge. Wenn du liest, dass dein Lieblingsschauspieler für einen Pilotfilm oder eine Gastrolle in einer anderen Serie unterschrieben hat, dann wissen sie vielleicht etwas, was wir nicht wissen: Seine Rolle wird wohl gestrichen werden. In Hallies Fall wird ihre Figur demnächst als Geisel bei einem Raubüberfall genommen. *Tome* stellt schon die ganze Zeit Betrachtungen darüber an, wie „diese Schlüsselszene das Leben aller in *FA* für immer verändern wird". Das ist der Hinweis, dass irgendjemand nicht lebend aus der Geschichte herauskommen wird (heutzutage gut für eine tolle Quote). Man kann ziemlich sicher sagen, dass es Hallie ist, die sterben – oder einen längeren Aufenthalt in der Reha absolvieren – wird, wenn man weiß, dass sie eine neue Rolle bei einem anderen Sender hat.

„Super. Da wir das nun hinter uns gebracht haben, können wir uns vielleicht wenigstens hinsetzen, solange wir warten?", mault Sky. Sie trägt ein hauchdünnes weißes Kleid und darunter einen rosa Slip mit Rüschen. Ihr langes braunes Haar ist locker zusammengefasst. Sie sieht hübsch aus, wenn man ihren schmollenden Gesichtsausdruck ignoriert. Offensichtlich fällt es ihr sehr schwer, zu verbergen, wie sauer sie immer noch auf Alexis ist. Ich werfe ihr einen strengen Blick zu, und sie schaut weg.

Der Restaurantchef räuspert sich. „Ich fürchte, euer Tisch ist noch nicht fertig. Wir dachten, ihr würdet gerne im Zwischengeschoss sitzen, und das, ähm, wird noch vorbereitet."

„Warum sind Sie denn so nervös?", will Sky wissen.

„Mein Gott, Sky", schnaubt Ava. „Das wärst du doch auch, bei so vielen Promis um dich herum."

„Ich hoffe, du meinst nicht dich damit", rümpft Sky die Nase.

Trevor hält Ava zurück. „Seid nett zueinander, ihr zwei. Denkt dran, dass dies ein Freundschaftsausflug ist, okay?"

Ich möchte mich ein bisschen umsehen, aber der Restaurantchef lässt mich nicht aus dem Wartebereich heraus. „Es würde unsere Gäste stören, die bereits speisen", erklärt er mir.

Ich will mich nicht streiten. Obwohl so früh am Abend nur ungefähr zwanzig Leute essen. Sogar von meinem Platz aus kann ich erkennen, dass die Fläche des Restaurants mit Nachtclub und Salon riesig ist. Laut Beschreibung des Essbereichs mit der chinesischen, japanischen und thailändischen Küche, die ich in meinem Hotelzimmer gelesen habe, ist das Ganze fast vier Quadratkilometer groß. Üppig genug für einen sechs Meter hohen geschnitzten Buddha, der über einem riesigen Wasserbecken voller japanischer Karpfen schwebt. Es gibt Wasserfälle, jede Menge Grünzeug, Holzschnitzereien, Steine und samtbezogene Wände. Mit dieser ganzen Szenerie bin ich so beschäftigt, dass ich es zuerst kaum bemerke: Im Zwischengeschoss, wo wir vermutlich essen werden, steht eine Unmenge Fotografen, und sie machen Bilder von …

„ALEXIS IST DA OBEN!", kreischt Sky. Sie sieht offenbar genau das, was ich nicht wahrhaben wollte. „UND SIE HAT DIE GANZEN REPORTER FÜR SICH ALLEIN!" Sie packt den Restaurantchef beim Kragen. „Sie wussten es, oder etwa nicht?", bellt sie ihn an.

Er senkt seine blauen Augen und nickt. „Sie hat mir hundert Dollar gegeben und ihre Zimmernummer", prahlt er. „Sie hat das Interview eine Stunde vorverlegt."

„Das würde sie niemals tun!", sagt Ava, die offensichtlich langsam ärgerlich wird. „Sie hat gesagt, sie würde sich auf das gemeinsame Interview freuen. Tom hat gesagt, es wäre wichtig, dass wir das Interview zusammen geben. Warum sollte sie so etwas machen?"

„Weil sie alles und jeden manipuliert", erklärt Sky ihr und uns allen. „Aber jetzt reicht es." Sie marschiert hinüber zu den Aufzügen, mit der restlichen verärgerten Mannschaft im Schlepptau.

Ich renne hinterher und versuche, Sky zu erwischen. „Denk dran, was wir besprochen haben", warne ich sie. „Mach keinen Unsinn. Sie wickelt sie vermutlich gerade mit ihrem Charme ein."

„Sie wird sich in die Hosen pissen, wenn sie mich sieht", faucht Sky.

„*Du* wirst die Böse sein", erkläre ich ihr.

Sky drückt den Fahrstuhlknopf. „Es ist zu spät. Ich bin es schon."

Als sich oben die Fahrstuhltüren öffnen, ist die Szene noch weit schlimmer, als ich es mir ausgemalt hatte. Es sind nicht nur *Insider* und *Nation* da. Es müssen mindestens ein Dutzend Reporter, Kameraleute, Fotografen und Beleuchter sein. Und mittendrin steht Alexis. Als sie uns sieht, grinst sie. „Da sind sie ja!", sagt sie und klatscht in die Hände. „Meine wunderbaren Kollegen." Und zu uns gewandt, fährt sie fort: „Ich habe ihnen gesagt, dass ihr sie nicht versetzen würdet. Sie haben sich Sorgen gemacht, weil ihr eine Stunde zu spät dran seid." Sie runzelt die Stirn. „Hat euch denn keiner gesagt, dass sich der Pressetermin um eine Stunde nach vorn verschiebt?"

„Das ist komisch. Mir hast du gesagt, er wäre um sieben." Ava verschränkt theatralisch die Arme, ihr Gesicht ist hochrot. „Vor einer Stunde hast du mich noch angerufen, um mich daran zu erinnern!"

„Mich ebenfalls", pflichtet Hallie bei.

Ha! Jetzt haben wir sie!

„Hal, Ava, ich bin mit all den Änderungen ein bisschen durcheinandergekommen", schmollt Alexis. „Es tut mir ja so leid. Aber nun ist doch alles in Ordnung. Ihr seid hier. Lasst uns anfangen."

Zum Glück wirken Ava und Hallie überhaupt nicht überzeugt. Ich für meinen Teil weiß, dass ich ihr kein Wort glaube. Aber ich weiß nicht, ob ich mir mit ihr ein Brüllduell liefern will, wenn so viele Aufnahmegeräte zur Stelle sind.

„Hat Alexis euch erzählt, dass sie dem Restaurantleiter dort unten Geld gegeben hat, um uns aufzuhalten, solange ihr sie interviewt?", fragt Sky die Presseleute. Sie gibt sich Mühe, ruhig zu bleiben.

„Sky!", zische ich. Sie macht alles nur noch schlimmer.

Alexis lacht nervös. „Sei nicht albern! Sky ist so eine Lügnerin! Ich liebe meine Kollegen bei *FA*, aber ihr wisst doch alle, dass Sky und Kaitlin alles behaupten würden, um selbst ein paar gute Schlagzeilen zu bekommen."

Jetzt reicht's! Irgendetwas in mir zerreißt, und ich kann einfach nicht mehr den Mund halten. „Du hast die Damen und Herren von der Presse ziemlich gut manipuliert, nicht wahr, Alexis?", frage ich. Als ein Blitzlicht in mein Gesicht knallt, werde ich richtig böse. „Es ist erstaunlich, wie viele unbekannte Quellen es gibt, die sich darüber auslassen, wie toll du bist und wie mies wir sind." Ich schaue die Pressemannschaft an. „Okay, das Spiel beherrschen wir auch. Vielleicht haben Sie ein paar Minuten Zeit für die wahre Geschichte und wollen wissen, wie Alexis mich vor Kurzem bedroht hat." Ein paar Reporter kommen näher.

„Fallt doch nicht darauf rein, Leute!" Alexis stellt sich

ihnen in den Weg. „Denkt mal darüber nach: Warum sollte Kaitlin sich überhaupt auf Skys Seite stellen? Der einzige Grund, warum die beiden im Augenblick so gut miteinander auskommen, ist doch der, das sie hoffen, dass ihr Kaitlins Autounfall vergesst und die Tatsache, dass Sky steinalt ist."

„Jetzt habe ich genug", sagt Sky, greift sich eine Handvoll von Alexis' rotem Haar und zieht kräftig daran.

Klick, klick, klick. Ein hektisches Durcheinander von Blitzlichtern flammt auf.

Alexis kreischt, dreht sich um und schubst Sky, die von dem Stoß rückwärts in Trevors Arme fliegt. Sky stürzt sich wieder auf sie. Matty versucht, Sky von Alexis wegzuziehen, aber er geht dabei zu Boden. Trevor stürzt sich ins Getümmel, um das Ganze zu beenden, zieht sich aber mit blutiger Nase zurück. Klick. Klick. Klick.

Plötzlich bricht Tumult aus. Jeder kämpft gegen jeden. Matty, Luke und Brayden (der offenbar auch in Alexis verknallt ist) versuchen, Alexis aus der Gefahrenzone zu ziehen – also weg von Sky –, während Ava und Hallie immer noch schreien, dass Alexis sie ausgetrickst hat. Trevor versucht vergeblich zu vermitteln, während ihm Blut über das Gesicht läuft.

Was mich betrifft, so bin ich wie festgenagelt. Mein Herz klopft heftig, und ich kann mich nicht bewegen. Ich möchte mich gerne einmischen und mitkämpfen, aber ich weiß, wie so etwas endet. Ich habe schon genug Schaden angerichtet, indem ich in der Öffentlichkeit herumgebrüllt habe.

Klick! Klick! Klick!

„Oh, mein Gott", höre ich jemanden hinter mir rufen.

Es ist Tom. Er ist gerade rechtzeitig gekommen, um mitzukriegen, wie Sky Alexis an den Haaren zieht. Tom lässt sich in den nächstbesten Stuhl fallen und bedeckt sein Gesicht mit den Händen. Das ist gar nicht gut.
Klick!

Freitag, 18.10.

Persönliche Notizen:

Laney & Nadine anrufen. Noch einmal.
Sie bitten, noch eine Presseerklärung zu schreiben.
So schnell wie möglich.

HOLLYWOOD NATION
Im Bilde
Familienkrach
von Hayley Lamar

Die Stars von *Family Affair*, Sky Mackenzie, Alexis Holden und Kaitlin Burke, beherrschen ihr schwesterliches Geplänkel aus dem Effeff – an ihren Rangeleien abseits vom Set müssen sie aber noch arbeiten.

Seit ihrer mehr als öffentlichen Rauferei im Restaurant Tao in Las Vegas haben sich die Kolleginnen von FA in ihren Schmollwinkel zurückgezogen und überlassen ihren Pressesprechern das Wort – oder besser gesagt: das vielsagende Schweigen.

„Es war ein kleiner Zwischenfall, den ich nicht mit einer Erklärung würdigen möchte", sagte Burkes Sprachrohr Laney Peters über den Aufruhr.

„Sky Mackenzie empfindet den allergrößten Respekt für ihre Kolleginnen, sowohl auf dem Bildschirm als auch privat", sagte Mackenzies neue Pressesprecherin (ihre sechste in vier Jahren) Amanda Reynolds.

Und da Holden keinen PR-Manager hat, gab das Studio eine Presseerklärung im Namen der beteiligten Schauspieler heraus – das sind alle, die zu jung sind, um einen Drink bestellen zu dürfen. *„Die Stimmung am Set ist großartig"*, sagte der Serienverantwortliche Tom Pull-man. *„Family Affair ist eine Familie im wahrsten Sinn des Wortes. An manchen Tagen haben wir jede Menge Spaß miteinander, an anderen haben wir Probleme. Aber letztendlich hält unsere Familie zusammen."*

Wirklich, Tom? Die Quellen von Im Bilde haben was anderes gehört. Unseren Einblicken zufolge war Family Affair niemals zuvor ein unschönerer Arbeitsplatz. Bestätigte Berichte sagen, dass die zerstrittenen Kolleginnen Burke und Mackenzie sich das erste Mal seit Jahren einig sind – gegen den Neuling Holden. Und viele Quellen am Set überlegen, warum. *„Alexis ist nett zu den Verantwortlichen, aber in Vegas hat sie ihr wahres Gesicht gezeigt. Sie hat das Freundschaftsinterview, das alle zusammen für Nation und Celebrity Insider geben sollten, vorverlegt, ohne irgendjemandem etwas davon zu sagen"*, beklagte sich ein erschöpftes Crewmitglied. *„Kein Wunder, dass es Krach gab."*

„Letztendlich hält unsere Familie zusammen."

Andere jedoch verteidigen Holden. „Sie hat allen Kollegen eine Nachricht hinterlassen, dass sich der Interviewtermin verschoben hat, und sie haben sich nicht um ihre Voice Mail im Hotel gekümmert", schnaubte eine Quelle. „Sky und Kaitlin sind doch bloß eifersüchtig, dass Alexis dieses Jahr im Mittelpunkt steht. Sie haben ihr das Leben schwergemacht, weil sie nicht damit fertig werden, dass Alexis mehr Talent hat als sie. Wegen Alexis sind die Einschaltquoten in die Höhe geschnellt, und das stinkt ihnen."

Nach unserer Information war der Ausflug der Mannschaft nach „Sin City" Toms Versuch, die jungen Leute einander näher zu bringen, aber die Kluft zwischen ihnen ist nur noch größer geworden. Angeblich musste FA die Dreharbeiten für ein paar Tage unterbrechen, um mit dem Aufruhr fertig zu werden. Das hat das Studio fast eine Million Dollar gekostet. Der größte Star der Serie, Melli Ralton (sie spielt Paige, die Mutter der Mädchen) ist so verärgert, dass sie darüber nachdenkt, die Serie zu verlassen, sofern Tom sich nicht bald eine Lösung einfallen lässt.

Bedeutet das, dass jemand gehen muss? Die Fans von Alexis glauben, es ist Zeit für ein wenig frisches Blut. Dagegen halten die Fans von Burke und Mackenzie zu ihren Lieblingszwillingen. Wie auch immer, Im Bilde hat läuten hören, dass irgendjemand die rote Karte gezeigt wird.

„Sky und Kaitlin sind doch bloß eifersüchtig, dass Alexis dieses Jahr im Mittelpunkt steht. Wegen Alexis sind die Einschaltquoten in die Höhe geschnellt, und das stinkt ihnen."

„Tom ist richtig sauer wegen der ganzen Streiterei", sagte eine Quelle. „Er meinte, noch ein Vorfall und er wird mit dem Sender sprechen, dass Köpfe rollen müssen."

ELF: *Tanz auf dem Vulkan*

Das ist mal ein Einsatz, für den ich mich gerne verkleide! Dank einer roten Lockenperücke, meiner Dodgers-Kappe, einer Gucci-Brille, Jeans von J Brand und einem schlichten Shirt sowie absichtlichem Zuspätkommen und Rodneys Versprechen, Abstand von mir zu halten (er ist nach Elternart gekleidet und trägt ein Button-down-Polohemd von Ralph Lauren und braune Freizeithosen), gelang es mir, die Absicht der draußen zeltenden Paparazzi zu durchkreuzen und zur Parade des Herbstfestes zu gehen. Ich entdeckte Austin mit einer kitschigen Plastikkrone auf dem Kopf und einem Lächeln auf den Lippen. Er stand hinten auf einem offenen Kleintransporter und winkte der jubelnden Menge zu. Ihn dabei zu beobachten, war viel schöner, als ins Internet zu gehen und zu entdecken, dass ich heute noch nicht auf der Seite perezhilton.com gesteinigt wurde. Und sich vor Larry dem Lügner zu verstecken, fühlte sich auch nicht so schlecht an. Es ist das erste Mal seit über einer Woche, dass Sky und ich nicht beschuldigt wurden, die aufmüpfigsten Teeniestars unserer Generation zu sein.

Im Augenblick mache ich mir keine Sorgen wegen des Problems mit Alexis. Heute geht es nur um Austin und wie ich seinen Geburtstag zu etwas ganz Besonderem machen kann. Nicht einmal der Anblick seiner Exfreundin Lori, die ihren knochigen Arm um Austin schlingt, kann mir die Laune verderben. Wenigstens einmal kann ich die engagierte Freundin spielen, ohne dass mir ein Packen druckfrischer Hefte von *Hollywood Nation* auf den Kopf fällt.

Nach dem Football-Spiel (das Clark 17:5 verliert) springen Rodney und ich in unser geheimes Auto – wir benutzen Nadines verbeulten Nissan – und fahren, ohne verfolgt zu werden, zu Austins Haus. Ja! Wenigstens diesmal könnte es nicht besser laufen.

„Buh", flüstere ich, als ich mich an Austin anschleiche, der allein zu Haus ist und gerade verstohlen vom Zuckerguss seines Geburtstagskuchens nascht. Die Küche der Meyers riecht nach Vanille und rohem Plätzchenteig und sieht aus wie aus dem Heimatkatalog. Ihr Bauerntisch und der restaurierte Kühlschrank mit Eisfach sind blassgrün. Die Tapete hat ein schwindelerregendes Muster aus Äpfeln und Hähnen. Ich singe *Happy Birthday* – und ein langer Kuss nimmt mir den Atem.

„Hey Leute", jammert Rodney. „Ihr wisst genau, dass ich es hasse, wenn ihr das vor meinen Augen macht."

„Tut mir leid, Rod." Grinsend zieht Austin mir den gelockten Staubfänger vom Kopf und nimmt mir die Sonnenbrille ab. „Solltest du nicht eigentlich bei der Arbeit sein, Burke?" Er runzelt leicht die Stirn. „Ich möchte nicht, dass du wegen mir irgendwelche Schwierigkeiten bekommst."

„Ich kriege keine Probleme." Ich hatte ein wenig Panik, dass meine Lüge gegenüber Austin Wirklichkeit werden könnte und wir wegen der Verzögerung der Dreharbeiten der letzten Woche doch arbeiten müssten, aber Tom war so mit der Nachbearbeitung beschäftigt, die sich angestaut hatte, dass er uns trotzdem freigab. Obwohl er nicht gerade glücklich darüber war.

Ich wische einen Krümel Schokoladenguss von Austins Mundwinkel. „Ich habe dich angelogen von wegen Arbeit heute", gebe ich grinsend zu, „damit du Rodney und mir wegen des Spiels nicht das Leben schwermachen konntest."

„Ihr wart da?", fragt Austin mit aufgerissenen blauen Augen. „Aber ... wie? Die Paparazzi sind überall herumgekrochen. Larry der Lügner hat sogar versucht, auf das Spielfeld zu kommen! Direktorin P. machte eine Ansage, dass du nicht da wärst, in der Hoffnung, dass alle verschwinden würden."

Ich erzähle Austin von Rodneys Sicherheitsplan und dass alles ganz wunderbar lief. „Niemand hat mich beim Spiel gesehen, und Direktorin P. hat verkündet, dass ich nicht kommen werde, und du und Liz habt allen in der Schule gesagt, dass ich arbeiten müsste. Und das bedeutet, dass die Luft rein ist und ich mit dir zum Herbstfest gehen und zusehen kann, wie du gekrönt wirst", quassele ich. Austin öffnet den Mund, um zu protestieren, und ich schiebe ihm einen Löffel vom übrig gebliebenen Zuckerguss in den Mund. „Laney und meine Eltern wissen, wo ich bin, und sie haben auch nichts dagegen", beteure ich, indem ich seine Einwände vorwegnehme. „Und ich war einverstanden, dass Rodney mich bewacht, damit ich nicht überrascht werde, wenn Larry oder einer der anderen hartnäckigen Verfolger auftaucht. Ich verspreche, dass wir beim ersten Anzeichen von Ärger abhauen, obwohl ich mir nicht vorstellen kann, dass es welchen geben wird", plappere ich, ohne Austin zu Wort kommen zu lassen. „Und noch etwas – mein Kostüm für heute Abend kann man nicht übersehen. Ich wäre nicht überrascht, wenn es dir Herzklopfen verursachen würde. Was sagst du dazu, Geburtstagskind? Willst du mich nicht zum Tanz führen?" Ich zwinkere ihm zu.

„Kates", jammert Rodney wieder.

„Tut mir leid, Rod." Ich schnappe einen Löffel und nehme mir selbst etwas von der Glasur. Wow, ist das Karamell?

„Du willst also wirklich mit mir zu so einem langweiligen Tanz gehen?", fragt Austin grinsend.

„Ja", sage ich. „Herbstfest klingt nicht langweilig für mich. Es hört sich nach mehr Spaß an, als ich in den letzten Monaten hatte."

„Das würdest du nicht sagen, wenn du wüsstest, was wir für *deinen* Geburtstag geplant haben." Austin zwinkert mir zu. Dann verschwindet sein strahlendes Lächeln. „Warte. Es geht nicht. Ich habe nur eine Karte für mich, und es gibt keine mehr an der Abendkasse."

Ich ziehe eine leuchtend orange Eintrittskarte aus der Tasche meiner J-Brand-Jeans. „Kein Problem. Liz hat mir schon vor Wochen eine besorgt."

Austin küsst mich wieder, und Rodney hustet. „Du bist erstaunlich", sagt er.

„Ich bin froh, dass wenigstens einer das so sieht." Ich schaue Austin tief in seine blauen Augen. „Aber bedanke dich nicht zu sehr bei mir. Ich habe immer noch kein Ersatzgeburtstagsgeschenk für dich." Nach allem, was in „Sin City" passiert war, haben Laney und Mom für die nächste Zeit einen weiteren Flug dorthin verboten. Damit waren alle Pläne, Austin zu einem NASCAR-Rennen einzuladen, vernichtet. Was hätte ich dagegen sagen können? Ich bin überhaupt nicht stolz darauf, was in Vegas passiert ist. Besonders, weil es sich wie ein Lauffeuer durch die Medien verbreitet hat.

Austin legt seine Arme noch fester um meine Taille, und mein Körper fühlt sich warm an. „Vegas wird sowieso total überschätzt, und ich habe dir gesagt, dass es ein zu aufwändiges Geschenk ist. Ich fühle mich nicht wohl dabei, wenn du so viel Geld ausgibst." Er schmiegt sich an mein Kinn. „Außerdem ist es das tollste Geburtstagsgeschenk für mich, dass du einen Weg gefunden hast, mit mir zum Herbstfest zu gehen, obwohl ich behauptet hatte, dass es mir egal wäre." Er küsst mich wieder sanft auf den Mund. Ich höre Schritte, aber ich genieße den Augenblick viel zu sehr, um mich ihm zu entziehen.

„Ich wusste nicht, dass ihr beide schon zurück seid", sagt Austins Mutter. Sie nimmt die Schüssel mit dem übrigen Zuckerguss vom Küchentisch. „Wie war das Spiel?"

„Hast du gewusst, dass Kaitlin dort sein würde?", fragt Austin.

Sie lacht. „Wieso, glaubst du wohl, habe ich für zwei Leute mehr den Tisch gedeckt? Für Kaitlin und Rodney! Wir werden zusammen essen und den Kuchen bald anschneiden, damit ihr zwei zum Tanz gehen könnt", fügt sie hinzu. Ihr blondes Haar ist zu einem Pferdeschwanz gebunden, und sie trägt einen marineblauen Trainingsanzug aus Samt. Wenn Mom hier wäre, würde sie Mrs. Meyers vermutlich davon überzeugen, sich umzuziehen. Sie würde behaupten, dass Samt „heutzutage viel zu gewöhnlich" ist.

„Rodney, Sie bleiben doch zum Abendessen, oder? Ich habe Lasagne gemacht, und es ist genug Kuchen da", fügt Mrs. Meyers hinzu.

„Vielen Dank. Es riecht alles wunderbar", sagt Rodney erfreut. „Sagen Sie, ist die Karamellglasur selbst gemacht? Ich konnte nicht widerstehen, einen Löffel voll zu probieren."

Das Abendessen geht schnell vorbei, und mein Handy klingelt kein einziges Mal. Mom und Laney haben nicht angerufen wegen eines weiteren Interviews zur Schadensbegrenzung oder Klamotten für meinen nächsten Werbespot für Fever-Kosmetik oder um sich zu erkundigen, ob ich am nächsten Donnerstag Zeit hätte, einen Produzenten wegen eines potenziellen Projekts zum Abendessen zu treffen. Ich glaube, sogar das Team Burke weiß, dass ich nach dieser anstrengenden Arbeit einen freien Tag brauche.

Nach dem Fiasko in Vegas ist die Atmosphäre am Set kälter als Vanilleeis. Keiner unter siebzehn spricht überhaupt ein Wort, außer wenn sie in das Produktionsbüro gehen, also zu Tom. Jeder verabredet sich mit ihm zu Privataudienzen, um über die angespannte Lage zu sprechen und über all die Gerüchte, dass einer von uns betrunken war. Der einzige Lichtblick ist, das Alexis mit der Schadensbegrenzung bei Ava und Hallie beschäftigt ist, und es funktioniert nicht. Die beiden waren so wütend wegen Alexis' Hinterhältigkeit, dass sie jedem, der es hören wollte, die richtige Fassung über die Ereignisse in Vegas erzählten.

Ich klammere mich an die Hoffnung, dass mein Treffen mit Tom gut verlaufen wird und ich ihm auch berichten kann, was passiert ist. Aber Toms Assistentin hat mir bisher noch keinen Termin gegeben. Ich weiß, dass es Sky nicht anders geht. Das ist kein gutes Zeichen.

Die Dinge bei *FA* sind noch viel chaotischer, als sie es je waren, und das schließt die Saison ein, in der Melli jede Woche mit unserem Direktor wegen der Beleuchtung stritt. Was Melli betrifft, so sind sie und alle älteren Schauspieler wie zum Beispiel Spencer so enttäuscht von uns wegen der Vegas-Sache, dass sie ebenfalls kein Wort mit uns reden. Es bringt mich fast um, dass ich nicht mit Melli sprechen kann. Nimm noch die Crew dazu, die sauer ist, weil sie an den Wochenenden arbeiten muss, und du hast dicke Luft, schlimmer als ein nebliger Morgen in Los Angeles. Ich brenne darauf, zu erfahren, was Tom tun wird. Wie kommt es, dass dem Sender nicht klar wird, dass Alexis die Wurzel allen Übels ist – der Darth Maul der Schauspieler, der Voldemort des Fernsehens?

Wann auch immer ich daran gedacht hatte, *FA* zu verlassen (abgeworben für eine Hauptrolle in einer Blockbuster-Trilogie ... wegen einer Pause und ganztägigem Besuch einer Schule ...) – das einzige Szenarium, das ich mir nicht ausgemalt hatte, war, gefeuert zu werden. Tom hat mich immer für meine Professionalität gelobt, und jetzt stehe ich hier, zusammen mit allen anderen, mitten drin in einem riesigen Krach. Ich möchte, dass meine *FA*-Karriere zu Ende geht, wann *ich* es will und nicht wegen irgendeiner doofen Kollegin.

„Bist du okay, Burke?", erkundigt sich Austin. Er drückt meine Hand und vertreibt so meine düsteren Gedanken. Rodney fährt uns inzwischen in Nadines Nissan zur Clark High School. „Möchtest du aussteigen? Du weißt schon, dass wir umdrehen können. Ich könnte es dir nicht verdenken nach allem, was damals beim Tanzfest passiert ist." Er wirkt beunruhigt.

Mein anderer schlimmster lebendig gewordener Albtraum kommt mir wieder in den Sinn. Ich sehe Sky, wie sie mich auffliegen ließ, als ich mich als „Rachel Rogers" getarnt hatte, vor einer Turnhalle voller Klassenkameraden und Fototeams. Ich denke daran, wie die Medien anschließend mein Leben auseinandernahmen, und ich schaue Austin konzentriert an, um meine Nerven zu beruhigen. Seine Haare riechen nach Kokosnussshampoo, er hat sie gegelt. Er trägt seinen Armani-Anzug, den er geschenkt bekam, als er mich zu den *Teen Titan Awards* begleiten sollte. Nun, das war, bevor ich ihm abgesagt hatte und wir für ein paar Wochen Schluss gemacht hatten. Wenige Stunden, bevor die Show losging, rannte ich zu ihm, um mich zu entschuldigen, und dann kamen wir wieder zusammen. Ich bin schon erschöpft, wenn ich nur an unsere verrückte Liebesbeziehung in der Anfangsphase denke. Rasch schiebe ich die Vorstellung von aufdringlichen Paparazzi beiseite. „Ich gehe hin." Ich habe mich entschieden. „Heute ist dein Abend, und ich werde ihn mir nicht entgehen lassen."

„Das wird keine Wiederholung des Tanzfestes werden", erklärt uns Rodney. „Diesmal habe ich die Turnhalle sorgfältig überprüft. Ich kenne alle Ausgänge und weiß, wie viele Schritte wir bis zu Nadines Wagen brauchen und wie ich eventuell auftauchende verdeckte Paparazzi behandeln werde. Es wird nichts schiefgehen."

Ich lächle Rod an, der seine Football-Klamotten ausgezogen und sich in einen grauen Maßanzug geworfen hat.

„Rodney, deine Fähigkeiten als Bodyguard sind wirklich überzeugend", sagt Austin. Ich erstarre und lasse nur meine Augen wandern, um Rodney anzusehen. Oops!

HOLLYWOOD-GEHEIMNIS NUMMER ELF: Wenn du ein Promi bist, dann bezeichnest du die Person, die du angestellt hast, dich zu beschützen, niemals als Bodyguard. Rod und alle anderen in diesem Beruf, die er kennt, scheinen zu denken, dass das Wort *Bodyguard* nach einem gehirnlosen Schlägertyp klingt. Die Bezeichnung *Personenschützer* hingegen hat einen intelligenteren Klang. Natürlich steht es ihnen zu, so genannt zu werden, wie immer sie es wollen. Rod ist dafür verantwortlich, mich rund um die Uhr zu beschützen. Außerdem lässt er meinem Terminplan zuliebe alles andere in seinem Leben sausen, muss sich wegen eventueller Anklagen wegen einer Auseinandersetzung Sorgen machen und ist dazu verdonnert, mir überallhin zu folgen, sogar wenn ich etwas so Unmännliches wie Pediküre vorhabe. Kein Wunder, dass wir ihm fast 200.000 Dollar im Jahr zahlen.

„Danke", murmelt Rodney, als wir auf den bekannten Parkplatz einbiegen. Ich bin sicher, er wird Austin den Schnitzer verzeihen. Es sind keine Kamerawagen zu sehen, und ich seufze erleichtert auf. Rodney steigt zuerst aus und bringt uns schnell zum Hintereingang des Jungenumkleideraums. Er klopft dreimal an die Metalltür und ich kontrolliere in der Wartezeit noch einmal mein Äußeres. Für heute Abend habe ich ein blassrosa Seidenkleid von Dolce & Gabbana ausgesucht. Das Abendkleid im Dessoustil betont meine Figur, geht bis zum Knie und hat Spaghettiträger. Mein Haar ist hinten zu einem weichen tiefen Knoten geschlungen.

Langsam öffnet sich die Tür und Direktorin Pearson linst heraus. „Genau zur richtigen Zeit", quietscht sie und klatscht in die Hände. „Ich freue mich so, dich zu sehen!" Wir umarmen uns.

„Direktorin P. war auch eingeweiht?", fragt Austin ungläubig. Wir nicken beide.

„Drinnen alles in Ordnung?", erkundigt sich Rodney.

Direktorin P. nickt. „Keine Kamera zu sehen, das heißt wenn man die Einwegfotoapparate der Schüler außer Acht lässt. Dagegen kann ich nichts machen, aber ich habe Handykameras verboten. Bestimmt war das etwas übertrieben, aber ich habe sie am Eingang einsammeln lassen."

„Sie sind unglaublich", sage ich zur Direktorin P., als sie uns aus dem dunklen Umkleideraum hinausführt. Dort riecht es leicht nach alten Sportsocken. Wir gehen den langen Gang entlang zur Sporthalle. „Vielen Dank für Ihre Hilfe und dass ich hier sein kann."

Direktorin P. bleibt stehen. Ihr rundes Gesicht hat kleine Fältchen, und sie streicht sich ihr kurzgeschnittenes Haar aus den Augen. Heute Abend hat sie ihre übliche zusammengewürfelte Kleidung weggelassen und einen violetten Hosenanzug mit Blumenmuster gewählt. „Wenn ich dich schon mal erwische, hatte ich gehofft, du könntest mir ein bisschen was erzählen über …"

Oh nein. Ich hatte total vergessen, dass Direktorin P. ein fanatischer Fan von *FA* ist. Hoffentlich sagt sie nicht Alexis oder Vegas. Laney hat mich bei allen künftigen Oscar-Nominierungen schwören lassen, dass ich die

Worte *Alexis* oder *Vegas* heute Abend nicht über die Lippen bringen würde.

„… Alexis Holden."

Grrr. „Was ist mit ihr?", frage ich und versuche, nicht zu nervös zu klingen.

„Ich mag sie nicht", sagt Direktorin P. ohne zu zögern. „Sie ist eine miserable Schauspielerin. Was findet ihr bloß alle an ihr?"

„Direktorin P., ich liebe Sie!", jubele ich. Ich lasse Austins Hand los und umarme die große Frau. Sie lacht. „Fragen Sie mich über die Serie, was immer Sie wollen. Alles! Wenn ich die Antwort weiß, werde ich sie Ihnen sagen."

Bemerkt? Ich habe Alexis' Namen nicht genannt.

Rodney lacht in sich hinein. „Du hast ja gar keine Ahnung, wie glücklich du sie gemacht hast."

Kurze Zeit später stehen wir an den offenen Türen der Sporthalle. Der Turnsaal der Clark High School wurde in ein Herbstfestivalgelände verwandelt. An den Wänden wurden Heuballen aufgetürmt, gekrönt von Kürbissen und Chrysanthemen in den Farben Lila, Orange und Gelb. Vogelscheuchen halten am Bowlestand Wache, an dem Törtchen mit orangem Zuckerguss zu einem Kuchenturm arrangiert wurden. Bis jetzt habe ich kandierte und karamellisierte Äpfel entdeckt und sogar eine Zuckerwattemaschine. Lecker. Das einzig Blöde scheint zu sein, dass jemand beschlossen hat, den Boden teilweise mit Heu zu bedecken, was ganz offensichtlich beim Tanzen ein beträchtliches Hindernis darstellt. Mädchen in Organzakleidern rutschen in ihren vorne offenen Sandalen darauf herum.

„Du hast es geschafft!", kreischt Liz. Sie zieht Austin und mich zu einer größeren Gruppe. Als sie mich wieder loslässt, sehe ich, dass sie das leuchtend blaue Kleid von Jenni Kanye anhat, das wir in *The Grove* gekauft haben. Ihr lockiges Haar ist offen. Es hüpft auf und nieder, während sie sich im Takt der Musik bewegt.

„Heißt das, ihr wart alle eingeweiht, und mir hat niemand etwas erzählt?", lacht Austin.

Jemand hält mir die Augen zu und flüstert: „Wer bin ich?"

„Beth!" Ich drehe mich um und umarme die zierliche Freundin. Direkt hinter ihr steht die hochgewachsene Allison, die eine Figur wie eine Ballerina hat. „Ali! Ich habe euch so vermisst!" Die beiden sowie Liz und Austin waren die Einzigen, die mich unterstützt haben, als ich mich für Clark als Rachel maskiert hatte. Seit die beiden mich im Sommer vor ein paar Monaten am Set von *SJA* besucht hatten, habe ich keine von ihnen mehr gesehen.

„Das Beste an deinem Besuch hier ist, die Reaktion unserer Lieblingsprinzessin des Herbstfestes zu beobachten." Allison wirft ihre braunen Haare über die Schulter, und ich sehe Austins Exfreundin Lori, die ungefähr drei Meter entfernt mit Jessie, einer ihrer beiden Lakaien, herumsteht. Beide Mädchen starren uns an.

„Sie verdient diese Auszeichnung überhaupt nicht", beschwert sich Beth und schiebt die Schildpattbrille auf ihrer Nase wieder nach oben. Beth trägt ein knöchellanges, trägerloses olivgrünes Kleid, das einen hübschen Kontrast zu ihrer braunen Haut bildet. „Sie ist einfach übel! Ich habe wirklich keine Ahnung, was die Kerle an ihr finden. Nichts für ungut, Austin." Beth wird rot.

„Schon gut." Austin lächelt ein wenig und wendet seine Aufmerksamkeit seinem Kumpel Rob Murray zu, der Beths Freund ist. Austin scheint die Leute um uns herum gar nicht zu bemerken, die sich flüsternd über uns unterhalten. Larry der Lügner jedoch ist nirgendwo zu sehen. Alles ist gut.

Da Austin gerade nicht zuhört, flüstert Allison: „Ich hasse die Vorstellung, dass Austin und Lori miteinander tanzen müssen, wenn das Königspaar vorgestellt wird." Ihr schwarzes ärmelloses Cocktailkleid glitzert im gedämpften Discolicht.

„Vielleicht sollten wir ihr eine Szene machen und Apfelsaft über ihr Kleid gießen", schlägt Liz vor.

„Lizzie", sage ich warnend. „Das Letzte, was ich brauchen kann, ist noch mehr Theater. Mach dir keine Sorgen. Der Tanz ist Tradition. Ich habe kein Problem damit. Heute Abend geht es nur um Austin." Ich sage es nicht laut, aber auch ich möchte einen Abend genießen ohne irgendwelche Bosheiten oder Streitereien zwischen Mädchen.

„Schau doch bloß mal, wie sie lacht und deinen Freund anstarrt", lamentiert Beth trotzdem. „Das ist nicht fair. Mädchen wie Lori bekommen immer, was sie wollen. Und wollt ihr wissen, warum? Weil es ihnen völlig egal ist, was andere über sie denken. Sie machen einfach, was nötig ist, um an der Spitze zu bleiben, und zerquetschen jeden, der versucht, sie aufzuhalten." Ich muss bei ihren Worten an Alexis denken, aber genauso schnell verbanne ich sie wieder aus meinen Gedanken. Auf der anderen Seite des Raumes sehe ich Lori und ihre Freundinnen, die uns anstarren. Ich schaue weg.

„Liz hat recht", sagt Allison und schielt zu Lori hinüber. „Lasst uns Apfelsaft über sie kippen!"

„Alles okay?", fragt Austin, als er sich uns wieder zuwendet. Wir zucken zusammen.

„Ja-ha", sagen wir gleichzeitig, und das macht uns ziemlich verdächtig.

„Gut", grinst Austin. „Was dagegen, wenn ich mein Mädchen für einen Tanz entführe?" Er nimmt meine Hand und schwenkt mich über die Tanzfläche. Es wird gerade ein schnelles Lied gespielt, und ich versuche, all die Leute um mich herum zu vergessen, die uns anstarren, während ich mich im Rhythmus bewege. Ich bin nicht lang beunruhigt, denn Allsion und ihr Date, Tim Corder, Beth und Rob und Liz und Josh bilden zusammen mit uns einen kleinen Kreis. Wir acht bleiben den ganzen Abend auf der Tanzfläche, ganz nah beim DJ, ohne dass uns irgendjemand belästigt. Es ist hilfreich, dass Rodney immer wieder bei unserer Gruppe vorbeikommt und sein spezielles Gesicht à la *Ich bin ein großer, böser Personenschützer* aufgesetzt hat. Nicht dass es nötig wäre, denn abgesehen von denen, die ihre Einwegkamera benutzen, um schlecht ausgeleuchtete Fotos zu schießen, ist kein Fotograf zu sehen.

Schließlich nimmt Direktorin P. das Mikrofon und verkündet: „Es wird Zeit, dass wir die diesjährigen Nominierten vorstellen und unser Königspaar wählen." Der Raum dröhnt von zustimmendem Applaus. „Würden bitte alle Nominierten zu mir zum DJ kommen?"

Austin zwinkert mir zu, bevor er zur Direktorin P. hinübergeht. Ich sehe, wie Lori die anderen beiseite schiebt, damit sie neben Austin stehen kann. Grrr.

Loris blonde Haare sind lang und gelockt. Sie trägt ein Kleid, dass ich ebenfalls besitze – ein eng anliegendes Teil von Marc Bouwer, in dem sie fast wie nackt aussehen würde, wenn es nicht glitzerte. Es hätte eine fantastische Wirkung, wenn sie diesen blasierten Ausdruck von ihrem Gesicht entfernen könnte. Lori bemerkt, dass ich sie anstarre, und grinst zuversichtlich, bevor sie die Lippen spitzt. Ich setze mein schönstes selbstbewusstes Gesicht auf und sage leise vor mich hin: „Ich pfeife auf Lori. Es ist doch nur ein Tanz. Drei Minuten in meinem Leben." Aber ich kann mir selbst nicht so recht glauben, als Lori eine Strähne ihres blonden Haars hinters Ohr streicht und Austins Arm nimmt. Liz greift unterstützend nach meinen Händen, und Beth und Allison legen ihre Hände auf meine Schultern. Ich halte die Luft an.

Direktorin P. beginnt mit der Vorstellung der Nominierten. Höflich beklatschen wir die Neulinge und die Mittelstufler und tun so, als ob wir uns unterhielten, als Loris Name aufgerufen wird. Aus dem Augenwinkel kann ich sehen, wie sie ihren Fans zuwinkt und sich verbeugt, diese Schleimerin. Wir drei können uns nicht beherrschen und müssen kichern. Endlich ist Austin an der Reihe. Er wird dunkelrot, als wir jubeln und toben.

Nachdem König und Königin bekannt gegeben sind, höre ich genau die Worte, vor denen ich mich gefürchtet habe: „Und jetzt werden unsere Kandidaten die Tanzfläche für einen Tanz im Rampenlicht belegen", verkündet Direktorin P.

Wir machen Platz für sie, und ich beobachte leicht beunruhigt, wie Austin Lori auf die Tanzfläche führt. Lori grinst mich an und hält Austin an der Hand, während ich meine eigene in Liz' Hand vergrabe. Ich lächle höflich, obwohl es mich fast umbringt. Ich werde nicht zulassen, dass mir das hier an die Nieren geht. Stattdessen konzentriere ich mich auf Austin. Als er mich sieht, lächelt er mich strahlend an. Dann dreht er sich zu Lori um und flüstert ihr etwas ins Ohr. Loris Lächeln wird schwächer. Sie wendet sich abrupt um und blitzt mich an, bevor sie davonrauscht.

„Was war denn das?", fragt Liz. Aber noch ehe ich eine Vermutung anstellen kann, läuft Lori an den Rand des Kreises und zieht einen Jungen auf die Tanzfläche. Ich kenne ihn, er spielt im Basketballteam von Clark. Und dann steht plötzlich Austin vor mir.

„Darf ich um diesen Tanz bitten?", sagt er.

„Aber du musst doch mit Lori tanzen", betone ich. „Das ist schon in Ordnung für mich. Ich weiß, dass es Tradition ist." Ich möchte nicht, dass Austin mich für eifersüchtig hält.

Austin lächelt. „Nun, ich beginne eine neue Tradition. Ich habe heute Geburtstag, und an diesem Tag möchte ich nur mit meiner persönlichen Königin tanzen."

Ich werde knallrot. Ich weiß nicht, was ich dazu sagen soll. Es ist so schrecklich romantisch. Ich nehme seine warme Hand und lasse mich von ihm zurück ins Rampenlicht führen. Liz und die anderen feuern uns an, aber ich höre sie kaum. Es macht mir noch nicht einmal etwas aus, dass Lori mich immer noch anfunkelt. Ich schließe meine Augen und lege den Kopf an Austins Schulter, während wir uns nur ganz sacht zu einem langsamen Lied bewegen.

So frei und entspannt habe ich mich nicht mehr

gefühlt seit ... ich weiß nicht, wie lange. Ich fühle mich wie Cinderella. Der einzige Unterschied besteht darin, dass ich mich um Mitternacht wieder in eine klatschgeplagte Fernsehschauspielerin verwandeln werde anstatt in ein unterdrücktes Dienstmädchen.

„Dieser Abend ist einfach unglaublich", murmle ich. „Nur eine Sache würde den Abend noch perfekter machen: wenn ich ein Geburtstagsgeschenk für dich hätte."

„Hörst du wohl auf damit?", sagt Austin. „Ich habe es dir doch schon gesagt. Ich möchte nicht, dass du mir etwas kaufst. Alles, was ich mir zum Geburtstag gewünscht hatte, warst du, und du bist hier."

Wow ... mein Freund ist verblüffend. „Okay", sage ich, weil mir sonst nichts einfällt. „Und was ist mit dir? Genießt du es, König zu sein?"

„Es ist gar nicht so schlecht", erwidert Austin. „Aber ich glaube, dass meine Königin es sogar noch besser findet als ich. Ich habe dich noch nie so ruhig erlebt. Burke, ist dir klar, dass wir einen Abend ganz ohne Klatschpresse und Hollywood haben?"

Ich lache. „Pssst! Beschrei es nicht", scherze ich. „Kann ich denn nicht mal ein völlig normales High-School-Erlebnis haben wie meine Freunde, ganz ohne Stars und Sternchen?"

„Du bist aber nicht so wie wir anderen, Burke. Und es ist mehr als nur dein Status als Star", sagt Austin ernsthaft. „Genau das liebe ich an dir."

Augenblick mal. Hat Austin wirklich gerade *Liebe* gesagt so wie in der Serie *Love Love*? Oder meint er, er *liebt* verschiedene Dinge an mir?

Ich kriege keine Luft.

Ernsthaft, ich glaube, ich brauche Sauerstoff oder so was.

Jeden Augenblick wird Austin bemerken, dass ich nicht mehr atme. In meinen Ohren höre ich ein Rauschen, als ob ich gleich ohnmächtig werde.

Oh mein Gott. Erwartet er von mir, dass ich es auch zu ihm sage? Ich habe keine Ahnung.

Ich mag Austin wirklich, wirklich, wirklich, aber *liebe* ich ihn? Die Sekunden vergehen. Wenn ich es auch zu ihm sagen will, dann muss ich es *jetzt* tun.

Jetzt.

Sag es JETZT, Kaitlin.

Ich sage es nicht.

Aber Austin hat es gesagt. Stimmt's? Er hat gesagt, dass er mich liebt!

Glaube ich zumindest.

Ich weiß nicht. Das ist ziemlich verwirrend.

In meinem Kopf endet die Musik. Es ist ruhig im Raum. Mein Herz springt mir fast aus der Brust, aber mein Mund fühlt sich trocken an, und ich kann nicht sprechen.

Samstag, 26.10.

Persönliche Notizen:

Liz bitten, Tanzbilder herunterzuladen.
Definition von Liebe im Eignungstest nachschauen.
Fotos, die A.s Mom vor dem Tanz gemacht hat, bei Snapfish nachbestellen!
Mo, Di, Mi Drehbeginn am Set: 6 Uhr.

FA2007 „Harmlos wie ein Engel" (Fortsetzung)

12, INNEN, BUCHANAN MANOR – EINGANGSHALLE – NACHMITTAG

DR. BRADEN
(außer Atem) Danke, dass Sie mit dem Treffen einverstanden waren. Ich war der Meinung, dass wir das nicht am Telefon besprechen sollten.

PAIGE
Natürlich. Ist irgendetwas nicht in Ordnung? Haben Sie bei einem meiner Tests etwas festgestellt?

Dr. Braden zögert. Er fummelt in seiner Ledermappe herum, sucht die richtigen Papiere.

DENNIS
Bitte, Dr. Braden. Meine Frau und meine Familie haben so viel durchgemacht. Spannen Sie uns nicht auf die Folter. Was auch immer es ist, wir werden damit fertig.

Im Türrahmen sieht der Zuschauer die Umrisse von Sam, Sara und Colby.

12, INNEN, BUCHANAN MANOR – WOHNZIMMER – NACHMITTAG

SAM
Was ist eigentlich los da drin?

SARA
(spioniert) Es ist Dr. Braden. Vor einer Stunde hat Mom mit ihm

telefoniert, und dann ist er schnell hergekommen. Irgendetwas stimmt nicht.

COLBY
Findest du es richtig, dass wir sie belauschen? Vielleicht geht es um etwas, das wir nicht wissen sollen.

SARA
Was glaubst du wohl, wie wir hier etwas erfahren, Colby? Beobachten und lernen. Was auch immer es ist, es betrifft uns alle.

SAM
Mom und Dad waren so belastet mit diesen Tests, die Dr. Braden uns gab. Ich weiß nicht, was sie machen werden, wenn er herausfindet, dass eine von uns das gleiche Gen hat, das für Moms Blutveränderung verantwortlich ist.

14, INNEN, BUCHANAN MANOR – EINGANGSHALLE – NACHMITTAG

DR. BRADEN
Nach den Ergebnissen der Blutuntersuchungen, die wir bei Ihren Töchtern durchgeführt haben, passen nicht alle drei Mädchen zur DNA von Paige.

DENNIS
Wollen Sie damit andeuten, dass Colby nicht Paiges Tochter ist?

DR. BRADEN
(kurze Pause) Eigentlich eher das Gegenteil. Ich denke, Colby ist ihre Tochter.

PAIGE
(umarmt ihren Ehemann heftig) Ich wusste es! Ich habe es gespürt. Sie ist zu mir zurückgekommen, Dennis.

DR. BRADEN
Da ist noch etwas – laut diesen Ergebnissen sind Sam und Sara möglicherweise nicht Ihre Töchter.

PAIGE
Was? Das ist unmöglich!

DR. BRADEN
Nach unseren Tests haben die Zwillingsschwestern das gleiche Erbgut. Aber keine von den beiden passt zu Ihrer DNA. Deshalb glauben wir, dass Ihre Töchter vielleicht bei der Geburt mit den Moxley-Zwillingen vertauscht wurden, die, wie Sie sich vielleicht erinnern, seit einem Bootsunfall vermisst werden.

DENNIS
Sie müssen bei den Bluttests etwas durcheinandergebracht haben! Warum sollte jemand unsere Töchter vertauschen? Zu dieser Zeit hatten wir strenge Sicherheitsvorkehrungen im Krankenhaus, da Paige Morddrohungen bekam.

DR. BRADEN
Ja, ich erinnere mich. Aber das bedeutet nicht, dass nicht vielleicht jemand im Krankenhaus den Tausch vorgenommen haben könnte. Natalie Bennett, eine der Nachtschwestern, hatte jahrelang Streit mit Paige, bevor ihr Wagen über die Summerville Bridge schoss. Vielleicht hat sie …

PAIGE
Nein. Das ist unmöglich! Nein. Nein!

DR. BRADEN
Es tut mir leid, Paige. Aber nach diesen Unterlagen sieht es so aus, als ob die Mädchen, die Sie als Ihre Töchter aufgezogen haben, gar nicht Ihre Töchter sind.

Sara stößt einen ohrenbetäubenden Schrei aus. Sie ist untröstlich. Dennis rennt zu ihr und nimmt sie in die Arme.

DENNIS
Hör nicht auf ihn! Wir machen die Tests noch einmal. Wir finden es heraus.

Sam wird ohnmächtig, und Colby eilt zu ihr, um ihr aufzuhelfen.

SAM
Was ist los? Habe ich geträumt?

Colby streichelt ihr übers Haar und beruhigt sie. Auf ihrem Gesicht liegt ein zufriedenes Lächeln.

COLBY
Eigentlich, Prinzessin, glaube ich, dass du endlich in einer völlig anderen Welt aufwachst.

ZWÖLF: *Eine unglaubliche Szene*

„Also, was denkst du? Meinte er, er liebt mich oder er liebt es, mit mir zusammen zu sein?" Gerade habe ich Nadine alles erzählt, was beim Schulfest passiert ist. Und jetzt warte ich darauf, dass sie mir sagt, was sie davon hält, wie Austin das L-Wort gemeint hat. Beunruhigt beiße ich auf meine Lippe. Seit er es gesagt hat, ist fast eine Woche vergangen, und ich weiß immer noch nicht, was ich davon halten soll.

Nadine wirkt nachdenklich. Sie war die letzten Tage selbst krank (ich fürchte, ich habe sie angesteckt mit was immer ich auch hatte), und ihre milchweiße Haut ist immer noch sehr bleich. „Er hat also gesagt: ‚Genau das liebe ich an dir'?" Ich nicke heftig. Sie wirkt verblüfft. „Nun, das ist kein eindeutiges ‚Ich liebe dich', aber es klingt so, als hätte er genau das gemeint. Du kennst doch Jungs. Du musst ihnen jedes Wort aus der Nase ziehen, wenn du sie dazu bringen willst, das zu sagen, was du hören möchtest."

Ich bin nicht sicher, ob ich vor Freude in die Luft springen oder lieber weinen soll. „Aber ich habe nicht ‚Ich liebe dich' erwidert", sage ich bedauernd. „Jetzt denkt Austin wahrscheinlich, dass er einen Riesenfehler gemacht hat, mir zu sagen, dass er mich vielleicht liebt!" Ich vergrabe mein Gesicht im Drehbuch, das ich gerade lerne.

„Liebst du ihn denn?", fragt Nadine.

„Ich glaube schon, aber wie kann ich das sicher wissen?", frage ich mein Drehbuch. Ich bin so durcheinander wegen der ganzen Geschichte, dass ich Nadine nicht einmal in die Augen schauen kann. Liebe. Ist es möglich, dass ich Austin *liebe*? Und liebt er mich? Wie kann man das sicher wissen? Plötzlich erscheint mir unsere sechsmonatige Beziehung viel komplizierter.

Ich höre etwas rascheln und schaue gerade noch rechtzeitig hoch, um zu sehen, wie ein Stapel blütenweißer Seiten unter meiner Garderobentür hindurchgeschoben wird.

„Ich dachte, du hättest das Drehbuch für diese Woche bereits", murmelt Nadine, während sie einen Oreo-Keks mampft. Diese cremegefüllten Doppelkekse sind in Zeiten von Stress und schweren Selbstzweifeln unsere Lieblingssorte, und im Augenblick befinden wir uns mit Sicherheit mitten in so einer Phase. Sollte Alexis hierbleiben oder diese Liebesgeschichte noch komplizierter werden, müssen Nadine und ich Oreos vermutlich kistenweise bestellen.

„Wir haben schon mit dem Drehen begonnen, aber vielleicht gibt es noch ein paar Änderungen", sage ich zu ihr und überfliege die erste Seite.

HOLLYWOOD-GEHEIMNIS NUMMER ZWÖLF: Wie ich von dem detailversessenen Filmregisseur Hutch Adams weiß, ist ein Drehbuch vor der Sendung niemals richtig fertig. (Und sogar dann kann man noch jahrelang Dinge optimieren, die als sogenannter Director's Cut auf DVD erscheinen.) Ich bin daran gewöhnt, dass am Set während der Dreharbeiten noch einmal an den Dialogen gefeilt wird. Melli ist berühmt dafür, dass sie das Autorenteam korrigiert, wenn sie einen Text bekommt, den Paige ihrer Meinung nach niemals sagen würde. Aber größere Drehbuchänderungen wie die acht Seiten, die ich soeben erhalten habe, sind ziemlich selten.

Ich setze mich in meinen gemütlichen Ledersessel und beginne zu lesen. Die umgeschriebene Szene ist diejenige, in der Dr. Braden den Buchanans das Ergebnis von Colbys Bluttest mitteilt. Oh. Das ist eine Kleinigkeit. Da die Folge in der nächsten Woche Alexis' letzte Sendung sein soll, enthält das Originaldrehbuch eine Szene, in der Dr. Braden feststellt, dass Colby nicht Paiges Tochter ist. Da Alexis jetzt aber noch etwas länger dabei sein soll, haben die Autoren vermutlich Dr. Bradens Ergebnisse umgeschrieben. Sie können die Figur der Colby noch für ein paar weitere Folgen am Leben erhalten, indem sie neue Blutuntersuchungen anordnen, die Ergebnisse verloren gehen oder gestohlen werden und so Alexis für unbestimmte Zeit dabehalten. Bei dem Gedanken schaudere ich.

Aber ... hmm ... diese neue Szene ist wirklich ganz anders.

„Deine Mom und Laney möchten, dass du ein Gespräch mit *E! Online* führst", liest Nadine eine Nachricht von ihrem BlackBerry ab. „Es geht schon wieder um diese Vegas-Geschichte, aber du hast deine Sicht der Dinge noch nicht erzählt. Sie haben gerade Alexis interviewt, und sie hat angedeutet, dass du und Sky für die Auseinandersetzung verantwortlich wart. Du musst endlich etwas dazu sagen, und Sky sollte das auch tun."

Sky und ich haben uns für unseren Plan, Alexis loszuwerden, zusammengetan. Aber bisher haben wir getrennt voneinander Interviews darüber mit der Presse geführt und positive Pressearbeit geleistet. Wir haben nicht miteinander darüber gesprochen, aber ich denke, wir sind beide der Meinung, dass jede für sich am besten mit dem Alexisproblem – und dessen Einfluss auf unsere Karriere – fertig wird.

„Gut." Ich lese immer schneller und überspringe einzelne Sätze und Zeilen, um zum Ende zu kommen. Als ich an der Stelle bin, wo Dr. Braden sagt: „Die Mädchen, die Sie als Ihre Töchter aufgezogen haben, sind gar nicht Ihre Töchter", rutschen mir die Seiten aus der Hand und fallen zu Boden. „Was?" Ich kriege keine Luft. „Das muss ein Witz sein!"

„Was steht da?", fragt Nadine voller Panik. „Kates? Was steht denn da?" Nadine kriecht auf dem Boden herum, um die Seiten wieder in die richtige Reihenfolge zu bringen.

Ich nehme die leere *Kaffeebohne-und-Teeblatt*-Tüte von heute Morgen vom Tisch und atme langsam hinein, aber davon muss ich nur husten. Die Tüte riecht zu sehr nach kolumbianischer Kaffeeröstung.

„Oh mein Gott", flüstert Nadine, als sie fertig gelesen hat. Es ist also offiziell. Ich hatte keine Halluzinationen. Die Autoren werfen Sam und Sara aus der Familie hinaus und nehmen Alexis darin auf. Nach allem, was ich für die Serie getan habe, behandelt Tom mich so? Und er kann es mir noch nicht einmal ins Gesicht sagen? Sie behalten Alexis und verlängern Skys und meinen Vertrag nicht? Wie kann das sein?

Ich nehme Nadine das Drehbuch aus der Hand und stürze aus dem Raum, bevor sie mich aufhalten kann.

„Kaitlin, warte!", schreit sie. „Wir müssen Laney und deine Mutter anrufen. Mach nichts Unüberlegtes, bevor ich mit Tom gesprochen habe! Hörst du mich? Kates!"

„Tom!", brülle ich.

„Toomm!"

„TOOOOOMMMMMM!", kreische ich wieder, als ich den Gang hinunterrenne. „Ich muss Tom finden!" Ich packe einen dürren Produktionsassistenten an seinem T-Shirt mit der Aufschrift *Dane Cook Comedy Tour*. „Wo ist Tom?", fahre ich ihn an. Erschrocken reißt er seine blauen Augen auf, aber das ist mir egal. „Ich muss ihn sofort sprechen."

„Ich glaube nicht, dass er hier ist", quietscht der junge Mann. „Er hat sich im Schneideraum eingeschlossen, um die Folge für die nächste Woche fertig zu machen, weil wir so viele Verzögerungen hatten. Er geht nicht ans Telefon." Ich packe sein T-Shirt fester. „Aber ich weiß es nicht genau."

Ich lasse ihn los und flitze in die andere Richtung. Ich weiß, wie ich herausfinden kann, ob Tom dort ist. Die Empfangsdame kann ihn über die Sprechanlage anpiepsen.

Ich renne zum Haupteingang des *FA*-Studios. Ich kann kaum etwas sehen, weil meine Augen mit heißen Tränen gefüllt sind. Ich schreie gerade wieder „Tom!", als es ...

Klatsch!

Bumm!

Stöhn ...

Ich liege flach auf dem Boden und schaue hinauf zu den fluoreszierenden Leuchtstoffröhren an der Decke. Ich bewege meinen schmerzenden Kopf und versuche, mich aufzusetzen und mich umzuschauen. Der Empfangstisch ist leer. Aua. Mir ist schwindelig. Ich sehe mich um, um herauszufinden, mit was ich zusammengestoßen bin.

Aber es ist kein Was, sondern ein Wer. Sky.

Sky setzt sich hin, und ich stelle fest, dass Mascara ihre Wangen hinunterläuft. Sie sieht aus wie ein Dämon auf dem Weg zu einer Halloweenparty.

Ich spüre einen Kloß im Hals.

„Du hast auch das neue Drehbuch gelesen, stimmt's?", frage ich Sky mit Tränen in der Stimme. Ich kann meine Gefühle nicht unterdrücken.

Sky nickt und kämpft ebenfalls mit den Tränen. „Das kann nicht ihr Ernst sein", schnieft sie. Zum ersten Mal scheint es ihr egal zu sein, dass ich diejenige bin, vor der sie sich gehen lässt. „Sie können doch nicht wollen, dass unsere Verträge nicht verlängert werden. Das ist einfach unmöglich! Sie können uns doch nicht aus der Serie schmeißen. Warum wollen sie Alexis mehr als uns?"

„Ich weiß es nicht", gebe ich zu. „Melli würde doch niemals zulassen, dass sie uns rauswerfen, oder? Sie steht doch hinter uns."

„Tut sie das?", fragt Sky, als sie aufsteht. Mit ihren fingerfreien Spitzenhandschuhen klopft sie den Staub von ihren Strümpfen und dem engen schwarzen Minirock. Ich beschließe, den Tatsachen ebenfalls ins Gesicht zu blicken. Meine schwarze Hose hat den Boden gewischt, aber mein Seidentop von Belle Gray hat unseren Zusammenstoß unbeschädigt überstanden. Ich sammle meinen schwarzen Stöckelschuh von Bally ein und ziehe ihn wieder an.

„Aber natürlich." Hoffentlich klinge ich nicht so unsicher, wie ich mich fühle.

„K, sie spricht nicht mit uns", betont Sky, obwohl das gar nicht nötig wäre. Ihre dunklen, verquollenen Augen sagen alles: Wir sind erledigt. „Tom redet kaum noch mit irgendjemandem. Im Autorenzimmer sind alle durch den Wind. Fast jeder hier, auch dein Bruder, ist immer noch von Alexis verzaubert. Die Presse hat ihren großen Tag mit dem Theater, und sie können über nichts anderes mehr schreiben als über die Ereignisse in Vegas. Sogar *Vanity Fair* bereitet eine Enthüllungsgeschichte darüber vor."

Ich wusste, dass das Drama in der Regenbogenpresse am absoluten Tiefpunkt angekommen war, als Laney mir die neueste Ausgabe von *Hollywood Nation* gezeigt hatte. Ich dachte, die Story von *Im Bilde* von letzter Woche wäre das Schlimmste gewesen, aber in dieser Woche brachten sie einen vierseitigen Artikel über das Handgemenge in Vegas und außerdem einen einseitigen Beitrag, der sich *Und dann hat sie gesagt – Der Tatort* nannte. Es war eine kunstvolle Wiederholung der Ereignisse im *Tao* unter Berücksichtigung von Augenzeugenberichten. *Nation* veröffentlichte eine Zeichnung der Galerie im Tao und klebte die Köpfe von Sky, Alexis und mir auf Strichmännchen. So zeigten sie, wo wir standen, was wir vermutlich sagten und wer wem zuerst eine verpasste. Außerdem machten sie eine Leserumfrage, ob die Leute nach all den Ereignissen von *FA* die Nase voll hätten. Sechsundsiebzig Prozent bestätigten dies. Schluck. Dann stellten sie die Frage, ob jemand von *FA* gefeuert werden sollte, weil er das ganze Theater verursacht hatte. Sechsundachtzig Prozent sagten Ja. Doppelschluck. Ich war dankbar dafür, dass sie nicht fragten, wer gehen sollte. Ich vermute, jetzt spielt all das keine Rolle mehr.

„Das war's dann also", sage ich und streiche mir abwesend mein langes lockiges Haar aus dem Nacken. „Nach all den Jahren wollen sie uns beide loswerden."

„Lass das, K", blafft Sky mich an. „Ich weiß nicht, wie es dir geht, aber ich werde auf keinen Fall kampflos aufgeben. Besonders dann nicht, wenn unser Rausschmiss keinen Sinn macht. Auch wenn Alexis uns die Schuld dafür zuschiebt, dass sie sich nicht akzeptiert fühlt, sind die Quoten trotz all dem Tamtam hoch. Und deshalb werden sie uns zankende Gören allesamt behalten wollen."

„Glaubst du, dass das Drehbuch vielleicht nur ein Schwindel ist?", frage ich hoffnungsvoll.

„Wach auf, Blondie." Sky verdreht die Augen. „Nicht einmal Alexis könnte so ein großes Ding abziehen. Das kommt von weiter oben."

Noch ehe ich mir vorstellen kann, wer außer Alexis gegen uns intrigieren würde, erwacht die Sprechanlage knisternd zum Leben. „Besetzungsmitglieder von *FA* sofort zur Halle von Buchanan Manor zur Aufzeichnung der Berichtszene", ruft die Stimme.

„Oh mein Gott, die neue Szene." Ich flippe aus und beginne sofort wieder zu hyperventilieren. Wo ist eine Papiertüte? Ich brauche eine Tüte!

Sky greift mit ihrer eiskalten Hand nach meiner. „Entspann dich. Vermutlich ist es nur eine Probe", sagt sie. „Ohne vorherige Probe würden sie die Szene niemals aufzeichnen."

„Wir müssen Tom finden und zur Vernunft bringen, bevor die Kameras laufen", sage ich.

Wir sind gerade mal zehn Schritte weit gekommen, als wir einen weiteren Rückschlag einstecken müssen. Sky stößt einen gellenden Schrei aus. Als ich hochschaue, entdecke ich, dass dort, wo früher neben den Schauspielern von *FA* eine leere, etwas schmutzige weiße Wandfläche war, nun ein Bild von Alexis hängt. Ihr rotes Haar ist windzerzaust und ihr Gesicht fast ohne Make-up, sodass man ihre hellen Sommersprossen erkennen kann. Ihre Augen und ihr süffisantes Grinsen scheinen hämische Freude zu zeigen.

„Ich glaube, ich werde ohnmächtig", bemerkt Sky.

Ich starre Alexis' Gesicht an und fühle neue Entschlossenheit in mir. „Komm mit", knurre ich und ziehe Sky am Arm. Wir taumeln den langen Gang hinunter, und unsere Absätze klappern auf dem glatten Boden. Kurz vor dem Aufnahmestudio werden wir langsamer. Bitte, bitte lass den Produktionsassistenten sich wegen Tom geirrt haben. Er muss einfach hier sein.

Aber er ist nicht da. Alexis steht in der Kulisse der Eingangshalle, und Matty liest ihren Text. Da er heute keine Aufnahme hat, trägt Matty bequeme zerrissene Jeans und ein dunkelblaues Thermoshirt. Alexis hingegen steckt in superengen schwarzen Leggings und einem langen, leuchtend violetten V-Pullover, der in der Taille mit einem breiten schwarzen Gürtel zusammengefasst ist. Als könnte sie die Ausdünstung von Hass wahrnehmen, schaut sie auf, sieht Sky und mich und kichert verzweifelt.

Nach den Ereignissen in Vegas hatte Matty mir gesagt,

er würde daran arbeiten, seine Gefühle für sie auszuschalten. Also was macht er hier eigentlich?

„Ich bringe sie um", erklärt Sky und bewegt sich langsam auf die Kulisse zu. Ich versuche sie zurückzuhalten, aber es hat keinen Zweck. Sie ist zwar knochig, hat aber starke Oberkörpermuskeln.

„Unser größeres Problem ist, dass wir Tom finden müssen, erinnerst du dich?", zische ich, als Sky einen Produktionsassistenten, einen Techniker und zwei Kameramänner beiseitestößt, um ihr Ziel zu erreichen. Alexis verschränkt die Arme vor der Brust und wartet herausfordernd ab, während Matty mich entsetzt anblickt.

„Kaitlin, ich …", beginnt Matty nervös. Ich schaue zur Seite, und er macht den Mund wieder zu.

„Was wollt ihr?", sagt Alexis bissig. „Seid ihr gekommen, um mir noch eine Extension für fünfhundert Dollar aus dem Haar zu reißen?"

„Du meinst wohl neunzig. Falsche Strähnen wie deine können nur aus der Haarkollektion von Jessica Simpson stammen", gibt Sky zurück und streicht ihre schwarzen Haare glatt. Dank einer ausgezeichneten Auffülltechnik sind ihre Haare wieder so füllig wie früher.

Alexis starrt uns an. „Solltet ihr zwei nicht damit beschäftigt sein, eure Garderoben auszuräumen?"

„Was meint sie denn damit?", fragt Matty.

„Deine Schwester und Sky sind gefeuert worden", sagt Alexis leichthin. „Der Sender hat beschlossen, sich dieses Problem vom Hals zu schaffen."

„Netter Versuch", antworte ich bitter, „aber weißt du was? Niemand hat uns rausgeworfen. Tut mir leid, aber deine Träume davon, dass *FA* eine Einfrau-Show sein wird, müssen ins Reich der Fantasie verbannt werden."

Alexis lächelt. „Vielleicht ist es noch keine Show für eine Frau, aber mit Sicherheit für eine Tochter."

„Was?", flüstert Matty. Sky hält ihm ihre neuen Drehbuchseiten hin.

„Du liebst Dramen, nicht wahr?", frage ich Alexis, erwarte jedoch keine Antwort. Irgendetwas an ihrem koketten Gesichtsausdruck macht mich noch wütender. „Doch das beweist nur, wie unerfahren du bist. Ich gebe dir einen Rat: Ganz egal, wie gut die Quoten sind, niemand wird eine manipulierende Anfängerin wie dich lange ertragen." Jetzt hast du's! „Und das kannst du vergessen, dass Sky und ich verschwinden. Wir werden diese neuen Seiten nicht drehen, bevor wir mit Tom gesprochen haben." Ich verschränke die Arme vor der Brust, um nicht zu zittern.

„Dann werdet ihr bestimmt gefeuert", gurrt Alexis. „Bestimmt ist die Presse scharf auf einen anonymen Tipp darüber, dass ihr zwei schon wieder die Dreharbeiten aufhaltet."

„Oh, du bist wirklich gut", bemerkt Sky. „Aber ich bin noch besser. Leg dich bloß nicht mit der Meisterin der Täuschung an. Ich habe Kaitlins Leben als Schauspielerin jahrelang ruiniert."

„Ja", bestätige ich. Warte nur …

„Und wenn du dein Handy auch nur aus der Tasche ziehst, werde ich Brian Bennett eine SMS schicken und ihm alles über deine kleine Reise nach Palm Springs und das Fettabsaugen erzählen."

„Woher weißt du das?", stottert Alexis.

„Ich habe meine Kontakte", erwidert Sky süffisant.

Wow, Sky ist klasse. Es macht richtig Spaß, sie in voller Aktion zu erleben, wenn ich nicht diejenige bin, die es abkriegt.

„Da steht, dass Sam und Sara nicht Paiges Töchter sind!", ruft Matty, der gerade mit dem Lesen fertig geworden ist. „Das kann nicht wahr sein."

„Oh, das ist schon richtig so, Marty", sagt Alexis, die ihre Augen nicht von Sky und mir wendet.

„Er heißt Matty", korrigiere ich sie.

„Deine Schwester ist erledigt", fährt Alexis unbeeindruckt fort. „Das Studio hat endlich entschieden, dass es die Nase voll hat von ihrem und Skys Benehmen am Set. Diese Seiten beweisen, dass sie endlich beschlossen haben, sie loszuwerden. Und stattdessen bekomme ich einen vollen Vertrag."

Alexis geht auf Sky zu, bis sie sich Auge in Auge gegenüberstehen. Ich trete näher und versuche, mich zwischen sie zu schieben. „Versuche es nur", riskiere ich zu sagen. Matty packt meinen Arm. Ich schlage ihn weg. „Zwei gegen eine ist eine tolle Sache."

„Du würdest es nicht wagen, dumme Nuss", spottet Alexis. „Nicht vor all diesen Leuten. Du willst doch nicht etwa dein rührendes Liebes-Mädchen-Image ruinieren."

„Pass auf", warnt Sky.

„Meine Damen, gibt es hier ein Problem?", erkundigt sich Phil Marker, unser Gastregisseur dieser Woche. In den letzten Jahren hat er mehrere Folgen von *FA* gedreht.

Ich drehe mich um. „Ja, wir haben ein *großes* Problem mit dem neuen Text, und wir werden kein einziges Wort davon aufnehmen, bis wir mit Tom gesprochen haben."

Phil nickt. „Ich weiß, ich habe gerade mit Becky darüber gesprochen, und es sieht so aus, als wäre die ganze Töchtertauscherei aus heiterem Himmel gekommen."

Phil versteht es! Gott sei Dank. Ich wusste schon immer, dass er ein vernünftiger Mann ist. „Dann bist du also einverstanden, dass wir erst mit Tom sprechen, bevor wir mit den Proben fortfahren", sage ich.

Phil runzelt die Stirn. „Nun, Becky hat gesagt, sie war bei keinen Autorentreffen dabei, auf denen darüber gesprochen wurde, die Handlung um Colby zu verändern. Deshalb denken wir, dass die Anweisung dazu von ganz oben kam. Das Entscheidende ist, dass Tom die Änderungen nicht hätte verteilen lassen, wenn er es nicht so haben wollte. Außerdem hat er mir gesagt, man sollte ihn nur rufen, wenn Feuer ausbricht, die Sendung abgesagt wird oder eine plötzliche Grippewelle entsteht."

„Ich denke, das gilt als Notfall, Phil", betone ich.

Meine Gedanken rasen. Denk nach, Kaitlin! „Was ist, wenn diese Seiten nicht von Tom freigegeben wurden? Du sagst doch auch, dass sie nicht mit der Rolle übereinstimmen. Können wir nicht eine andere Szene drehen, bis Tom auftaucht?"

Phil schüttelt den Kopf. „Ich wünschte, das wäre möglich, Kaitlin, aber das ist die Szene, die wir aufgebaut haben. Und wir sind wegen der Verzögerungen bereits so hintendran und liegen über dem Etat, dass wir keine Zeit haben, das Ganze zu ändern. Mir bleibt keine Wahl."

„Ist schon in Ordnung, Philly", gurrt Alexis. „Wir wissen, dass du nur deinen Job machst."

„Vielleicht können wir eine andere Szene drehen, die in der Eingangshalle spielt, und diese dann morgen, sobald wir mit Tom geredet haben", sagt Sky verzweifelt. „Irgendetwas ist hier einfach faul, Phil. Ich hasse es, Geld vom Sender zu verschwenden für eine Szene, die nicht sehr gut geschrieben ist."

„Willst du damit etwa sagen, dass unsere Autoren schlecht sind?", fragt Alexis. „Ich bin in ihrem Namen verletzt, wenn du das sagst. Sie arbeiten so schwer daran."

Sky blitzt sie an.

„Du klingst fast wie Melli, Sky", sagt Phil. „Ich habe gerade eine Stunde in ihrer Garderobe verbracht und sie zu überreden versucht, herzukommen. Dann war ich fünfzehn Minuten bei Spencer. Sie war unglaublich aufgebracht, als sie die neuen Seiten erhielt, und sie und Spencer baten mich, Tom ausfindig zu machen. Sie sind jetzt unterwegs hierher, um mit euch beiden zu sprechen."

Ich schaue Sky an. Vielleicht können wir alle zusammen eine Meuterei anzetteln!

„Ich habe ihnen das Gleiche gesagt wie euch: Tom ist der Boss", fährt Phil fort. „Ich bin überrascht, dass er mich wegen dieser neuen Richtung der Serie nicht vorgewarnt hat, aber ich glaube nicht, dass ich mit ihm debattieren kann. Wir müssen davon ausgehen, dass er die Seiten nicht ausgedruckt hätte, wenn er nicht wollte, dass die Folge so endet."

„Oh mein Gott." Ich hyperventiliere. „Das passiert wirklich." Ich kriege keine Luft.

„Kaitlin, du musst dich beruhigen", sagt Phil und nimmt besorgt meinen Arm.

„Sky? Kaitlin? Geht es euch gut?" Melli und Spencer sind gerade durch die Doppeltüren hereingestürmt und laufen mit besorgten Mienen auf uns zu. Melli trägt noch immer ihren Morgenmantel, den sie zwischen den Szenen anzieht, und Spencer hat kurze Turnhosen und ein Basketballshirt an. Keiner von beiden sieht so aus, als wäre er bereit zum Drehen. Melli umarmt uns beide, genauso wie unsere richtigen Mütter es tun würden.

„Macht euch keine Sorgen", sagt Spencer mit seiner tiefen Stimme. „Wir werden herausfinden, was hier eigentlich los ist. Ihr zwei werdet nirgendwohin gehen."

Phil schaut auf seine Armbanduhr. „Da jetzt alle hier sind, sollten wir mit dem Drehen beginnen. Wenn es euch nichts ausmacht, eure Kostüme anzuziehen …"

„Phil!", tadelt Melli und schneidet ihm das Wort ab. „Wie kannst du uns bitten, jetzt zu drehen, wenn die Mädchen doch so außer sich sind?"

„Es tut mir leid! Wir sind wirklich hintendran, und ich muss das Ganze heute noch in die Postproduction bringen!" Langsam klingt Phil gehetzt. „Tom wird mich umbringen, wenn wir das nicht in den Kasten bekommen. Bitte, macht jetzt mit, und ich verspreche, dass ihr später mit Tom sprechen könnt."

Sky schüttelt den Kopf. Ich folge ihrem Beispiel und stehe solidarisch neben ihr. Ich höre, wie mein Herz klopft.

Phil schüttelt den Kopf. „Meine Damen, *bitte*. Wenn ihr nicht dreht, werde ich es euch vom Lohn abziehen und den Sender anrufen müssen. Der wird wahrscheinlich sagen, dass ihr euren Vertrag brecht."

„Das will ich nicht." Melli schaut zwischen uns beiden hin und her, ihre Stimme klingt sanft, aber bestimmt. „Ihr braucht im Augenblick nicht noch mehr Probleme.

Lasst uns machen, was Phil sagt, und danach werden Spencer und ich mit euch nach Tom suchen."

Ich schaue Spencer an, und er nickt. „Wir versprechen es."

Skys Augen füllen sich wieder mit Tränen, genau wie meine eigenen. Ich weiß, dass ich das nicht durchziehen kann. Ich kann diese Szene nicht drehen. Nicht so. Nicht jetzt.

„Ruf an, Phil." Ich zittere. Ich habe mich Melli oder Spencer niemals zuvor widersetzt. „Sky und ich werden gar nichts drehen, es sei denn, Tom ruft uns an und sagt, dass wir es tun sollen. Er ist der Einzige, dem wir vertrauen."

„Das sehe ich auch so", sagt Sky feierlich. „Wir werden kein einziges Wort von diesem Mist drehen. Ihr kennt Kaitlin und mich. Ihr arbeitet mit uns, seit wir klein waren! Tom würde niemals etwas so Einschneidendes machen, ohne es uns vorher zu sagen." Sky klingt stark, und ihre Stimme hallt in dem höhlenartigen Raum wieder. Ich bemerke, dass ein paar Kameramänner ihre Arbeit unterbrechen und uns anstarren.

„Bitte", versucht Melli es noch einmal. „Denkt an eure Zukunft."

„Kates, sei doch vernünftig", bettelt Matt. „Wir erwischen Tom schon noch. Dreh einfach die Szene, okay? Kannst du dir vorstellen, was Mom sagen wird, wenn sie hört, dass du dich geweigert hast zu filmen?"

„Entschuldigung an alle", sage ich mit heiserer Stimme. „Sky hat recht. Man trifft keine wichtigen, einschneidenden Entscheidungen wie diese, ohne zuerst mit seinen Schauspielern darüber zu sprechen. Das hier ist nicht *Lost*. Man kann uns doch nicht praktisch sterben lassen, ohne uns vorzuwarnen. Wir sind ein wesentlicher Teil von *FA* und verdienen beide etwas Respekt. Wir waren unser ganzes Leben lang in dieser Serie!"

Phil stützt den Kopf in die Hände. „Genug", sagt er. „Ihr habt zehn Minuten, um eure Plätze einzunehmen. Danach rufe ich den Sender an." Er geht davon, um alles vorzubereiten, und Melli und Spencer eilen ihm nach und drängen ihn, es nicht zu tun.

„Wow, ihr Süßen, danke", sagt Alexis fröhlich. „Ich dachte, ich müsste euch beide loswerden, um mehr Sendezeit zu bekommen. Wer konnte ahnen, dass ihr es mir so leicht machen würdet?"

„Alexis", sagt Matty und sieht sehr verletzt aus. „Meine Schwester hat recht. Du suchst Streit mit ihr. Was hat sie dir bloß getan?"

„Ehrlich gesagt, gar nichts. Aber sie steht mir im Weg, und das kann ich nicht zulassen", gesteht Alexis mit fiesem Lächeln. „Sie steht seit Jahren im Rampenlicht. Jetzt bin ich dran. Schau nicht so verletzt, Marty", fügt Alexis hinzu. „Du wirkst dann so jämmerlich."

„Ich werde dir sagen, was jämmerlich ist", erklärt Sky. „Diesen Mist zu drehen. Du möchtest einen Soloauftritt, Alexis? Dreh das hier allein. Kaitlin und ich machen da nicht mit."

Sky nimmt meinen Arm. Ich zögere einen Moment, schaue von Phil, der in sein Handy schreit, zu Matty und den Technikern und Arbeitern, die uns umringt haben, um den neuesten Streit nicht zu verpassen. Ich fasse es selbst nicht, aber zum allerersten Mal stehe ich kurz davor, mitten an einem Arbeitstag das Set zu verlassen.

„K, lass uns gehen", sagt Sky zwischen zusammengebissenen Zähnen. Ich sehe, dass ihr Mascara schon wieder zu laufen beginnt.

„Kaitlin, mach das nicht", bettelt Matty.

„Tut mir leid, Matty, aber was richtig ist, ist richtig", werfe ich noch über die Schulter, und mit dieser Bemerkung machen Sky und ich den Abgang nach links.

Freitag, 1.11.

Persönliche Notizen:

Nadine anrufen. Laney vorwarnen. Soll Mom beruhigen.
Austin und Liz benachrichtigen.
Nadine beauftragen, alle Rekorder im Haus auszuschalten, damit sie nicht Access oder Celeb Insider sehen. Wir sind sicher dabei.

DREIZEHN: *Entscheidungen*

„Wohin gehen wir?", erkundige ich mich, als Sky mich aus dem Gebäude und auf die Straße vor unserem Aufnahmestudio schleppt. „Ich dachte, wir würden uns in unseren Garderoben verbarrikadieren und auf Tom warten." Wie üblich ist auf dem Außengelände viel los, und Golfwagen und Range Rovers flitzen vorbei. Lautes Hupen zeigt uns, dass wir unsere Unterhaltung lieber auf dem Gehsteig fortsetzen sollten.

Sky schüttelt den Kopf. „Melli und Spencer werden uns dort finden und dazu bringen, die Szene doch zu drehen. Es ist besser, wenn wir verschwinden und so weit weg sind von *FA* wie möglich."

Ich denke kurz nach, dann ist mir klar, dass ich ihre Meinung teile. „Wir hinterlassen eine Nachricht für Tom und sagen ihm, dass wir dringend mit ihm reden müssen", schlage ich vor. „So kann uns niemand vorwerfen, dass wir uns einfach aus dem Staub machen." Schnell wähle ich seine Nummer, und sofort springt der Anrufbeantworter an. Ich hinterlasse in unserem Namen eine Nachricht und lege auf. Mein Magen schlägt Purzelbäume. „Vielleicht sollten wir unsere Manager und Pressesprecher anrufen und ihnen erzählen, was los ist", füge ich hinzu.

„Bist du verrückt?", fährt Sky mich an. „Mein Mom-Manager wird mich dazu verdonnern, wieder zurückzugehen. Sie wird mir nicht einmal zuhören, warum ich weg bin. Vielleicht ist deine Mom anders, aber ich werde meine bestimmt nicht anrufen."

Auf den zweiten Blick halte ich es auch für besser, Mom oder Laney noch nicht anzurufen.

Sky steigen die Tränen in die Augen, und betreten lege ich den Arm um sie. Als ich ihren Rücken tätschle, hört Sky auf zu weinen und beginnt zu lachen.

„Das ist komisch", sagt sie und wischt mit dem rechten Zeigefinger an ihrem verschmierten Mascara herum. „Ich habe gedacht, du wärest die Letzte, vor der ich jemals weinen würde."

„Und ich habe immer gedacht, wenn ich jemals vom Set weglaufen würde, dann wäre es *wegen* dir und nicht mit dir." Mir ist auch zum Heulen zumute. „Aber jetzt stehen wir hier."

„Jetzt stehen wir hier", wiederholt Sky. Sie holt tief Luft. „Okay, genug Trübsal geblasen. Lass uns abhauen, bevor uns noch jemand entdeckt. Hast du ein Auto? Mein Chauffeur hat mich heute Morgen hergebracht, und mein Bodyguard hat heute frei, um seinen Toyota Prius in die Werkstatt zu bringen."

Ich runzle die Stirn. „Wir müssen Rodney anrufen. Ich habe noch keinen Führerschein."

Sky wedelt mit einem langen, rot lackierten Fingernagel vor meinem Gesicht herum. „Stimmt ja, ich habe dein kleines Fahrchaos ganz vergessen. Doofe Sache, sich auf so einen Idioten einzulassen. Was hast du dir nur dabei gedacht, K?"

Grrr ... Skys plötzliche Stimmungsänderung erinnert mich daran, warum wir weit davon entfernt sind, Freundinnen zu werden. Wenn ich etwas so Verrücktes tun soll, wie mich mit ihr bei dieser *FA*-Sache zu verbünden, dann muss es ein paar Regeln geben.

„Wir sollten meine Fahrstunde vergessen und uns lieber auf den bevorstehenden Albtraum konzentrieren", bemerke ich gelassen. „Bis wir eine Lösung für unser *FA*-Problem gefunden haben, könnten wir wenigstens so *tun*, als würden wir uns vertragen, okay? Zwischen uns gibt es kein böses Blut, keine Fehden in der Presse, keine vergangenen Fehler und keine gemeinen Kommentare. Abgemacht oder nicht?"

„Du bist so kitschig." Sky verdreht die Augen.

Ich wende mich ab.

„In Ordnung!", platzt Sky heraus. Ich drehe mich um und sehe, dass sie ihre Hände wie zum Gebet gefaltet hat, als ob sie ein liebes kleines Mädchen auf dem Weg zur Erstkommunion wäre. „Ich werde mich gut benehmen, aber zuerst sollten wir herausfinden, wie wir von hier verschwinden können."

„Kates! Kates!" Rodney stürmt wie ein Güterzug auf uns zu. Sein rundes Gesicht ist panisch verzerrt, und Schweiß rinnt über seinen kahlen Kopf. Er schnappt mich, wirft mich über die Schulter und rennt davon, als ob er nur einen Fußball trüge. „Was machst du mit ihr? Hat sie dir was getan?", knurrt er in vollem Lauf.

„Rod, lass mich runter! Sky hat nichts gemacht." Er stellt mich auf den Asphalt und schaut mich verwirrt an. „Sky und ich, ähm, haben den Set zusammen verlassen, um Solidarität zu zeigen", erkläre ich. Ich weiß, dass der Gedanke, dass ich mit Sky zusammenarbeite, genauso verrückt ist wie der, dass Darth Vader Luke Skywalker hilft. Augenblick mal: In *Die Rückkehr der Jedi-Ritter* hat er doch so etwas Ähnliches gemacht.

„Ich habe gehört, dass du abgehauen bist, aber ich wusste nicht, dass du mit *ihr* gegangen bist." Rodney starrt Sky an.

Sky wirkt nicht beunruhigt. Sie hat eine Nagelfeile gezückt und reinigt sich die Nägel. „Bleib locker, Teddybär. Im Augenblick ist dein kostbarer Gehaltsscheck noch sicher. Ich brauche nur jemanden, der mich mitnimmt."

Rodney schaut mich an. „Überlass sie mir. Bitte!", bettle ich. „Du musst uns hier wegbringen."

„Uns?", fragt Rodney. „Ich soll euch beide mitnehmen? Kates, was ist hier eigentlich los?"

„Vertrau mir einfach, Rod", sage ich. „Kannst du den Wagen holen und uns so schnell wie möglich hier einsammeln? Wir müssen weg, ehe jemand merkt, dass wir das Gebäude verlassen haben."

„Dann lauft ihr zwei am besten mit mir zum Auto", schlägt Rodney vor. „Der Set ist in Aufruhr. Melli und Spencer haben Phil gesagt, er könne den Sender auch wegen ihnen anrufen. Sie würden nichts drehen, bevor sie mit Tom gesprochen haben. Phil hat einen Nervenzusammenbruch, weil er nicht weiterdrehen kann, und versucht selbst verzweifelt, Tom zu erreichen. Und Alexis erklärt jedem, der es hören will, dass sie der Ansicht ist, dass ihr zwei sofort gefeuert werden solltet."

„Mistbiest", murmelt Sky vor sich hin.

„Sie schicken einen Suchtrupp los, der nach euch schauen soll", fügt Rodney hinzu.

„Du hast recht, wir können nicht hier auf dich warten", pflichte ich ihm bei, als mein Handy anfängt zu klingeln. Mist. Nadine muss es bereits erfahren haben. „Wir sollten uns beeilen." Das ist das Letzte, was ich möchte, dass Phil mich sieht und auf der Stelle rauszuwerfen versucht.

„Komm schon, Prinzessin", sagt Rodney zu Sky. Sie wirkt schockiert bei dem Gedanken, dass sie nicht an Ort und Stelle abgeholt wird. „Du solltest die Hufe schwingen."

Wir brauchen fünfzehn Minuten bis zum Lincoln. Eigentlich hätten wir es in acht schaffen können, aber Sky jammerte den ganzen Weg über ihre unbequemen Stöckelschuhe von Miu Miu. Obwohl unsere Handys das meiste davon übertönten. Wenn es nicht Rodneys *Rocky*-Klingelton war oder Skys Handy, das den neuesten Song von Justin Timberlake plärrte, dann ließ mein Motorola den Oberbefehlshaber-Klingelton (Laney) hören oder Nadines aufgezeichnete Stimme, die „dringend!" sagte.

„Ich nehme nur Toms Anruf entgegen", sage ich hartnäckig, als wir auf den Rücksitz des Lincoln klettern, und schleudere mein Handy quer über den Sitz. Jetzt ist es sowieso zu spät, Nadine zurückzurufen. Sie hat bereits gehört, was passiert ist, und wenn ich sie jetzt anrufe, wird sie mir nur raten, dass ich zum Set zurückkehren soll.

Sky rutscht neben mich auf den Sitz und schaut sich um. Ich habe vergessen, dass sie noch niemals zuvor in meinem Wagen war. „Ist dies das Modell von 2005? Mein Chauffeur hat eines von 2008."

„Haben wir beschlossen, wohin wir fahren?", frage ich, während Sky die Rücksitztaschen kontrolliert. Mein Handy meldet sich schon wieder, und gegen besseres

Wissen angle ich danach. Schon wieder eine Sprachnachricht. Damit sind es insgesamt sechs.

„Schau nicht nach", warnt Sky, die meine Gedanken lesen kann. „Du wirst lediglich schlechte Neuigkeiten hören."

Aber ich kann mich nicht beherrschen. Ich gebe meinen Geheimcode ein, 1026 (Austins Geburtstag), und schon höre ich Nadines Stimme: „Kaitlin, du musst mich sofort zurückrufen. Phil ist außer sich, und ich weiß nicht, was ich machen soll mit …"

Ich springe zur nächsten Nachricht. Die stammt von Laney. „Kaitlin Burke, du nimmst sofort dieses Gespräch entgegen, oder ich werde … MANN, WIE WÄRE ES MIT BLINKEN? ICH TELEFONIERE! Kaitlin? Hörst du mich? Ich warne …"

Nächste. „Kaitlin. Das ist kein Witz." Wieder Nadine. „Sie werden euch beide ganz bestimmt rauswerfen, ist das deutlich genug? Ich habe Tom eine dringende Nachricht wegen des Drehbuchs hinterlassen. Es ergibt keinen Sinn, Kaitlin. Irgendetwas Seltsames geschieht da, ich weiß es, aber du kannst nicht einfach an einem Arbeitstag das Set verlassen! Glaubst du wirklich, dass sie das tolerieren werden, nach allem, was geschehen ist? Lass dich nicht von Alexis kleinkriegen. Komm aus deinem Versteck und warte ab, was Tom zu sagen hat über …"

Ich lege auf, ich fühle mich wie betäubt. Tatsächlich gefeuert? Ich dachte, Alexis würde nur bluffen, und es würde sich herausstellen, dass die Seiten nicht abgesegnet waren, und alles wäre vergeben und vergessen. Aber ich habe mich wohl getäuscht.

„Was haben sie gesagt?", erkundigt sich Sky, als

Rodney das Studiogelände verlässt. „Müssen wir sofort im Büro des Direktors antanzen? Wird ein Tageshonorar einbehalten? Oder was?"

„Leute, wohin fahren wir eigentlich?", will Rodney wissen.

Ich starre Sky an. „Nadine sagte, sie würden uns feuern."

Sky verdreht die Augen und beginnt zu lachen. „Ich habe oft schon viel Schlimmeres angestellt und wurde noch nie gefeuert. Mach dich nicht verrückt."

Ich schüttele den Kopf. „Nein. Nadine klang ziemlich ernst. Sie sagte, der Sender würde keine weitere schlechte Presse ertragen. Sky, vergiss das Drehbuch und ob es echt ist oder nicht. Sie werden uns für das hier feuern, ob wir noch in der Serie spielen oder nicht."

Sky hört auf zu lachen, und es wird ruhig im Auto. Wegen schlechten Benehmens rausgeworfen? Ich?

„Mädchen?", erkundigt sich Rodney sanft. „Soll ich weiter im Kreis herumfahren, oder gibt es ein Ziel?"

„Sky?", frage ich und versuche, meine Tränen zurückzuhalten. „Denkst du, sie meinen es ernst? Sollen wir zurückfahren?"

„Ich brauche Zeit, um nachzudenken", sagt Sky mehr zu sich selbst. „Wirklich nachdenken."

Ich schaue sie erwartungsvoll an. „Sky?"

„Rodney, bring uns zur Bar von Guy Anthony auf dem Beverly Drive in West Hollywood", sagt Sky plötzlich.

„Sky, eine Bar?" Ist sie verrückt? Das wird der Presse sehr gefallen. „Ich glaube nicht, dass eine Margarita die Dinge wieder in Ordnung bringen wird", sage ich tadelnd.

„Wir gehen nicht deshalb zu Guy Anthony."

Diesen Ton mag ich gar nicht. Auf einmal spüre ich den Drang, Rodney das Lenkrad aus der Hand zu reißen und uns zurück ins Studio zu bringen. Vielleicht ist es noch möglich, unsere Jobs zu retten.

„K, vertrau mir", sagt Sky, als sie meinen skeptischen Gesichtsausdruck bemerkt. „Wir brauchen eine Stunde, um den Kopf wieder klarzubekommen, und dafür ist Guy Anthony genau der richtige Ort. Nur eine Stunde."

„Ich weiß nicht." Ich habe das Gefühl, als würde ich gleich ohnmächtig werden. Legt Sky mich rein? Was ist, wenn sie einen Weg gefunden hat, ihren eigenen Hintern zu retten und mich die Suppe auslöffeln zu lassen? Es wäre nicht das erste Mal. „Woher soll ich wissen, ob ich dir vertrauen kann?", frage ich. „Woher soll ich wissen, dass du nicht wieder versuchst, mein Leben zu ruinieren?"

„Weißt du nicht", gibt Sky zu. Sie holt eine schwarze Puderdose von Bobby Brown aus ihrer Turnlock-Bowler-Tasche von Marc Jacobs, die rot ist wie ein kandierter Apfel (ich habe genau die gleiche in grün), und betrachtet ihr Gesicht im Spiegel. „Aber was bleibt dir sonst übrig?" Ich beiße auf meine Unterlippe. „Wir sind schon sehr lange bei *FA*", erinnert mich Sky. „Wenn sie uns rausschmeißen wollen, weil wir ein Drehbuch ablehnen, das im Grunde ‚haut ab' sagt, weswegen sollen wir dann eigentlich zurück? Gib mir eine Stunde."

„Kates. Nadine und Laney rufen mich ständig an, und bestimmt will deine Mom in Kürze wissen, was passiert ist. Was soll ich machen?", ruft Rodney.

Sky hat recht, obwohl mir der Gedanke gar nicht

gefällt, dass sie heute alle Antworten weiß. „Ignoriere ihre Anrufe. Bring uns zu Guy Anthony", sage ich zu ihm und schaue dabei Sky an. Danach fahren wir schweigend weiter und lauschen einer Symphonie aus Handyklingeltönen, bis wir unser Ziel erreicht haben.

Ich war noch nie auf einer Veranstaltung in einem der berühmten Lieblingslokale der Promis, deshalb schaue ich mir in dem kleinen, intimen Lokal jetzt alles gründlich an. Es erinnert mich an eine Hotelhalle im Stil von New York City, in der Nadine und ich einmal waren. Die Wände sind mit schwarzen Stoffen behängt, die vom Boden bis zur Decke reichen, und Lederbänke stehen rund um die silberne Tanzfläche. In der Mitte der rückwärtigen Wand befindet sich eine lange Glasbar, durch die man hindurchsehen kann.

HOLLYWOOD-GEHEIMNIS NUMMER DREIZEHN: Habt ihr euch schon mal gefragt, woher die Promis die tollsten Lokale kennen oder warum sie zu den Eröffnungsfeiern der coolsten Restaurants eingeladen werden? Vielleicht haben sie einen wunderbaren Pressesprecher (wie meine, die mir von den allerbesten Partys erzählt) oder Promifreunde mit guten Verbindungen. Aber wahrscheinlich tauchen einige dieser Stars auf, weil sie dafür bezahlt werden. Manchmal, wenn ein Club möchte, dass seine Eröffnungsfeier als Aufmacher für alle Zeitungen verwendet wird, bezahlt er einen großen Star als „Gastgeber" des Ganzen oder für einen Auftritt. Und wenn ich bezahlen sage, dann meine ich richtig Kohle plus eine Reise, bei der alles inklusive ist, falls der Club außerhalb der Stadt liegt. Promis werden auch für andere Dinge bezahlt – zum Beispiel, wenn sie bei der Bar-

Mizwa eines Mädchens singen. Stars machen diese Dinge nicht aus reiner Herzensgüte, sondern um ihre bereits ausgebeulten Geldbörsen noch fetter zu machen.

„Okay, wir sind da", sage ich zu Sky. „Und wie kann uns das hier helfen?"

„Wirst du schon sehen", sagt Sky und stolziert zur Bar, um mit der einzigen Person im Lokal zu reden. Es ist ein süßer Barkeeper mit braunen Ringellocken auf dem Kopf. „Hallo, Cody", gurrt sie.

„Sky, mein Schatz", sagt er mit breitem britischem Akzent. Er ist damit beschäftigt, Martinigläser abzutrocknen, aber er lächelt sie an, und man sieht Grübchen in seinen Wangen. „Du weißt, dass wir erst sehr viel später öffnen."

„Ich weiß", jammert Sky mit Babystimme, die ich noch nie bei ihr gehört habe, „aber meine, ähm, Freundin und ich haben einen so blöden Tag. Kannst du mir noch mal helfen? Bitte?"

Noch mal? Wovon redet sie eigentlich? Rodney und ich beobachten schweigend diese seltsame Unterhaltung. Ich betrachte Cody. Als er den Kopf schüttelt, hüpfen seine Locken in alle Richtungen. Er wird ganz bestimmt gleich Nein sagen.

„Du siehst klasse aus in diesem Hemd", fügt Sky hinzu.

Cody lacht und stellt das Glas ab, das er gerade in der Hand hält. „Okay. Aber das ist das letzte Mal." Sky bekreuzigt sich. „Erzähl bloß niemandem davon."

Sky zieht sich an der Bar hoch und lehnt sich hinüber, um ihn auf die Wange zu küssen. „Ich liebe dich, Codykins", schnurrt sie.

„Du hast Glück, dass ich dich auch liebe", sagt Cody, als er durch eine Tür hinter der Bar geht und verschwindet.

„Seid ihr zwei …⸮", beginne ich meine Frage, aber Sky schüttelt den Kopf. „Er denkt, ich bin zu jung für ihn." Sky zuckt die Schultern. „Und das ist das Ende der Geschichte."

Ich verstehe den Wink. „Wohin geht er⸮", erkundige ich mich stattdessen. Innerhalb weniger Sekunden bekomme ich meine Antwort. Cody erscheint in einer Tür hinter der DJ-Kabine. Er schaltet die Lautsprecher ein, und die Tonanlage erwacht. Ich beobachte, wie er zwei Mikrofone einstöpselt und sie oben auf die Drehscheibe stellt. Dann greift er unter das Mischpult und holt einen ramponierten schwarzen Aktenordner hervor, der vor lauter weißem Papier und CD-Hüllen überquillt. Augenblick mal. Das ist doch nicht etwa …

Sky flitzt hinüber und nimmt das Karaokebuch. „Komm, schau", ermuntert sie mich. Langsam gehe ich hinüber. „Such dir ein Lied aus", schlägt sie vor.

Ich schaue sie an, als ob sie verrückt geworden wäre. „So willst du das Ganze wieder in Ordnung bringen⸮", frage ich und werde langsam wütend. „Deshalb mussten wir das Studio verlassen⸮ Um Karaoke zu singen⸮ Ich war so dumm zu glauben, du hättest einen Plan, um uns vor dem Rauswurf zu bewahren!" Ich bin außer mir und nicht nur deswegen, weil ich nicht singen kann. Ich habe noch nie in der Öffentlichkeit gesungen, und ich werde ganz bestimmt nicht jetzt damit anfangen vor Sky, Rodney und Cody. Ich brauche sofort Sauerstoff. Warum habe ich die Papiertüte bloß in meiner Garderobe liegen lassen? „Cody, hast du vielleicht irgendwelche Papiertüten hinter der Bar?", frage ich. Er schüttelt den Kopf.

„K, warum bist du denn nur so aufgedreht?", erkundigt sich Sky mit Babystimme, was mich nur noch wütender macht.

„Ist das so was wie ein Spiel für dich, Skylar?", sage ich. „Ich habe mit dir das Set verlassen, weil ich dachte, du hättest ein stichhaltiges Argument dafür. Ich dachte, wir wären wirklich aufeinander angewiesen, um das durchzustehen. Aber jetzt sind wir hier, in einer Bar, mitten am Nachmittag, und du möchtest, dass ich singe! Wie soll uns das denn weiterhelfen?"

Sky verdreht die Augen. „Du weißt wirklich überhaupt nichts von mir, nicht wahr?"

Ich gebe keine Antwort. Ich lausche dem unablässigen Klingeln unserer Handys.

„Nun, da wir einen vorübergehenden Waffenstillstand geschlossen haben, werde ich dir ein kleines Geheimnis von Skylar Mackenzie anvertrauen." Ihre dunklen Augen leuchten auf. „Wenn ich durcheinander oder wütend bin, dann singe ich. Ich dachte, wenn wir die Ereignisse aus unseren Köpfen verbannen könnten, bis Tom sich meldet, könntest du dich vielleicht so weit entspannen, dass wir einen Schlachtplan entwickeln. Soviel ich sehe, K, bist du noch viel kaputter als die Fäden meines alten Pashmina-Schals."

„Ich weiß, wie man sich entspannt", antworte ich abwehrend.

„Oh wirklich?", erwidert Sky. „Das ist eines unserer größten Probleme, K. In all den Jahren, seit wir uns kennen, hast du dir immer über irgendetwas Sorgen gemacht. Und ich bin todsicher nicht für alle deine Schwierigkeiten verantwortlich."

„Aber für eine ganze Menge davon", meldet Rodney sich von der Bar zu Wort.

„Worauf willst du hinaus?", frage ich und warte auf Skys nächsten Tiefschlag. Sie ist wie eine Python, und die lassen eine ungeschützte Beute niemals in Ruhe.

„Manchmal solltest du einfach loslassen und abwarten, was das Leben zu bieten hat." Sky zuckt die Schultern. „Du kannst nicht alles im Griff haben. Denkst du, mir gefällt es, immerzu der Köder für die Paparazzi zu sein? Oder zu sehen, wie mein letzter Fehlschlag mit einem Jungen in den Illustrierten breitgetreten wird? Meine Mom kann genauso anstrengend sein wie deine, vielleicht sogar noch mehr, aber du wirst es nicht erleben, dass ich mich darüber bei Caty ausheule."

„Du weißt gar nichts von mir", fahre ich sie an. Ich bin wütend, weil sie teilweise recht hat. „Und es interessiert dich auch nicht. Tu nicht so, als würdest du jetzt damit anfangen."

„Beruhige dich", bemerkt Sky mit erneutem Augenrollen. „Ich wollte nur vorschlagen, dass du dir irgendein Hobby ganz für dich allein suchst. Für mich wurde es damit einfacher, mit ein paar weniger schmeichelhaften Augenblicken in Hollywood fertig zu werden." Sky nimmt das nächststehende Mikrofon und wirft es locker von einer Hand in die andere. „Ich singe. Ich singe unter der Dusche, im Auto, und an den Dienstagabenden komme ich hierher und singe Karaoke. Eine Menge Promis kommen hierher. Letzte Woche zum Beispiel Ashley und Vanessa, und ich habe ‚Lady Marmalade' gesungen und frenetischen Beifall bekommen. Kiki Dunst wollte gar nicht mehr aufhören zu klatschen. Und Cody auch nicht."

„Sie ist wirklich super", ruft Cody. Er steht hinter der Bar und macht Cocktailgläser sauber.

„Ich habe vorher noch nie von einem Karaokeabend für Stars gehört", gebe ich zu. Ich spüre, wie sich meine Schultern lockern, als Sky aufhört, mich zu analysieren.

„Das kommt daher, weil es ziemlich zwanglos ist." Sky blättert im Ordner und findet die CD, die sie gesucht hat. „Keiner spricht darüber, und es stand nur einmal etwas darüber in *TV Tome*. Cody erzählte ihnen, es wäre eine Wohltätigkeitssache für einen Abend, deshalb sind die Presseleute nicht wiedergekommen."

Sie schiebt die CD in die Anlage und reicht mir ein Mikrofon. „Willst du es mal versuchen?", fragt sie.

„Auf keinen Fall", antworte ich nervös.

Sky verdreht schon wieder die Augen. „K, sei doch kein Baby."

„Du hast mich ja noch nicht einmal das Lied aussuchen lassen", betone ich. „Woher willst du wissen, dass du eines gewählt hast, das ich kenne?"

Sky seufzt. „Wir singen das erste zusammen, okay? Der Text steht auf dem Bildschirm, du kannst also nichts falsch machen", fügt sie mit listigem Lächeln hinzu. „Das heißt, falls du wirklich ein Lied zustande bringst."

Ich verstehe die Herausforderung. Ich nehme das Mikrofon und betrete die Bühne neben der DJ-Kabine. Ich spüre, wie ich zittere, aber ich versuche, tief durchzuatmen, und konzentriere mich auf den flachen Bildschirm, auf dem der Text ablaufen wird. Mein Gott, ich kann eigentlich gar nicht singen. Rodney nippt an einem Sodawasser und beobachtet mich. Ich würde am liebsten kotzen.

„Was singen wir eigentlich?", erkundige ich mich piepsend.

Sky lächelt. *„I Will Survive"*, sagt sie.

Die sentimentale Musik setzt ein, und ich erkenne die klassische Nummer von Gloria Gaynor sofort. Sky stößt mich in die Rippen, damit ich mitsinge, aber ich bin wie gelähmt.

Ich. Kann. Nicht. Singen. Vor. Anderen. Leuten.

Sky scheint es nichts auszumachen, dass ich ihr ein Solo verschafft habe. Mit jeder Zeile wird sie sicherer, und ich fühle mich wie festgenagelt. Ihre durch Lipgloss Lip Venom voller aussehenden Lippen sind zu einem seligen Lächeln verzogen, ihre Augen sind geschlossen, und sie wiegt sich beim Singen mit dem ganzen Körper. Sie ist nicht nur gut, sie hat auch Freude daran, und ich bin ein bisschen neidisch.

Während ich Sky zuhöre, denke ich daran, wie sehr ich dieses Lied mag. Sky starrt mich an, während sie das Lied schmettert, und versetzt mir wieder einen Stoß in die Seite. Cody und Rodney an der Bar klatschen im Rhythmus. Mein Herz schlägt wie verrückt, und ich schwitze unter dem grellen Stroboskoplicht, aber ich spüre einen Stich, als ich Sky beobachte. Sie geht völlig in ihrem Gesang auf, als sie zum Refrain kommt. Und plötzlich stelle ich fest, dass ich mit leiser Stimme mitsinge.

Na gut, ich klinge gar nicht *so* schlecht. Wenigstens kenne ich dieses Lied auswendig. Lizzie und ich haben es immer gesungen, wenn wir bei der anderen übernachtet haben. Sky grinst und signalisiert mir, lauter zu singen. Nach wenigen Sekunden schreie ich fast. Wir schauen uns an, die Mikros berühren sich beinahe, und singen so laut, dass ich meine eigene Stimme kaum noch höre. Ich habe keine Ahnung, ob ich gut bin oder bei meinem Gesang die Milch schlecht werden würde, aber es ist mir auch egal. Sky hat recht. Es macht Spaß.

„I WILL SURVIIIIIIVE!", brüllen wir den letzten Refrain, und beim letzten langen Ton überschlägt sich meine Stimme. Oops.

Codey und Rodney applaudieren heftig, und Sky verbeugt sich. Ich mache es ihr nach, mir ist schwindelig.

„Wow, das war wirklich nicht schlecht", bringe ich schließlich heraus. Ich bin völlig außer Atem.

„Du warst klasse", sagt Sky begeistert.

Ich schaue sie an. „Das sagst du nur so."

„Nein, K, ich schwöre. Du hast eine respektable Stimme", sagt sie, und aus ihrem Mund nehme ich es als Kompliment. „Wie fühlst du dich?"

„Wie eine Überlebende", scherze ich. „Nein, ernsthaft, du hattest recht. Das ist ein tolles Gefühl. Fast wie an meinem Geburtstag." Sky zieht einen Schmollmund. „Was soll ich sagen?"

„Du sollst sagen, dass du jetzt entspannt genug bist, um eine Lösung für unser Problem zu finden", sagt Sky mahnend. Sie macht eine Pause. „Und dass ich zehnmal besser war als du." Wir lachen beide.

„Mir geht es hervorragend", gebe ich zu. „Und du hast fantastisch gesungen." Skys Gesicht wird pink. Wer hätte gedacht, dass ausgerechnet sie so verlegen reagieren könnte?

„Danke", sagt sie und nimmt das Mikrofon von den Lippen. „Ich stehe gerne hier oben."

„Hast du dir mal überlegt, ein Album zu machen?", erkundige ich mich. „Ich wette, die Plattenfirmen würden sich darum reißen, dich groß rauszubringen."

„Wir haben tatsächlich schon mit vielen Plattenfirmen gesprochen, aber ich weiß nicht, ob ich eine dieser singenden Schauspielerinnen sein will", sagt Sky. „Wir wissen doch alle, wie toll das bei Lindsay funktioniert hat."

„Stimmt", gebe ich zu, „aber es war vermutlich auch nicht gerade die beste Idee, bereits als erste Single ein Paparazzi-Hass-Lied zu bringen."

„Es ist nur ..." Sky zögert. Ihre Stimme klingt ernst. „Ich würde nicht damit fertig werden, ein Album auf dem Markt zu haben und nur die Nummer zwei zu sein, weißt du? Zu wissen, dass das Publikum jemand anderen mehr mag als mich, würde mich umbringen. Ich spiele, um zu gewinnen, und in letzter Zeit habe ich nicht sehr viele Schlachten gewonnen."

Ich schaue zu Boden. Das galt bestimmt mir, wenn auch unabsichtlich. Jetzt fühle ich mich schuldig, weil ich offensichtlich der Grund dafür bin, dass Sky Angst davor hat, etwas Neues auszuprobieren und eventuell zu scheitern. Wahrscheinlich ist es das Gleiche wie meine Angst davor, dass Liz auf die Uni geht. Ich bin nicht sicher, ob ich selbst studieren möchte, aber ich will nicht zurückgelassen oder abgelehnt werden.

„Ich bin irgendwie deprimiert", sagt Sky, als ob sie meine Gedanken gelesen hätte. „Heitere mich doch mit einer Solodarbietung auf, damit ich mich über dich lustig machen kann." Sie lächelt mich schalkhaft an.

„Auf keinen Fall", antworte ich erschrocken. „Das kann ich nicht." Das Klingeln unserer Handys hinter uns scheint sich noch gesteigert zu haben. „Rodney, hat Tom inzwischen angerufen?", versuche ich Zeit zu schinden.

Rodney kontrolliert die Displays unserer Handys und schüttelt den Kopf. „Jede Menge Nachrichten von Amanda für Sky, und Kates, deine Mom und Laney werden nicht aufgeben. Kates, sei bitte nicht sauer, aber ich habe dir ..."

„Vielleicht sollten wir gehen", schneide ich ihm das Wort ab, doch Sky schüttelt den Kopf. „Ich habe dir an diesem einen Nachmittag mehr über mich erzählt als in den letzten zwölf Jahren. Du schuldest mir was, K. Los, sing."

„Ich schulde dir gar nichts." Trotzdem nehme ich widerwillig das Mikrofon und gehe hinüber zum Ordner, um ein Lied auszuwählen. Ich weiß, wonach ich suche, obwohl ich nicht sicher bin, ob ich das schaffe. Ich blättere durch die Seiten. Da ist es. Mein Erinnerungslied, wenn es denn überhaupt eines gibt. Ich habe noch nie jemandem davon erzählt. Nicht einmal Austin.

„*Breakaway* von Kelly Clarkson?", meckert Sky, nachdem ich die CD in die Anlage geschoben habe und der Titel auf dem Bildschirm erscheint. „Ich dachte, du wärest cooler, K."

Ich nehme noch einen Schluck von dem Mineralwasser, das Cody mir gebracht hat, und räuspere mich. Ich hole tief Luft, warte auf meinen Einsatz und schließe die Augen. Ich singe, so gut ich kann, und spüre, wie die Worte mich bewegen, während ich die Reime wiederhole. Mein Massageduschkopf weiß, dass ich das Lied gut singen kann. Wenn ich etwas ohne Probleme darstellen kann, dann das Losgelöstsein von der Welt.

Sky hat wirklich recht. Singen befreit tatsächlich! Meine Hände zittern nicht mehr, und ich spüre die Musik. Ich genieße das hier wirklich mehr, als ich mir vorgestellt hatte. Den Text kenne ich auswendig, deshalb schließe ich die Augen und schmettere den Song heraus. Cody, Rodney und Sky beobachten mich, und ich versuche, sie auszublenden.

Als der letzte Ton verklungen ist, ist nur Schweigen um mich herum. Kein Applaus. Ich muss zugeben, dass ich ein wenig enttäuscht bin deswegen. Ich dachte eigentlich, ich wäre ziemlich gut gewesen. „War ich so schlecht?", will ich wissen, als ich meine Augen öffne. Ich schaue auf die Tanzfläche und sehe dort Laney, Nadine und Mom. Sie sehen gar nicht glücklich aus.

Oh mein Gott. Hinter ihnen steht Skys Pressesprecherin Amanda, die ihr ärgerlich etwas ins Ohr flüstert. Sky schaut mich an, lächelt und formt mit den Lippen: „Das war klasse." Zumindest denke ich, dass es das heißen soll. Vielleicht auch „deine Tasse", aber das wäre Blödsinn. Ich lächle zurück. Dann schaue ich Rodney an, der einen nervösen Eindruck macht.

„Ich wollte es dir ja sagen", erklärt er. „Ich musste Nadine einfach anrufen und ihr erzählen, dass es dir gut geht und wo wir sind."

„Kates, das war wunderbar", sprudelt Nadine heraus.

„Nadine, das ist jetzt wirklich nicht wichtig", fährt Laney sie an. „Obwohl du wirklich ziemlich gut warst."

„Laney", schreit Mom. Ich habe sie fast noch nie so aufgeregt gesehen. „Kaitlin, komm sofort runter von dieser Bühne. Nadine hat uns alles berichtet. Wir gehen sofort zu Tom Pullman."

„Aber Mom", sage ich zögernd, „er geht nicht ans Telefon ..."

„Melli hat ihn erwischt, und er ist stinkwütend", sagt Mom.

Ich lasse den Kopf hängen. Also stimmt es. Wir sind erledigt.

„Die Drehbuchseiten waren gefälscht. Irgendjemand hat versucht, euch dazu zu bringen, eine erfundene Szene zu drehen und noch mehr Geld vom Sender zu verschwenden."

Tatsächlich? Unser Gefühl hat uns nicht getrogen? Aber warum sollte jemand so etwas machen? Ich schaue von Nadine zu Laney. Ach herrje. Sky und ich hatten recht! „Du meinst, du meinst, man hat uns nicht aus der Serie geschrieben?"

„Bisher zumindest noch nicht", sagt Laney mit gespitzten Lippen. „Aber Tom ist nicht gerade glücklich. Wie es aussieht, mit keinem von euch. Er hat all die Streitereien satt und die Geschichten in den Zeitungen und die Spannung zwischen euch beiden und Alexis. Und jetzt noch das gefälschte Drehbuch ... Ein paar Leute könnten ihren Job verlieren. Es ist nicht die richtige Zeit, um einen Streik zu veranstalten", sagt Laney rundheraus.

„Aber wir ...", beginne ich.

„Ihr zwei habt die Dinge für euch noch schlimmer gemacht, indem ihr einfach verschwunden seid", unterbricht Amanda. Sie hat eine kurze schwarze Bobfrisur, gebräunte Haut und die Figur einer Tänzerin. Genau wie

Laney trägt sie das brave Kostüm einer PR-Managerin – Jeans von Rock and Republic, einen schlichten babyblauen Kaschmirpullover und niedrige Absätze. „Tom ist so wütend, dass er drauf und dran ist, seine Verluste auszubuchen und die schwierigen Leute zu feuern."

„Sind das etwa wir?", erkundigt sich Sky. Sie wirkt beunruhigt. „Es ließ sich nicht vermeiden. Phil hat gesagt, wir müssten drehen."

„Ihr hättet darauf bestehen sollen, mit dem Dreh zu warten", sagt Amanda. „Alexis wirkt kooperativ, während ihr zwei schlecht aussieht, weil ihr für weitere Verzögerungen verantwortlich seid."

„Ihr werdet alle beide sofort Tom anrufen und euch entschuldigen", sagt Laney. „Wahrscheinlich werdet ihr auf dem Anrufbeantworter landen, weil er außer sich ist wegen der Änderungen, und jetzt hat er auch noch das Drehbuchchaos am Hals, aber macht es trotzdem. Dann werden wir uns bemühen, Einzelgespräche mit Tom für euch zu vereinbaren, damit ihr ihm persönlich eure Sicht der Dinge schildern könnt. Aber sein Assistent hat gesagt, dass das vermutlich nicht vor nächster Woche stattfinden kann."

„Aber was ist jetzt mit dem Drehbuch?", erkundigt sich Sky. „Wenn es gefälscht ist, dann muss doch einer der Autoren dahinterstecken, oder nicht?"

Amanda schüttelt den Kopf. „Alle Autoren wurden befragt, und natürlich haben sie geschworen, nichts damit zu tun zu haben. Doch offensichtlich hat es jemand getan, deshalb wird es eine Untersuchung geben und eine große Besprechung mit den Schauspielern, ganz zu schweigen von ein paar Terminen mit dem Studio. Das bedeutet noch mehr Verzögerungen und Geldverlust für den Sender. Tom wird das nicht dulden."

„Für euch spricht jedoch, dass in dem neuen Drehbuch davon die Rede war, eure Figuren sterben zu lassen", erklärt Laney. „Keine von euch würde das schreiben."

„Warte mal, sie denken, dass wir das waren?", frage ich ungläubig.

„Das haben sie nicht gesagt, aber sie werden alle befragen, einschließlich euch beide", erwidert Amanda. „Und keine von euch war in letzter Zeit glücklich bei der Arbeit, wegen all dieser Probleme mit Alexis. Anscheinend könnt ihr es also nur getan haben, um jemandem die Schuld dafür zuzuschieben oder aus euren Verträgen auszusteigen."

„Wir würden doch niemals *freiwillig* unsere Verträge beenden", sagt Sky trotzig. „Ich bestimmt nicht."

Wie kann man bloß auf den Gedanken kommen, wir würden wenigstens einmal auf derselben Seite stehen, wenn auch nur zeitweise? Ich unterdrücke ein Lachen.

„Sie haben sogar Alexis gefragt", sagt Nadine. „Ein paar Techniker und einer von der Besetzung haben beobachtet, dass Alexis gemein zu euch beiden war, und ihnen wurde klar, dass irgendetwas los war. Schließlich wurde deutlich, dass Alexis wirklich ein Problem mit euch beiden hat."

„Na, endlich", murre ich.

„Es heißt aber nicht, dass Alexis nicht mehr angehimmelt wird", warnt Laney. „Wir müssen abwarten, wie's weitergeht. Nachdem Alexis sich gefasst hatte, hat sie ihren Streit mit euch beiden sehr bedauert und die Produzenten gebeten, euch wieder zu beschäftigen."

Laney schnaubt. „Sie ist raffiniert. Das muss ich zugeben. Das Beste, was wir jetzt machen können, ist, es hinzukriegen, dass man euch gerne in der Serie behält. Amanda und ich werden uns darüber beraten", fügt Laney hinzu und wirft ihrer Kollegin einen Blick zu. „Wir sind nicht gekommen, um mit euch zu schimpfen. Wir sind hier, um darüber zu sprechen, wie wir euren Arsch retten können. Wir waren uns einig, dass es inzwischen wirksamer ist, uns zusammenzutun, als getrennte Versuche zu starten."

Sky und ich nicken. „Das sehen wir auch so", antworte ich für uns beide.

„Gut", sagt Laney und schaut uns beide an. „Denn das, meine Lieben, wird schwer werden. Es werden Köpfe rollen, und ihr wollt bestimmt nicht, dass es eure sind."

Freitag, 1.11.

Persönliche Notizen:

Tom großen Blumenstrauß schicken von Sky + mir.
Für morgen Geschenkkorb für Crew/Techniker/-Garderobieren von Sky + mir bei Kaffeebohne und Teeblatt bestellen.
Präventivschlag zusammen mit Sky: Hollywood Nation + Celeb Insider anrufen und gemeinsame Erklärung abgeben.
Nadine bitten, Austin + Liz Frühstückskörbe zu schicken, die vor den Studieneingangstests nächste Woche ankommen.

TV Tome Online

BLOGS   SHOWS   PROGRAMM   FILME

TV-Insider-Klatsch und Tratsch rund um die Uhr!

13. November
Schmutzige Affäre
von **Miana Demultz**

Familienabschuss? Das ist das Insiderwort aus unseren Quellen am Set von Family Affair, nachdem ein Streik die Filmarbeiten wieder unterbrochen hat. Sender und Bosse von FA haben die Nase voll von den ständigen Kämpfen, Gerüchten und Verzögerungen, die das einst friedliche Set total durcheinandergebracht haben. Sie wollen herausfinden, wer für diese Katastrophe verantwortlich ist.

Von der Klatschpresse geplagte Stars (Kaitlin Burke, Sky Mackenzie und Alexis Holden – ihr seid gemeint), Verzögerungen und eine lautstarke Auseinandersetzung in Vegas vor der gesamten Presse sind nichts im Vergleich dazu, was kürzlich am Set passierte. Laut den Informationsquellen von Tome wurden an jenem Tag neue Drehbuchseiten an die Schauspieler verteilt. In der entsprechenden Szene wurde die Abstammung der Zwillinge Sam (Burke) und Sara (Mackenzie) in Frage gestellt und nicht diejenige des Neulings Colby (Holden).

Die Nachricht brachte die bereits total gestressten Schauspieler aus der Fassung. „Es sah so aus, als würden Kaitlin und Sky dafür verantwortlich gemacht und wegen all der schmerzlichen Intrigen und Gerüchte gefeuert werden", sagt ein Kollege, „und Melli und Spencer (die die Eltern Paige und Dennis spielen) waren mehr als außer sich. Alle lieben Kaitlin, und Sky ist eine tolle Schauspielerin, deshalb schien diese Entscheidung aus heiterem Himmel zu kommen."

„Kaitlin und Sky haben den ganzen Morgen geweint", teilte ein anderer Kollege vertraulich mit. „Sie konnten einfach nicht glauben, dass sie rausgeschmissen wurden und keiner den Anstand hatte, es ihnen zu erzählen, ehe sie das Drehbuch erhielten." Sie weigerten sich, diese Szene zu drehen, bevor sie mit Tom Pullman, dem Producer und Schöpfer der Serie, gesprochen hatten. Aber Tom war vor Ort damit beschäftigt, Änderungen für eine verspätete Folge fertig zu stellen. Als der Gastregisseur darauf bestand, dass die Mädchen trotzdem filmen sollten, verließen sie gemeinsam das Set. Damit lösten sie neuerliche Verzögerungen aus, die FA zwingen wird, noch mehr Wiederholungen zu senden.

Und jetzt kommt der Punkt, an dem die Geschichte ausgesprochen grotesk wird, liebe Leser. Während Kaitlin und Sky verschwunden waren, um ihre möglicherweise verlorenen Honorarschecks zu beweinen, traf Pullman am Set ein und flippte wegen der neuen Drehbuchseiten aus. Wie sich herausstellte, waren diese Seiten, die jedem ausgehändigt worden waren, von den Technikern bis zum Gastregisseur Phil Marker, eine Fälschung! „Tom stieß Kameraständer um, warf Drehbücher durch die Gegend und brüllte vor allem so laut, dass wir befürchteten, er würde einen Herzanfall bekommen", erzählt eine andere Quelle. „Er wird keine Ruhe geben, bevor er herausgefunden hat, wer die gefälschten Seiten verteilt hat. In letzter Zeit hatte er mehr als genug Probleme mit FA. Er muss deutlich machen, dass er es ernst meint. Wer auch immer das getan hat, muss seinen Hut nehmen."

Wer fliegt also raus? Laut offizieller Verlautbarung niemand. „Die Gerüchte sind eindeutig falsch", sagte Pullman, als er um einen Kommentar gebeten wurde. „Wir haben nicht die Absicht, irgendjemanden von der Besetzung gehen zu lassen."

Das klingt nach einem weiteren Versuch von Affair, ihre PR aufzupolieren.

„Jeder wird versuchen, sich von seiner besten Seite zu zeigen, bis Tom eine Entscheidung getroffen hat", behauptet unsere Informationsquelle. „Aber es ist zu spät. Irgendjemand wird über all das stolpern, und wir sind neugierig, wer es sein wird."

Abonnement   Permalink   Kommentare (52)   E-Mail an einen Freund
Nächste Seite

VIERZEHN: *Wer muss gehen?*

Als Nadine und ich bei Liz eintreffen, fühle ich mich nur in Bezug auf meine Kleidung sicher. Ich trage ein knielanges, schwarz-weiß gestreiftes Kleid von Thakoon Panichgul, das an der Taille wie ein Korsett geschnürt ist; meine Beine stecken in schwarzen Leggings und meine Füße in Highheels von Cesare Paciotti. Mein Haar ist zu einem einfachen tiefen Pferdeschwanz gebunden. Laut meiner Stylistin Tina Cho bedeutet mein Aussehen, ich bin „ein Typ wie die junge Audrey Hepburn, geschmeidig, klug und absolut bereit, es mit jedem Reporter aufzunehmen, der an meine Tür klopft."

HOLLYWOOD-GEHEIMNIS NUMMER VIERZEHN: Jeder weiß, dass normalerweise nicht der Promi selbst für seinen großartigen Modegeschmack verantwortlich ist, sondern sein Stylist. Das wird deutlich, wenn wir auf dem roten Teppich stehen (in den Klamotten der Designer, die uns die kostenlosen Kleider geliehen haben). Aber wenn wir in die Stadt gehen oder einem Live-Interview ins Auge sehen, dann brauchen wir unsere Modegurus am dringendsten. Ein Stylist kann im Alleingang einen B-Star über Nacht in einen echten Star verwandeln. Topstylisten wie Tina haben Insiderinformationen über die Modetrends von morgen, besuchen alle Shows auf den Laufstegen und wissen, was man anstellen muss, damit sich ein Star in seiner Haut wohlfühlt.

Tina ist ein Genie darin, meine Persönlichkeit zur Geltung zu bringen, und sie sucht eine Menge verrückter, romantischer oder maßgeschneiderter Kleidungsstücke für mich aus. Sie weiß, wie man meine positiven Seiten (eine schmale Taille) betonen und meine Schönheitsfehler (meine dicken Fußgelenke und großen Füße sehen in Highheels zierlich aus) verstecken kann. Aber unsere beste Waffe bei der Auswahl meiner Kleidung sind Polaroidfotos. Tina schießt Bilder von jedem Ensemble, das ich anprobiere, sodass wir sehen können, wie die Kleider im Film wirken. Wenn es eine gute Aufnahme ist, dann weiß ich, dass das Matrosenkleid der Hit für das Fotoshooting ist.

Ich bin froh, dass ich mein heutiges Outfit mag, denn Bilder, die mich darin zeigen, werden eine Weile in Umlauf sein. Tina hat es für den 24-stündigen Interviewmarathon ausgewählt, den sie mir verpasst haben, um mein Image in der Öffentlichkeit aufzupolieren. Er findet eine Woche nach Skys und meiner Flucht vom Set statt. („Ich bin erst sechzehn", habe ich heute mehrmals gesagt, genauso wie Laney und ich es geübt hatten, „und manchmal mache ich Fehler, aber ich bin auch schlau genug zu wissen, wie ich es wiedergutmachen kann. Dass Sky und ich den Drehort verlassen haben, war keine Lösung für dieses Problem.")

„Geht es dir gut?", erkundigt sich Nadine, als sie bei Familie Mendes klingelt. „Bist du sauer, dass ich deinen Babysitter spiele?"

„Ich bin froh, dass du da bist", versichere ich ihr. Laney und meine Eltern befürchten, dass ich von Reportern aus dem Hinterhalt überfallen werde. Deshalb haben sie darauf bestanden, dass ich immer von einem Mitglied des Burke-Teams begleitet werde, bis diese *FA*-Geschichte sich erledigt hat. Oder explodiert ist. Was auch immer zuerst passiert.

Liz öffnet die Tür. Aus der Stereoanlage höre ich Gwen Stefani plärren. „Geschafft!", ruft Liz.

Liz und Austin haben heute den Studieneignungstest absolviert, und um das zu feiern, beschloss Liz, eine „Gott-sei-Dank-ist-der-Test-vorbei"-Party zu veranstalten. Ich freue mich, dass es einen Grund gibt zu feiern, auch wenn ich nicht vor dem Frühjahr meinen Eignungstest ablegen werde. Nach allem, was geschehen war, musste ich jeglichen Gedanken an diesen Test zurückstellen, und das ist vermutlich auch das Beste. Wenn ich jetzt versuchen würde, die Prüfung abzulegen, würde ich sie wahrscheinlich verhauen, so wie Meredith ihre Assistenzarztprüfung in *Grey's Anatomy*. Ich bin nicht sicher, dass der Betreuer genauso viel Mitleid mit mir haben würde wie der Chefarzt bei Mer.

Liz' olivbraunes Gesicht ist gerötet, und mir ist klar, dass sie getanzt hat, denn ihr braunes Tweedkleid fühlt sich feucht an, als sie mich umarmt. „Ich hatte fest damit gerechnet, dass Laney dich bis Montag mit Interviewterminen zuschütten würde. Geht es dir gut?"

Ich zucke die Schultern. Ich bin nur müde. Eigentlich mag ich Interviews wirklich und spreche gerne über *FA*, aber die heutige Sitzung – Laney ließ mich die halbe Nacht Zitate üben (wie zum Beispiel: „Es gibt keine engagierteren Schauspieler als bei *FA*. Familien streiten sich manchmal, aber wir halten immer zusammen") – war ermüdend.

„Sie ist wirklich ein alter Hase", lächelt Nadine. Da sie mich heute zu allen Interviews begleiten musste – Mom hatte eine wichtige Verabredung mit Botox, die sie nicht sausen lassen konnte –, hatte sie ihre übliche Aufmachung für Samstag (Sweats) gegen eine figurbetonte beige Button-Down-Bluse und eine schwarze Hose mit weiten Beinen getauscht. „Ich bin sehr stolz darauf, wie sie sich präsentiert."

Liz führt uns durch die Eingangshalle in rosa Marmor, den langen Gang hinunter und vorbei an der modernen Küche in das fünfundsiebzig Quadratmeter große Wohnzimmer mit dem atemberaubenden Blick auf die Skyline von Los Angeles. „Ich weiß genau, womit ich dich aufheitern kann", verspricht Liz.

Ungefähr fünfzig meiner ehemaligen Klassenkameraden von der Clark High School sind da – sie tanzen in der Mitte des Raumes, räkeln sich auf den Ledersofas, schauen den Cheerleaderfilm *Bring It On* auf dem 50-Zoll-Plasmabildschirm an, der über dem offenen Kamin hängt, oder knutschen auf der Terrasse neben dem Pool – aber die Person, die Liz gemeint hat, steht genau vor mir.

„Wen sehen meine entzündeten Augen", sagt Austin. Er schlingt seine Arme fest um mich, und ich komme mir vor wie ein Burrito. In seinem offenen weißen Leinenhemd und ausgebleichten Jeans, die an den Oberschenkeln leicht abgescheuert sind, sieht er einfach hinreißend aus. „Hältst du dich senkrecht? Ich habe heute den ganzen Tag versucht, dich zu erreichen", sagt er. Er riecht nach Pfefferminz. Ah ... es geht mir schon viel besser.

Warte mal. Ich habe was vergessen.

„Ich, ich, ähm ..."

Heute treffen wir uns das erste Mal wieder, seit er *vielleicht* gesagt hat, dass er mich liebt. Wegen all diesem Unsinn mit FA ist mehr als eine Woche vergangen, seit wir uns zuletzt persönlich gegenüberstanden. Wir haben telefoniert, aber es erschien mir zu kitschig, mit ihm am Handy die Liebesfrage zu diskutieren (um ehrlich zu sein, hätte ich es nur zu gern getan, aber Nadine hatte gesagt, es wäre keine gute Idee). Ich habe geprobt, was ich bei unserem nächsten Treffen zu Austin sagen würde, aber jetzt bin ich verloren. Ich schaue prüfend in sein Gesicht.

Sieht er aus wie jemand, der verliebt ist? Erwartet er von mir, dass ich sage: „Hey, ich liebe dich auch?" Bin ich bereit dafür, oder will ich es nur sagen, weil ich *denke*, dass er es gesagt hat? Wegen dieser Sache fühle ich mich so unbehaglich in Gegenwart der einen Person, der ich wirklich vertraue. „Ich, ähm, ich, ähm …"

„Burke, was ist los?", lacht Austin. „Du willst mir doch nicht erzählen, dass dir nichts mehr einfällt nach deinem heutigen Redemarathon?"

Ich nehme eine Garnele in Kokosnussteig vom Tablett einer Kellnerin, die gerade vorbeikommt, stecke sie in den Mund und nicke. Wenn ich den ganzen Abend lang Essen in mich hineinstopfe, muss ich vielleicht gar nicht mit Austin über dieses L-Wort sprechen. Hurra!

Für diesen Plan ist mit Sicherheit genügend zu essen vorhanden. Das Tolle bei Liz' Partys ist, dass – unabhängig vom Anlass – das Ganze genauso aufregend ist wie die Restauranteröffnung eines Promis. Für heute Abend hat sie DJ Samantha Ronson angeheuert, um die Scheiben aufzulegen. Eine ganze Parade von Kellnern bietet das tollste Essen an – von Curryhähnchen bis zu Spinatquiches, und ein Sushikoch bereitet frische Maki-Sushi zu. Außerdem gibt es Geschenktüten mit der Aufschrift *Test ist geschafft*, die On3 Productions, der Ausstatter von Geschenkkörben für Promis, vorbereitet hat. Sie enthalten Gurkenkräuter-Augenmasken, Kerzen von Archipelago und Antistresscreme *Peace of Mind* von Origins. Liz' Dad ist ein Promi-Anwalt und betreut viele Stars (mich auch) und entschädigt Liz für seine Überstunden im Büro mit einer Kreditkarte ohne Limit. Kein Wunder, dass ihre Partys die begehrtesten an der ganzen Schule sind.

„Laney hat mich so mit Terminen eingedeckt, dass ich kaum Zeit hatte, aufs Klo zu gehen", erkläre ich Austin. Außerdem hatte Laney vergessen, Zeit fürs Mittagessen einzuplanen, und jetzt bin ich am Verhungern. „Deine E-Mails waren meine Rettung." Ich kann Austin nicht anschauen. Was ist, wenn er noch einmal die L-Bombe fallen lässt, genau hier? Was soll ich dann machen? Hilfe!

Austin lächelt. „Hör zu, ich wollte mit dir über den Tanz reden."

Oh nein. Oh nein. OH NEIN!

„Hallo." Meine Freundin Allison in einem goldigen T-Shirt mit Ballettausschnitt und engen Jeans kommt auf uns zu. „Wie steht's? Ich hasse diese Alexis Holden. Du Ärmste."

Gerettet! Augenblick mal. Sie redet über Alexis. Das ist auch nicht gerade ein einfaches Gesprächsthema. Hmm. „Ich bin okay. Wie geht es dir?", frage ich stattdessen.

Beth umarmt mich ebenfalls. „Wir haben dich in *Access Hollywood* gesehen." Sie schiebt ihre Schildpattbrille nach oben, während sie mich mit traurigen Augen mustert.

Beth trägt einen Minirock mit Hahnentrittmuster und einen cremefarbenen Pullover. „Wer ist denn so blöd, ein gefälschtes Drehbuch zu verteilen? Ernsthaft, geht es dir wirklich gut?"

„Es ist gut, dass sie da raus ist", sagt Liz, als Josh neben ihr auftaucht. Außer Nadine und mir ist Josh der Einzige auf dieser Party, der nicht von der Clark High ist. Josh legt den Arm um Liz' Taille. „Es wird dich auf andere Gedanken bringen."

„Du bist doch nicht gefeuert, oder?", erkundigt sich Josh. Liz rammt ihm ihren Ellenbogen in die Seite, und er zuckt zusammen.

„Natürlich nicht!", sagt Liz tadelnd. „Sie werden denjenigen finden, der dafür verantwortlich ist, und ihn rauswerfen, und dann läuft alles wieder normal." Liz lächelt mich strahlend an. „Außerdem sagt Daddy, dass du bis zum Ende der Saison sowieso noch unter Vertrag stehst. Wenn sie also irgendwelche Teenager loswerden wollen, dann kannst du das nicht sein."

„Ach so, es ist nur, weil ich immer lese, dass Kaitlin eine der Verdächtigen ist. Und bei all dem Streit mit Alexis könnten du und Sky diejenigen sein, die gehen müssen", fügt Josh hinzu.

„Du wirst diesen Quatsch doch nicht glauben", sagt Austin zu Josh. „Kaitlin geht nirgendwohin." Er drückt meine Hand.

„Tut mir leid", entschuldigt sich Josh, als Liz ihm einen bösen Blick zuwirft. „Ich dachte …" Er verstummt.

„Ist schon gut, Josh." Ich versuche, unbeschwert zu klingen. Genauso habe ich es vor Kurzem mit Nancy O'Dell gemacht. („Dieser ganze Schlamassel wird ziemlich übertrieben. Wir möchten uns im Moment einfach nur darauf konzentrieren, bei *FA* wieder alles in Ordnung zu bringen. Ich hoffe, noch sehr lange dabei zu sein.")

Alle starren mich mitleidig an, und ich werde unruhig. Als ob ich bereits gefeuert worden wäre. „Leute, vergesst das alles", sage ich. Ich schalte meinen Schauspielercharme ein und denke an die unzähligen Partyszenen, die ich als Sam während der vergangenen Jahre gespielt habe. Sam und Sara waren immer die beiden Königinnen auf den Partys in Summerville. Nun, zumindest so lange, bis Colby auftauchte. „Ihr solltet feiern und euch keine Sorgen wegen mir und einer dummen Fernsehserie machen." Ich lache und bemühe mich, möglichst echt zu klingen.

„Lasst uns über etwas anderes sprechen", schlägt Austin vor. Ich könnte ihn küssen. Aber dann sagt er: „Reden wir lieber über deinen Geburtstag."

Ich stöhne. „Das ist auch kein tolles Thema. Was ist mit Politik?"

Nadine lacht. „Austin, hat es dir noch niemand erzählt? Kaitlin hasst ihren Geburtstag. Jedes Jahr geht dabei irgendetwas schief."

„Ich bin ein Pechvogel", gebe ich zu.

„Bist du nicht", schimpft Liz. „Du bist lediglich das Opfer schlechter Partyplanung. Ernsthaft, Austin, auf der letzten Party, die ihre Mom und Laney veranstaltet haben, bezahlt von Neutrogena, kannte ich genau *zwei* Leute. Sie hatten niemanden von Kaitlins Bekannten eingeladen."

„Ich kenne all diese Horrorgeschichten", unterbricht Austin sie. „Aber ich gebe nicht auf. Es muss doch irgendetwas geben, was du gerne machen würdest. Sag es uns, Burke. Vor Zeugen."

„Ich habe jetzt keinen Kopf dafür", antworte ich. „Viel lieber würde ich was über die Tests erfahren."

„Lügnerin", wirft Austin mir vor.

„Was denkt ihr wohl, wie ihr abgeschnitten habt?" Ich ignoriere ihn.

Auf einmal reden alle gleichzeitig, und dazwischen höre ich ein paar gemeinschaftliche Seufzer.

„Der Aufsatz war verzwickt", gesteht Austin.

„Das fand ich nicht so schwer wie den Teil mit den Satzergänzungen", sagt Liz. „Die Fragen waren viel schwieriger als die Übungstests der letzten Woche."

„Der Multiple-Choice-Test in Mathe", sagt Josh. "Ich bin über diese Frage mit der Studentenlotterie gestolpert."

„Ich auch!", pflichtet Liz ihm bei. „Meine Lösung war 3/8."

Josh runzelt die Stirn. „Ich glaube, ich habe 2/9 genommen."

„Das Schlimmste ist die Warterei", unterbricht Allison. „Das darf nicht wahr sein, dass wir die Ergebnisse erst in einem Monat kriegen. Ich glaube, das halte ich nicht aus."

„Ich habe den Test dreimal gemacht, bevor ich mit meinem Ergebnis zufrieden war", bemerkt Nadine. Ich starre sie ungläubig an. Nadine hat das nicht beim ersten Mal mit links geschafft?

„Lass mich raten – du hast im Schriftlichen vermutlich magere fünfhundert bekommen?", scherzt Liz.

„Als ich den Test gemacht habe, sah er noch ein wenig

anders aus als heute", sagt Nadine schroff. „Um aber deine Frage zu beantworten – beim dritten Mal habe ich 1480 von 1600 möglichen Punkten erreicht."

„Angeberin", murmelt Allison.

Ich lache, aber ich werde von einer vertrauten Stimme abgelenkt, die aus dem Fernseher tönt.

„Guten Abend, hier ist Brian Bennett, und Sie haben *Celebrity Insider* **eingeschaltet! Als Erstes die Frage, die an diesem Wochenende alle bewegt: Wer muss Amerikas beliebte Spätabendserie** *Family Affair* **verlassen?"**

„Könnte jemand das mal ausschalten?", schreit Liz. Doch statt auf der Fernbedienung den Ausknopf zu drücken, drehen die Mädchen auf dem Sofa die Lautstärke so weit auf, dass es sogar die Musik von Maroon 5 übertönt.

„Das ist kein Problem", versichere ich Liz. Ich bemühe mich heftig, nicht auf diese Klatschshow zu lauschen, obwohl ein Teil von mir hören will, was sie sagen. „Mach dir keine Sorgen."

„Seit in der letzten Woche der feurige Streik und das gefälschte Drehbuch am Set von *Family Affair* **noch mehr Dramatik erzeugt haben, fragten sich** *Celebrity Insider* **und die Fans, was als Nächstes passieren würde. Zwar hat der Producer und Miturheber es bestritten, aber Quellen, die nah an der Serie dran sind, sagen, dass Köpfe rollen werden."**

„Keiner aus unserer Besetzung geht irgendwo anders hin."

Das ist Tom. Ich werde mich trotzdem nicht umdrehen und auf den Bildschirm starren, auch wenn alle um mich herum nicht widerstehen können. Ich höre, wie Josh Liz zuflüstert: „Hab ich dir doch gesagt."

„*Insider* weiß aus sicherer Quelle, dass derjenige, der für das falsche Drehbuch verantwortlich ist, sich offensichtlich in die Schlange der Arbeitslosen einreihen muss, gemeinsam mit Peter Hennings, der Dr. Braden spielt. Gerüchte sagen, dass noch jemand anders ebenfalls die Kündigung bekommen wird. Da es die jungen Darsteller waren, die mit Zeitverzögerungen und einem PR-Desaster in Vegas die ganze Mannschaft geplagt haben, berichten unsere Quellen, dass der Sender eine von ihnen feuern will. Damit will der Sender zeigen, dass so ein Verhalten keinesfalls toleriert wird. Es ist immer noch nicht klar, wer es sein soll – ihr neuer leuchtender Star Alexis Holden, von der es heißt, dass sie schwierig ist in der Zusammenarbeit, oder die langjährigen Darsteller der Geschwister, Kaitlin Burke und Sky Mackenzie. Aber Schluss damit. Wir wollen lieber hören, was sie über sich selbst sagen."

„Brian, Brian, Brian, glauben Sie wirklich, dass ich noch hier auf Ihrer Couch sitzen und es abstreiten würde, wenn sie mich gefeuert hätten? Denken Sie das tatsächlich?"

Das ist Sky. Sie hatte immer ein Faible für Brian, auch wenn sie so tut, als wäre es nicht wahr. Ich bin gespannt zu hören, ob ihr Charme noch wirkt.

„Auch wenn du nirgendwohin gehen wirst, Sky, kannst du doch deine Gefühle für deine Kolleginnen nicht verleugnen. Es ist kein Geheimnis, dass du und Kaitlin Burke nie gut miteinander ausgekommen seid."

Sky hat genau wie ich heute ein Interview mit ihm aufgezeichnet.

„Wer sagt das?", fragt Sky. „Kaitlin und ich verbringen vielleicht nicht jede freie Minute miteinander, aber ich schätze sie auf jeden Fall als Schauspielerin. Ich würde immer wieder mit ihr zusammenarbeiten."

„Wow, was hast du ihr dafür gezahlt, dass sie das behauptet?" Liz zwinkert mir zu.

„Ich vermute, das Eis zwischen Sky Mackenzie und Kaitlin Burke schmilzt allmählich, denn auch Kaitlin findet nur nette Worte für ihre Kollegin."

Langsam wende ich mich meinem Abbild im Fernseher zu. Mindestens ein Dutzend Partygäste starren mich an. Da bin ich, überlebensgroß, im selben Kleid wie jetzt. Ich sitze mit übereinandergeschlagenen Beinen da und stütze meine beiden Ellenbogen auf die Armlehne der in Erdtönen gestreiften Couch von *Insider*. Meine Hände liegen unter meinem Kinn, und man kann die Brustkrebs-Uhr der Coach Gallery hervorragend sehen, die ich auf Wunsch meiner Mutter trage. („Jeder weiß, dass der Erlös aus dem Uhrenverkauf für wohltätige Zwecke bestimmt ist", sagte sie. Mir drehte sich der Magen um, als ich begriff, was sie andeutete. „Damit wirkst du besonders sympathisch.")

Brian schaut mich interessiert an. Er trägt einen blauen Nadelstreifenanzug, und seine Schmalzlocken sind ungewöhnlich dicht.

„Die Gerüchteküche hört gar nicht mehr auf zu brodeln wegen des angeblichen Drehbuchs, das im Wesentlichen Sam und Sara aus der Serie hinausschreibt. Stimmt das? Und was ist mit dem Streit in Vegas? Hast du Alexis Holden tatsächlich geschlagen? Sag uns die Wahrheit: Geht es dir gut?"

„Ich fühle mich gut, Brian. Danke der Nachfrage."

Ich schenke ihm mein Tausend-Watt-Lächeln und lache. Brian macht es mir schwerer als seinem Liebling Sky.

„Soweit ich weiß, werden weder Sky noch ich die Serie verlassen. Aber wenn Sie etwas anderes gehört haben, Brian, dann nennen Sie bitte Ihre Quellen. Neugierige Gemüter möchten es wissen."

„Du siehst wunderschön aus", flüstert Austin mir ins Ohr, während Brian damit fortfährt, mich wegen meiner Gefühle zu Alexis zu plagen, über die Stimmung am Set und die Wahrheit über die Gerüchte, die Alexis betreffen (ich leugne, dementiere und streite ab, genauso wie man es Sky und mir gesagt hat). „Und du klingst sogar noch besser", fügt Austin hinzu.

„Jetzt habt ihr es gehört, Leute – direkt von meinen Freundinnen Sky und Kaitlin selbst. Das einzige Mitglied von *FA*, das in diesen Tagen nichts sagen will, ist Alexis Holden. Seit der Machtprobe in Vegas hat der jüngste *FA*-Star den Medien seine Tür verschlossen. Doch das vergrößert nur die Mutmaßungen über ihr angeblich schwieriges Benehmen am Set. Alles, was die Pressesprecher des Stars verlauten lassen, ist: „Alexis Holden gibt zurzeit keinen Kommentar ab." Hmm ... das hören wir jetzt schon seit Wochen. Könnte es sein, dass schließlich doch ein Schatten auf den Heiligenschein von Hollywoods neuestem Golden Girl fällt? Bleiben Sie dran. Nach der Unterbrechung erzählt uns Angelina Jolie, warum sie über eine weitere Adoption nachdenkt."

„Alles in Ordnung, Kaitlin?", erkundigt sich Allison, als *Insider* die Sendung für einen Werbespot über Thanksgiving unterbricht.

„Natürlich geht es ihr gut", sagt Liz abwehrend. „Sie hat Brian Bennett zum Schweigen gebracht. Übrigens, was war mit seinen Haaren los?"

„Ernsthaft, jemand sollte ihn gelegentlich zu einem Haarschnitt bewegen", pflichtet Nadine ihr bei. „Er könnte als Double für Donald Trump auftreten."

„Möchtest du an die frische Luft?", fragt Austin, während die anderen weiter über die Haarmähnen von Promis diskutieren. Ich nicke.

Austin führt mich vorbei an dem beleidigenden Fernseher, dem Sushikoch, der uns scharfe Thunfischröllchen anbietet, den Clark-Mädchen, die über mich auf der

Couch flüstern, und auf die großzügige Terrasse der Familie Mendes. Ich bin überrascht, dass sich hier draußen nicht mehr Menschen aufhalten. Abgesehen von dem Pärchen, das neben dem künstlichen Wasserfall, der in den Whirlpool fließt, die Füße ins Wasser hängt, haben wir die Terrasse für uns. Es ist zwar November, aber in Los Angeles ist die Nacht immer noch mild und der Himmel so smogfrei, dass man tatsächlich die Sterne sehen kann. Ich setze mich in einen Schaukelstuhl aus Teakholz, groß genug für zwei.

„Kates, ich wollte mit dir sprechen über …", beginnt Austin, aber ich unterbreche ihn.

Oh mein Gott. Jetzt kommt es. Das L-Wort! „Schon in Ordnung! Du musst mir nichts erklären!", sage ich schnell. „Du hast es nicht so gemeint."

„Ganz und gar nicht", stimmt Austin zu.

„Oh." Ich versuche, meine Enttäuschung zu verbergen. „Das ist okay. Vermutlich war es einfach zu früh", sage ich leise.

Austin runzelt die Stirn. Er setzt sich neben mich, und seine langen Beine berühren die rauen Steinplatten auf dem Boden, während meine Füße in den Highheels in der Luft baumeln. Austin stößt sich ab und schaukelt uns sachte hin und her. „Ich weiß nicht, wovon du sprichst, aber ich wollte dir sagen, dass es mir leidtut. Ich hoffe, du hältst mich nicht für unhöflich, weil ich mich geweigert habe, von dir ein richtiges Geschenk anzunehmen."

Oh.

Oh! Darum geht es? Er spricht überhaupt nicht von dem L-Wort! Vielleicht liebt er mich ja doch! „Überhaupt nicht", behaupte ich glücklich.

„Ich habe nämlich mit Mom und Hayley darüber geredet, und sie waren der Meinung, ich hätte nicht so barsch sein dürfen." Austin sieht mich nervös an. „Wir hatten gerade so viel Spaß, und ich konnte an nichts anderes denken als …"

Jetzt wird er es sagen. Er wird sich entschuldigen, auch wenn das gar nicht nötig ist, und dann wird er einwerfen, dass er sagte, dass er mich liebt. Ich weiß es. Und dann können wir offen darüber reden!

„… daran, dass ich die tollste Freundin auf der ganzen Welt habe und mir ein Geschenk total egal ist. Ich hoffe, das hat dich nicht beleidigt."

Hmm. Ich kann die Gedanken von Jungs überhaupt nicht lesen. „Ich war bestimmt nicht beleidigt", sage ich zu ihm. Aber ich sehe wohl ziemlich durcheinander aus, denn Austin scheint wirklich beunruhigt zu sein und nimmt meine Hand.

„Ich fühle mich wie ein Idiot", sagt er. „Warum erwähne ich das überhaupt, wenn du doch den Kopf vollhast?"

„Es ist gut, wenn ich mein Gehirn mal ausschalte", sage ich.

„Möchtest du darüber reden?", erkundigt sich Austin, und mir wird klar, dass ich das eigentlich schon will. Dann müssen wir nicht über Liebe sprechen oder über nicht verliebt sein. Vielleicht ist das im Augenblick einfacher.

Ich erzähle ihm haarklein, was geschah, als wir das Set verließen. Alles darüber, wie Laney und Amanda aktiv wurden und rund um die Uhr schufteten, um uns so viele Interviewtermine wie nur möglich zu verschaffen, damit wir unsere Sicht der Dinge schildern konnten.

Außerdem haben sie auch ihre eigenen Informationen über Alexis' Verhaltensproblem verbreitet. Ich spreche darüber, wie Sky und ich uns zusammentaten, um ein gemeinsames Bild abzugeben und der Serie, Tom und der ganzen Welt zu beweisen, wie wichtig wir für *FA* sind.

Ich muss zugeben, dass ich vor Angst wie erstarrt war bei dem Gedanken, was passieren würde am ersten Tag danach, wenn Sky und ich wieder zurückkehrten. Ich dachte, dass alle wütend auf uns sein würden, weil wir die Filmaufnahmen verzögert hatten. Aber in Wirklichkeit waren alle, von Caty bis zur Crew, unglaublich verständnisvoll wegen der Ereignisse, und Melli und Spencer empfingen uns mit offenen Armen. Alexis tauchte tatsächlich überhaupt nicht auf. Sie hatte allen, die es hören wollten, erzählt, dass sie „seelisch erschöpft wäre und sich um unsere Sicherheit bei der Arbeit Sorgen machte".

Tom war immer noch so damit beschäftigt, den Drehbuchschurken zu finden (unser Spitzname für den Übeltäter), dass er bisher noch keine Zeit gefunden hatte, sich mit Sky und mir zu treffen. Er ist ein absoluter Profi, aber er schien gar nicht mehr er selbst zu sein, und das beunruhigt mich. Seine Assistentin schwört, dass er in Kürze mit uns sprechen wird. Mein Gott, das hoffe ich wirklich. Mein Magen ist total verkrampft und angespannt vor lauter Warterei darauf, wer nun gefeuert wird. Ganz egal, wie oft Laney mir beteuert, dass *FA* mich braucht und meinen Vertrag verlängern wird, ich kann nichts gegen meine Unruhe tun. Alexis hat die Leute schon seit einer Weile ziemlich übel hereingelegt. Laneys Empfehlung deswegen lautet, Alexis aus dem Weg zu gehen und die Nette zu spielen, um weitere Probleme zu vermeiden. Ich bin nicht sicher, ob das genügt.

„Laney und Mom erzählen mir ständig, ich soll mich nicht aufregen über das, was letzte Woche passiert ist. Sie sagen, das Ganze wird vorübergehen, und mein Job sei nicht gefährdet. Sie haben mir in den Kopf gehämmert, dass ich jedem Reporter versichern soll, dass es mir gut geht, aber in Wirklichkeit geht es mir überhaupt nicht gut", berichte ich Austin. „Ganz und gar nicht. Und willst du wissen, was das Schlimmste ist? Der Grund ist gar nicht der, den alle annehmen."

„Was ist denn der wahre Grund?", fragt Austin. Die schaukelnde Bewegung wirkt beruhigend. Ich lehne meinen Kopf an seine Schulter.

„Versprichst du, dass du es keinem erzählen wirst?", flüstere ich mit heiserer Stimme.

„Ich schwöre." Er legt seine Hand aufs Herz. „Es fällt mir schwer, zu begreifen, was passiert ist. Es ist so merkwürdig, dich und Sky bei gemeinsamen Interviews und als ein Team zu sehen."

„Ich weiß", gebe ich zu. „Aber Alexis ist einfach schrecklich, Austin."

„Sieht so aus", stimmt er mir zu und streichelt meine Haare. Er wartet auf meine Erklärung. Woher kennt er mich bloß schon so gut? Wir sind doch erst seit sechs Monaten zusammen. Tränen steigen mir in die Augen, und die Worte überstürzen sich.

„Die ganze Geschichte ist meine Schuld!", sage ich fast weinend. „Wenn ich nicht so eifersüchtig auf ‚Alexis, die Neue' gewesen wäre, dann hätte ich bemerkt, was sie vom ersten Tag an vorhatte", sage ich. „Ich wäre darauf vorbereitet gewesen, mich zu wehren, so wie ich es in der Vergangenheit mit Sky gemacht habe. Wir hätten nicht diesen Krach in Vegas gehabt, und Sky und ich wären in der letzten Woche nicht so wütend gewesen, dass wir einfach abgehauen sind. Normalerweise benehme ich mich professioneller."

„Sei doch nicht verrückt", sagt Austin. „Du hättest das Ganze nicht aufhalten können!"

„Ich habe schon wieder meine Karriere gefährdet", schluchze ich. „Ich habe das Gefühl, irgendeine kosmische Macht hat mir all diesen Ärger geschickt, um mich für meine Eifersucht zu bestrafen. Es ging ja nicht nur um Alexis, sondern um alle um mich herum."

Austin wirft mir einen fragenden Blick zu, und es ist klar, dass er verwirrt ist.

„Ich bin eifersüchtig auf euch alle!" Ich schäme mich so, wenn ich es nur ausspreche. „Ja, ich mag die Auftritte auf dem roten Teppich und das Autogrammegeben und Berühmtsein, aber als Alexis plötzlich so viel Aufmerksamkeit in der Serie bekam, bin ich ausgeflippt. Ich hatte das Gefühl, beiseitegeschoben zu werden. Dann habt ihr damit angefangen, über die Uni zu reden und davon, dass ihr fortgeht, und ich nehme an, das kleine grüne Monster in mir hat auch aus diesem Grund sein hässliches Haupt erhoben. Ich konnte nur noch an eines denken, dass ich abgeschoben wurde – von Hollywood, von dir und auch von Liz. Was ist, wenn ihr alle aufs College geht, und ich nicht, und wir dann überhaupt nichts mehr gemeinsam machen?", schniefe ich. „Was ist, wenn ich aufs College gehe und meine Karriere damit am Ende ist, weil Alexis der Star wird und meinen Platz einnimmt?"

„Ich wusste nicht, dass du das Gefühl hattest, wir würden dich wegdrängen." Austin sieht bestürzt aus. „Ich möchte nicht, dass du dich so fühlst."

„Du hast gar nichts falsch gemacht", rudere ich zurück. „*Ich* bin schuld. Ich habe das Gefühl, alles zu verlieren, was mir wichtig ist."

„Du verlierst *nicht* alles." Er fasst mich an den Schultern und schaut mir tief in die Augen. Ich widerstehe dem Drang, mich abzuwenden. „Auch wenn ich dreitausend Meilen weit weg aufs College gehe, verlierst du mich nicht, Burke. Ich komme in den Ferien nach Hause. Und bis dahin bist du wahrscheinlich so gut bei Kasse, dass du einen Privatjet zur Verfügung hast und mich jederzeit, wann du willst, besuchen kannst." Wir lachen. „Und außerdem vergisst du etwas sehr Wichtiges – wir haben immer noch diese da." Er hält mir sein Handy hin und das Sidekick, das ich ihm vor Monaten geschenkt habe. Ich lächle.

„Es wird alles okay sein", versichert mir Austin. „Du solltest dir um *dich* Sorgen machen. „Reg dich nicht auf über etwas, das die anderen machen. Konzentriere dich auf eine Sache. Wenn du fahren lernen willst, dann wirst du es auch tun. Wenn du den Eignungstest bestehen und aufs College gehen willst, dann wirst du auch das schaffen. Du kannst nur nicht alles auf einmal machen." Er lächelt. „Nicht einmal Kaitlin Burke schafft das. Aber willst du meine Meinung hören?" Ich nicke. „Als Erstes würde ich mich mit Alexis befassen. Zeig ihr, wie sich ein richtiger Star von *FA* benimmt."

Wie kann jemand so Wunderbares so viel Vertrauen in mich setzen? „Wie üblich findest du genau die richtigen

Worte", sage ich zu Austin und küsse ihn leidenschaftlich. „Vielen Dank, dass du mir dabei hilfst, den größeren Zusammenhang zu sehen."

Wenn ich meinen Job behalten will, dann sollte ich mich zuallererst darauf konzentrieren. Dann kann ich herausfinden, was ich als Nächstes tun will. Ganz allein. Ich habe so viel Zeit damit vergeudet, auf Alexis' neue Berühmtheit eifersüchtig zu sein oder auf Lizzies Freiheit, nach New York zu gehen, dass ich gar nicht gesehen habe, was direkt vor mir liegt. Ich habe ein tolles Leben, ob ich nun auf die Uni gehe oder nicht. Und ich muss endlich damit aufhören, mir Gedanken darüber zu machen, was die anderen um mich herum vorhaben. Stattdessen sollte ich mir mehr Gedanken darüber machen, was ich erreichen will.

Austin küsst mich ebenfalls. „Gern geschehen."

Ich schaue hinauf in den Sternenhimmel. „Ich werde einen Weg finden, ein für allemal mit Alexis fertig zu werden. Danach liegt die ganze Zukunft vor mir."

Samstag, 9.11.

Persönliche Notizen:

Sky anrufen. Schlachtplan für Montag besprechen.

FÜNFZEHN: *Waffenstillstand und die Folgen*

Auf der großen silbernen Uhr über den beleuchteten Spiegeln im Schminkraum von *FA* stehen die Zeiger auf 5.47. Es ist früher Morgen, aber Sky und ich sind hellwach. Wir haben gefrühstückt (sie hatte Special K, ich Fruit Loops), und jetzt sitzen wir in unseren Frisierstühlen und lassen uns von unseren Haardesignern Paul und Raphael die Haare richten. Shelly und Mallory, unsere Maskenbildnerinnen, stehen bereit, um uns anschließend in die Mangel zu nehmen.

„Paul, ist es nicht herrlich, morgens so fröhliche Gesichter zu sehen?" Raphael gestaltet Skys rabenschwarze Haare zu einer glatten Frisur.

Wir zwei summen die Lieder der CD von John Mayer mit, die ich in die Stereoanlage geschoben habe. Da wir normalerweise die gleichen Drehzeiten haben, haben wir uns immer wegen der Musik gestritten, die in der Maske laufen sollte. Aber seit unserer Karaoke-Session und der Karrierebesprechung mit unseren PR-Managern vor zwei Wochen läuft unser Musikgeschmack synchron.

„Ich genieße die positive Energie in diesem Raum", pflichtet ihm Paul bei und dreht mein Haar zu kleinen Ringellöckchen, die seiner eigenen kurzgelockten braunen Mähne erstaunlich ähnlich sehen. „Frauenstreitereien vor neun Uhr morgens sind so was von out." Ich kitzle seinen Arm in dem engen schwarzen T-Shirt von

D&G, als Paul über mich hinweg nach dem Haarspray greift.

Sehr angenehm, frühmorgens keinen Streit zu haben. Unser freundlicher Umgangston erleichtert nicht nur mir das Leben, sondern macht es auch für alle am Set einfacher. Wir treffen früh am Drehort ein, bleiben abends lange für die Kostümproben und achten darauf, dass wir nur in den laut Drehbuch nötigen Situationen mit Alexis zu tun haben. Das Beste dabei ist, dass durch unser gutes Benehmen Alexis' zunehmend unausstehliches Verhalten deutlich wird. Kürzlich legte sie vor unserem Jungen vom Catering einen bühnenreifen Auftritt mit Aufstampfen und wütender Schimpfkanonade hin, weil er keine M&Ms Mini mehr hatte. Anscheinend war Alexis davon überzeugt, dass Sky und ich ihren geheimen Vorrat gestohlen hatten, um sie zu ärgern. Aber sie bat ihn, den anderen nichts davon zu sagen, weil wir bereits „so viele andere Probleme hätten". Zum Glück nahm er es ihr nicht ab, und schon bald machte die Nachricht von Alexis' Wutanfall am Set die Runde. Ha!

Da wir gerade von Süßigkeiten sprechen … Ich greife in meine Handtasche von Dooney & Bourke und hole eine Tüte Kaubonbons heraus. Ich schiebe mir zwei in den Mund und biete Sky wortlos welche an. Sie schüttet sich eine Handvoll heraus und gibt mir die Tüte zurück.

„Weißt du, K, unser Waffenstillstand hat an meinem Körper Wunder gewirkt", sagt Sky zu mir, während sie ihr Spiegelbild betrachtet. „Ich hatte die ganze Woche noch kein Schönheitsproblem, habe wieder angefangen, Kohlenhydrate zu essen, und letzte Nacht habe ich doch tatsächlich acht Stunden am Stück geschlafen."

Paul kippt meinen Kopf nach links, um meine Lockenpracht fertig zu stellen. „Warte mal – wenn du acht Stunden geschlafen hast, bedeutet das, dass du letzte Nacht nicht ausgegangen bist. Das ist ja eine Premiere", sage ich scherzhaft.

„Du siehst aber auch viel entspannter aus, K", betont Sky. „Deine Schultern wirken lange nicht mehr so verkrampft wie vorher. Du hast mich immer an den Glöckner von Notre Dame erinnert."

Ich spitze die Lippen. „Okay, ich gebe es zu. Mich mit dir zu vertragen, ist keineswegs die Hölle auf Erden, wie ich vorher dachte. Aber wir sollen nicht über uns selbst hinauswachsen."

Sky schenkt mir ein wissendes Grinsen. „Touché. Aber da diese herzergreifende Zweisamkeit sich positiv auf uns auszuwirken scheint, *könnten* wir doch überlegen, ob wir unser Friedensabkommen nicht verlängern wollen, nachdem wir die Giftnudel losgeworden sind."

Nadine räuspert sich bei dieser versteckten Erwähnung von Alexis. Unsere Leute hatten uns ermahnt, dieses Thema innerhalb eines Umkreises von fünfzehn Metern rund um das Aufnahmestudio zu meiden.

„Sky Mackenzie, verstehe ich deinen Vorschlag richtig?", frage ich.

„Nun, ich hätte nicht gedacht, dass dieser Tag jemals kommen würde", ruft Shelly aus, die unsere Unterhaltung mitangehört hat. Im Unterschied zu anderen Menschen ist Shelly um sechs Uhr morgens hellwach. Ihr rundes Gesicht wirkt schmal mit dem zurückgenommenen und zu einem Knoten geschlungenen Haar und Bronzer auf den Wangen. Außerdem trägt sie einen weißen Kordsamtblazer und Jeans, die ihre Maße optisch von Kleidergröße 44 auf 40 verringern. Ich will ihr gerade sagen, wie gut sie aussieht, als Melli hereinkommt.

„Was macht ihr zwei denn hier so früh am Morgen?", gähnt Melli. Sie schlurft im Schlafanzug und ohne Make-up herein. Jeder von uns kommt bequem gekleidet hierher. Ich stecke in meinem übergroßen, ausgeleierten grünen Lieblingsrolli und einer khakifarbenen Cargohose. Sky trägt eine schwarze Samthüfthose und ein zerknittertes babyrosa T-Shirt. „Ich dachte, eure Probe wäre heute frühestens um acht", sagt Melli.

„Wir versuchen, durch besonders gutes Benehmen zu glänzen", verkünde ich und küsse sie auf die Wange, ehe sie sich im Stuhl neben mir niederlässt.

Melli stellt ihre übergroße Louis-Vuitton-Tasche auf den Boden und zieht den Reißverschluss auf. „Es ist schön zu sehen, dass meine Mädchen wieder in Bestform sind. Ich finde, ihr zwei haltet euch fantastisch unter all diesen Kontrollblicken, und ich hoffe, ihr wisst, dass ich voll hinter euch stehe."

Ich spüre, wie ich rot werde. Ein Kompliment von Melli bedeutet mir mehr als jede Emmy-Nominierung.

Melli zieht einen Umschlag heraus und reicht ihn mir. „Ich weiß, dass es noch früh am Morgen ist, aber hier sind Fotos von den Jungs und dem Baby."

„Ich kann gar nicht glauben, dass sie schon zwei ist, Melli", staune ich, als ich den pausbäckigen Hosenmatz im Jogginganzug von Juicy Couture betrachte.

„Ich auch nicht", seufzt Melli. „Ich habe das Gefühl, ich hätte all ihre wichtigen Momente verpasst."

„Wie meinst du das?", fragt Sky, als ich ihr die Fotos

gebe. „Bringt dein Kindermädchen sie denn nicht jeden Tag zum Mittagessen vorbei?"

Melli nickt. Ihre Augen wirken traurig. „Das ist nicht dasselbe, wisst ihr. Ihr werdet es verstehen, wenn ihr selbst Mütter seid."

Sky stöhnt. „Hör auf. Ich fühle mich schon so alt, Melli", beschwert sie sich. „Ich bin sowieso älter als Burke."

Die Tür der Garderobe schwingt auf, und ich verkrampfe mich, weil ich denke, es ist Alexis. Das ist ein weiterer Grund, weswegen Sky und ich so früh hier eintreffen – wir wollen vermeiden, zwei Stunden neben ihr in einem 13 Quadratmeter großen Raum zu sitzen. Erleichtert atme ich auf, als ich feststelle, dass es Tom ist, aber dann bemerke ich seinen ernsten Gesichtsausdruck. Oje.

„Hallo, Mädchen", sagt er.

Er wendet sich an Melli. „Ich muss kurz allein mit dir sprechen, wenn du fertig bist. Gestern Abend habe ich zwei Stunden lang mit du-weißt-schon-wem telefoniert."

Sky und ich tauschen rasch einen Blick.

„Was hat er gesagt?", erkundigt sich Melli atemlos.

„Er hat immer noch versucht, es mir auszureden, aber ich habe ihm gesagt, dass es mein voller Ernst ist", sagt Tom zu Melli. „Ich habe angekündigt, wir würden ihn zum Frühstück treffen, um darüber zu sprechen." Tom spürt, dass wir ihn anstarren, und dreht sich um. Schnell tue ich so, als würde ich die kitschige Vase mit den Blumen auf dem Schminktisch betrachten. „Mädchen, ich bin froh, dass ihr beide hier seid. Ich hatte gehofft, wir könnten uns heute Morgen endlich zusammensetzen und miteinander reden. Es tut mir schrecklich leid, dass ich so viel zu tun habe."

Endlich! Jetzt können wir Tom alles erzählen.

„Kein Problem, Chef", sagt Sky.

Nadine hustet. Skys Versuche, nett zu sein, machen ihr richtig Spaß.

„Möchtest du zuerst mit Sky oder mit mir sprechen?", frage ich.

„Eigentlich wollte ich mit euch beiden gemeinsam sprechen, wenn es euch nichts ausmacht", sagt Tom offen. Sein Gesicht ist nichtssagend, und ich kann nichts darin lesen. Warum gemeinsam? Das klingt nicht gut. „Passt euch 9 Uhr 30? Ich habe eine halbe Stunde Zeit, bevor ich am Set sein muss." Wortlos nicken wir.

„Was war denn das?", will Shelly wissen, als Tom gegangen ist.

„Ich weiß es nicht", gebe ich zu und spüre sofort, wie sich meine Schultern verkrampfen.

„Entspann dich, okay?", sagt Sky streng zu mir. „Mel, sag ihr, sie soll sich entspannen. Ich bin sicher, dass er nur unsere gemeinsame Sicht der Dinge hören will."

„Hmm", sagt Melli, aber in Gedanken ist sie offenbar ganz woanders. Melli betrachtet ihren großen Becher Kaffee von Peet's und der Dampf aus dem Deckel steigt ihr ins Gesicht, während ihre Stylistin ihr langes schwarzes Haar kämmt.

Als wir Frisieren und Make-up hinter uns haben, sausen wir blitzschnell zu Caty. (Pete hatte die Schokolade noch nicht ausgepackt, aber wir versicherten ihm, dass es bei den Brownies um Leben oder Tod für uns ginge.) Jetzt sind wir unterwegs zu Tom. Ich habe das Gefühl, als bräuchte ich meine getreue Papiertüte mal wieder. Ich muss bestimmt gleich spucken.

„Ich fürchte, wir werden aus dem Hinterhalt überfallen", flüstere ich Sky zu. „Wir sollten vorher noch Laney und Amanda anrufen, meinst du nicht auch?"

„Und ihnen was sagen?", zischt Sky. „Dass Tom uns treffen will? Wir hatten schließlich darum gebeten. Sie werden denken, wir sind bescheuert."

Sky hat so eine Art, mir zu sagen, dass ich mich am Rande des Wahnsinns befinde (oder spielt sie nur den vernünftigen Gegenpart zu meiner Hysterie?). Aber ich merke, dass sie sich auch Sorgen macht. Sie hat *drei* Brownies genommen, ich nur einen. Beim letzten Mal, als Sky mich beim Nachtisch überflügelte, waren wir noch in der Vorschule. Seitdem ist sie ständig auf Diät.

„Aber mit allen anderen hat er Einzelgespräche geführt", sage ich. „Hallo, Luis." Ich winke einem Crew-Mitglied zu, das an uns vorüberläuft. „Warum sollte er uns gemeinsam sprechen wollen? Denkst du, dass jemand vom Sender dabei sein wird? Sie stoßen nur dazu, wenn Vertragsverhandlungen anstehen oder jemand gefeuert wird. Wir müssen uns auf alles gefasst machen, Sky. Ich werde nicht kampflos aufgeben."

„Annmarie, dieser Pullover steht dir ausgezeichnet", versichert Sky einer vorbeikommenden Kollegin aus der Crew. „Ich hasse das", jammert sie und bleibt plötzlich stehen. „Ich kann nicht so wie du die Gute spielen. Das bin einfach nicht ich. Wenn Tom mich rauswerfen will, dann soll er es doch einfach tun."

„Das ist nicht dein Ernst", schimpfe ich.

„Doch", erwidert Sky. „Zum ersten Mal in meinem Leben bin *nicht* ich diejenige, die allen das Leben schwermacht, und trotzdem werde ich genauso dafür bestraft. Was hat das für einen Sinn? Man ist eben so, wie man ist, K. Warum dagegen ankämpfen?"

Ich denke an Austins anfeuernde Rede. „Das stimmt nicht, Sky. Du musst herausfinden, was du willst, und dafür sorgen, dass es eintrifft."

Sky starrt mich zornig an. „Wer bist du? Dr. Phil?"

Ich verdrehe die Augen. „Ich will nur helfen."

„Dann gib dir mehr Mühe", schnaubt Sky.

Ich habe eine Idee. „Ich weiß, was dich aufheitern wird. Wollen wir heute Morgen beim Drehen *Her mit der Karotte* spielen?"

HOLLYWOOD-GEHEIMNIS NUMMER FÜNFZEHN: Wenn Schauspieler stundenlang damit beschäftigt sind, eine Szene zu drehen, dann haben wir unsere eigenen kreativen Methoden, uns die Zeit zu vertreiben. Es gibt etwas, das wir mögen, und ich nenne es *Her mit der Karotte*. Während der Aufnahme versuchen wir, irgendwelche Dinge in unseren Kleidern zu verstecken, ohne dass Tom es bemerkt. Oder wir versuchen, irgendwelche Sachen weiterzugeben, zum Beispiel ein Plätzchen oder einen Stift oder eine Karotte (alles klar?), ohne jemanden zu unterbrechen. Dieses Spiel hilft, wenn wir eine hektische Szene zum x-ten Mal wiederholen.

„Du hast mich noch nie zuvor zu diesem Spiel eingeladen", schnieft Sky.

„Weil ich dich nicht genug mochte, um es mit dir zu spielen", erinnere ich sie. „Aber diesmal lasse ich dich vielleicht mitspielen, mit Trevor und mir."

Sky grinst. Wir steuern auf die Treppen an der Rückseite des Gebäudes zu, die uns zum Verwaltungsflügel von FA führen werden. Toms Büro ist ein vornehmes Eckzimmer mit riesigen Fenstern, die auf das Studiogelände blicken. Hier hinten ist es ziemlich ruhig, also wird niemand hören, wie ich um meinen Job bettele. Als wir die Tür erreichen, die zu den Treppen führt, sehen wir Max, den süßesten Autor unserer Serie.

„Hallo, Max!", sagt Sky flirtend. Bei der Erwähnung seines Namens hüpft Max in die Höhe, sodass er mit dem Kopf praktisch an die hohe Decke stößt.

Max' dunkelbraunes Haar hängt ihm ins Gesicht, und als er es zurückstreicht, sehe ich Schweißperlen, die über sein gebräuntes Gesicht laufen. „Oh, hallo, Mädchen", sagt er mit schwachem Lächeln. „Was macht ihr zwei denn hier?"

„Wir sind mit Tom verabredet", erkläre ich. Max nickt. Ich frage mich, ob er krank ist. Normalerweise flirtet er gern, aber heute macht er einen sehr zurückhaltenden Eindruck. „Bist du okay? Bestimmt geht es im Autorenzimmer zurzeit ziemlich hektisch zu, oder?"

„Ja, ja", sagt Max und zieht geistesabwesend an seinen Haaren. „Es ist schlimm. Wisst ihr, wir können kaum erwarten, dass die Befragungen endlich vorüber sind!"

„Gibt es irgendwelche Hinweise?", erkundigt sich Sky hoffnungsvoll. „Inzwischen muss es doch einen Verdacht geben. Hat irgendjemand ein Motiv?"

Max schüttelt den Kopf. „Ich weiß nicht ... Ich glaube nicht ... Das Ganze war vermutlich irgendein Scherz, den sich jemand ausgedacht hat, und jetzt wird deswegen ihre Karriere im Eimer sein."

„Scherz?" Die Haare auf meinem Arm richten sich auf. „Irgendein Scherz", blaffe ich. „Wer auch immer das geschrieben hat, hat unsere Figuren rausgeworfen. Das würde ich nicht gerade komisch nennen."

„Du hast recht", erwidert Max schnell. „Tut mir leid, Kaitlin. Tut mir leid, dass euch beiden das Ganze passiert ist. Hört zu, ihr solltet jetzt lieber gehen. Ihr wollt den Chef bestimmt nicht warten lassen." Er lächelt. „Ich muss auch wieder an die Arbeit."

Der Raum der Autoren liegt auf der anderen Seite des Gebäudes. Was macht er eigentlich hier? Vielleicht hatte er gerade selbst eine Unterredung mit Tom und möchte nicht darüber sprechen.

„Vielleicht können wir uns später darüber unterhalten, bei einem Kaffee?", fügt Max hinzu.

Mir steigt das Blut in den Kopf. Jetzt komme ich mir blöd vor. Ich kann nicht glauben, dass ich Max angefahren habe. Er war immer so nett zu mir. Zum Beispiel vor zwei Wochen, als er mir einen Eiskaffee brachte, weil ich so müde aussah. Ich bin drauf und dran, mich zu entschuldigen, als ich *sie* höre.

„Maxie Poo, wo bist du?" Alexis kommt aus der anderen Ecke des Gebäudes, und Max wird blass.

Maxie Poo?

„Was macht ihr zwei denn hier oben?", will Alexis wissen. Sie trägt einen rosa Kaschmirrollkragenpullover und kaum sichtbare Jeans, die in schwarzen, oberschenkellangen Stiefeln stecken. Ihre roten Haare werden von einem schwarzen Samthaarband gebändigt. Sie wirkt nicht gerade glücklich darüber, uns zu sehen, aber das ist ja nichts Neues.

„Wir unterhalten uns mit Max", betone ich das Offensichtliche.

„Warum müsst ihr beiden denn mit Max sprechen?" Alexis scheint besorgt.

„Geht dich nichts an", sagt Sky. „Was willst *du* denn von Maxie Poo?"

„Gar nichts", sagt Max, und gleichzeitig ruft Alexis: „Überhaupt nichts!" Sie schauen einander an.

„Ich meine nur, macht euch keine Sorgen, Mädchen", sagt Max mit schiefem Grinsen. „Ich muss jetzt langsam durchstarten. Hört zu, ich habe heute Morgen jede Menge Arbeit. Ich sehe euch dann später, okay?" Ich könnte schwören, dass er Alexis noch einen Blick zuwirft, bevor er geht, aber ich bin nicht sicher. „Viel Erfolg beim Gespräch."

„Gespräch?", fragt Alexis mit nervösem Blick. „Was für ein Gespräch? Wer hat ein Gespräch?"

„Wir ohne dich", kläre ich sie auf. Ich nehme Sky am Arm und ziehe sie zur Treppe, ehe Alexis noch etwas erwidern kann. Schnell steige ich die Treppe hoch, aber Sky zieht mich zurück.

„Was ist los?", flüstere ich.

„Ich habe gerade an etwas gedacht", sagt sie. Sie zieht die Schuhe aus, geht auf Zehenspitzen die Treppe hinunter und linst um die Ecke.

„Wonach schaust du?", wispere ich. „Ist Alexis noch da?"

Sky beachtet mich nicht. Plötzlich winkt sie aufgeregt mit den Armen. „Komm schnell! Ich wusste es!", flüstert sie. „Ich wusste, dass Max sich irgendwie komisch benimmt."

Schnell schlüpfe ich aus meinen Stiefeln und eile die Treppe hinunter. Sky macht mir Platz, und ich spähe hinter dem Türrahmen hervor.

Was zum …?

In der Mitte des Gangs stecken Alexis und Max offensichtlich mitten in einer hitzigen Diskussion. Alexis versucht, seine Hand zu fassen, und Max stößt sie immer wieder weg. Alexis berührt ihn. Sie nimmt wieder seine Hand, streichelt seine Schulter, versucht ihn zu umarmen, und dann küsst sie ihn! Auf den Mund! Und er küsst sie auch!

Iiiiiihhhhh!

Aber es dauert nicht lang. Max stößt sie weg und stürmt davon. Alexis rennt ihm hinterher.

Huh. Was findet Max nur an ihr? Ich meine, klar, sie ist irgendwie schön, nehme ich an, und sie hat eine tolle Figur, aber sie ist gehässig und heimtückisch. Max scheint eine seltsame Wahl zu sein für Alexis. Sie ist doch eher der Typ, der andere eben mal mit Zac Efron oder Ryan Gosling betrügt. Was sieht sie denn in Max, der nur ein Drehbuchautor ist?

Ein Drehbuchautor.

Max ist Drehbuchautor!

Ich schnappe nach Luft. „Oh mein Gott! Max muss etwas mit diesem Drehbuch zu tun haben!", platze ich heraus. Ich glaube, ich werde gleich ohnmächtig. Oder ich muss kotzen. Ich bin nicht sicher, was unangenehmer wäre.

„Ach, wirklich?", sagt Sky spöttisch. Sie schnappt sich ihre Schuhe und wirft mir meine Stiefel zu. „Schnell. Wir müssen ihnen nach."

SECHZEHN: *Du kannst weglaufen, aber dich nicht verstecken*

„Nicht so schnell!", bitte ich. Sky bewegt sich rasch den Gang entlang, späht in Räume hinein und öffnet Türen auf ihrer hektischen Suche nach Alexis und Max. „Hier sind sie nicht. Wahrscheinlich sind sie in der Garderobe von Alexis oder im Schreibraum."

„Dann gehen wir eben dorthin", beschließt Sky. „Wenn wir sie bei einer Unterhaltung über das gefälschte Drehbuch erwischen, dann können wir es Tom erzählen. Und bis Mittag könnten wir Alexis los sein und unsere Jobs gerettet haben."

Eine verführerische Idee. Ich schaue auf meine Coach-Uhr und runzle die Stirn. Es ist 9 Uhr 10. „Sky, wir müssen in zwanzig Minuten in Toms Büro sein", erinnere ich sie. „Wir schaffen es niemals rechtzeitig zu Alexis' Garderobe und zurück, und wir dürfen zu diesem Gespräch nicht zu spät kommen."

„Wenn wir Alexis nicht finden und ein paar schmutzige Informationen bekommen, hat es überhaupt keinen Zweck, zu diesem Gespräch zu gehen", kontert Sky. „Tom himmelt Alexis an! Der Sender liebt sie! Sie verdient viel weniger als wir. Wen, glaubst du wohl, werden sie behalten? Sie."

„Wenn du das wirklich annimmst, warum kommst du dann überhaupt noch zur Arbeit?", wende ich ein.

„Warum warst du damit einverstanden, dich mit mir gegen Alexis zu verbünden? Warum gehst du zu der Unterredung mit Tom?"

„Deswegen. Ich habe nicht gesagt, dass ich *will*, dass es so kommt. Ich habe gesagt, dass ich befürchte, dass genau das passieren *wird*." Sky ist immer noch in Bewegung. Wir kommen an den leeren Büros der Drehbuchautoren vorbei und an einer verlassenen Garderobe. Wahrscheinlich sind alle schon am Set und bereiten die erste Szene vor.

„Sky, Tom hat gesagt, er hätte nur eine halbe Stunde Zeit für uns." Ich packe sie am Arm und ziehe sie in Richtung von Toms Büro. „Meinst du nicht, es ist wichtiger, zuerst mit ihm zu sprechen und Alexis anschließend zu suchen? Wie wird es auf Tom wirken, wenn wir zu spät kommen?" Ich schleppe sie den Gang hinunter.

„Lass mich los!", beschwert sich Sky. „Nimm deine Hände weg!" Ich lasse nicht locker. „Jesus. Hast du einen Griff."

Ich wende mich ihr zu: „Hör auf zu schreien." Oops! Ich achte nicht mehr auf meinen Weg und stoße mit jemandem zusammen. Es ist mein Bruder.

„Matty, was machst du denn hier?", will ich wissen. Vor ein paar Wochen hatten Matt und ich einen *riesigen* Krach, als Sky und ich das Set verlassen hatten. Als ich nach dem Karaoke und dem Kriegsrat mit unseren PR-Managern endlich nach Hause kam, wartete Matt auf mich. Er schrie mich sofort an, weil ich nicht ans Handy gegangen war und ihn am Set zurückgelassen hatte, ohne ihm zu verraten, was eigentlich los war. Und dann sagte er noch, dass ich wegen meiner Unprofessionalität sowohl meinen als auch seinen Job gefährden würde. Na, so was. Dann brüllte ich zurück, warum er sich eigentlich immer noch mit Alexis abgeben würde, obwohl er gesagt hatte, er würde es bleiben lassen. Ich sagte zu ihm, dass er sich ganz klar für sie und gegen seine eigene Schwester entschieden hätte, was eine Schande wäre, da ganz klar wäre, dass Alexis ihn nur benutzte. Es war ein ziemlich hässlicher Streit, und ich fühlte mich danach schrecklich, weil ich ihm alles Mögliche an den Kopf geworfen hatte. Aber mein Stolz war zu groß, als dass ich sagen konnte: „Tut mir leid" – er hätte sich schließlich auch entschuldigen können. Seitdem herrscht das große Schweigen zwischen uns. Das Höchste der Gefühle waren Sätze wie: „Gib mir mal die Kartoffeln mit Rosmarin und Knoblauch" bei unseren Abendessen von unserem Chefkoch (Mom kann nicht einmal Wackelpudding machen).

„Ich, ähm, hatte eine Verabredung", lautet Matts rätselhafte Antwort. Er rutscht auf seinen rot-schwarzen maßgefertigten Nike iDs herum. Sein honigfarbenes Haar sieht aus, als hätte er sich seit Tagen nicht mehr gekämmt, und sein langärmeliges Shirt mit Gap-Logo und die Cargohose sind verknittert. Das ist merkwürdig, denn Matt will, dass alle seine Kleider gebügelt werden. Sogar seine Unterwäsche.

„Was für eine Verabredung?", will Sky wissen und windet sich aus meinem Griff. „Hast du dich mit deiner Freundin getroffen? Ist sie hier vorbeigekommen?"

„Sie ist nicht meine Freundin", sagt Matt steif.

„Wie auch immer." Sky zuckt die Schultern. „Hast du sie heute Morgen gesehen?"

„Nein", antwortet Matt. Er wirft mir aus dem Augenwinkel einen Blick zu. Ich sage kein Wort.

Sky betrachtet Matt gründlich. „Hat sie irgendwann einmal etwas über den Drehbuchschurken gesagt?", fragt Sky. „Hat sie Max erwähnt? Oder Rache oder irgendwas? Du musst doch etwas wissen! Du bist doch ihr Laufbursche!"

„Lass ihn in Ruhe, Sky", fordere ich sie auf. Ich kann nicht zuschauen, wie Matty in die Mangel genommen wird, auch wenn ich sauer auf ihn bin. Er ist vielleicht in Alexis verknallt, aber er würde mir niemals Informationen über den Drehbuchschurken vorenthalten. „Er weiß nichts."

Matt sieht aus, als wollte er etwas sagen, aber er tut es nicht. „Ich muss in die Garderobe", sagt er und geht ohne Abschiedswort davon. Hmm. Ein einfaches „Danke!" hätte mir schon gereicht!

Sky läuft los, entgegengesetzt zu Toms Büro, und rennt Matt praktisch um, als sie an ihm vorbeisaust.

„Warte!", schreie ich, während ich ihr hinterherrenne. „Sky! Lass das sein! Wir haben einen Termin! Was soll ich Tom denn sagen, wo du geblieben bist?"

Ich bin außer Atem und keuche, als ich Sky endlich erwische. Sie hat es tatsächlich bis zu Alexis' Garderobe geschafft. Ernsthaft, wer hätte denn ahnen können, dass Sky so schnell ist? Ich habe sie bisher noch niemals rennen gesehen, es sei denn, sie hat sich auf einen Reporter gestürzt. Oder wollte Orlando Bloom auf dem roten Teppich erwischen.

„Nicht zu fassen!", weise ich sie zurecht, aber Sky macht nur „Pst". Sie zeigt auf Alexis' Tür. Ich höre Gemurmel, es klingt hitzig. Ja, da drin sind ganz bestimmt Alexis und Max.

„Ich kann von den Lippen ablesen. Habe den Trick immer angewendet, um dich auszuspionieren", sagt Sky, als die gedämpften Stimmen lauter werden. „Ich will versuchen herauszufinden, was sie sagen." Sie späht durch das kleine Fenster in der Tür über meinem Kopf.

„Sei vorsichtig", warne ich sie.

„Das solltest du sehen." Sky steht auf den Zehenspitzen. „Alexis schluchzt herum, wie leid ihr alles tut. Du solltest ihr Gesicht sehen, K. Die Wimperntusche läuft ihr übers ganze Gesicht. Sie sieht schrecklich aus." Sky lacht boshaft.

„Sagen sie irgendetwas Wichtiges?" Wir haben nicht mehr viel Zeit. Es ist schon 9 Uhr 22.

Sky schielt wie verrückt. „Es ist schwer, etwas zu verstehen, weil sie ständig heult. Warte. Warte. Was hat sie gerade gesagt? Ich glaube, sie hat Drehbuch gesagt!" Sky schaut mich mit weit aufgerissenen Augen an, so groß wie die Törtchen aus dem Four Season's. „K, sie heult wegen eines Drehbuchs!"

Mir wird übel. „Bist du sicher?"

„Hallo, ihr zwei!", unterbricht uns jemand. Sky und ich fahren herum. Trevor kommt auf uns zu. Er hat einen niedlichen neuen Igelhaarschnitt und trägt eine weite Jeans und ein Thermalshirt über einem mit langen weißen Ärmeln. Wie konnte mir entgehen, dass er sich angeschlichen hat?

„Alles in Ordnung?", erkundigt sich Trevor. „Was macht ihr denn hier? Es sind bereits alle am Set. Wir warten auf Tom. Er hat irgendein wichtiges Treffen."

Sky und ich rühren uns nicht. Was ist, wenn Alexis und Max ihn hören? Und was ist, wenn Sky ihr Gespräch über diese eine wichtige Sache verpasst? Ich schwitze. Mir fällt überhaupt nichts ein, womit ich erklären könnte, was wir hier machen. Und wenn wir ihn nicht ganz schnell wieder loswerden, sind wir erledigt.

Trevors Lächeln verblasst. „Hört ihr nicht auch jemanden weinen?", fragt er.

„Nein", sagen wir unisono.

„Das klingt, als ob es aus Alexis' Garderobe kommen würde." Trevor legt seine Hand auf den Türknauf und späht durch das Fenster. „Hey, warum küsst Alexis …?"

Neiiin! Gleich werde ich hyperventilieren. Ich schaue Sky an. Ich habe das Gefühl, als würde alles in Zeitlupe ablaufen. Sky wirft sich auf Trevor, stößt ihn rückwärts quer über den Gang und küsst ihn leidenschaftlich auf den Mund. Er wirkt ebenso überrascht wie ich auch, aber dann beginnt er es zu genießen. Ich weiß nicht, was ich machen soll.

„Hör zu, ich muss mit dir reden", murmelt Sky Trevor ins Ohr. „Ich muss jetzt noch was zusammen mit K erledigen, aber wollen wir uns nicht zum Mittagessen in meiner Garderobe treffen?" Trevor sagt irgendetwas Zusammenhangloses. Er steht bestimmt noch unter Schock. „Großartig." Sky dreht ihn in die andere Richtung und schickt ihn weg. „Bis gleich!"

Ich schaue sie streng an und versuche, meine rechte Augenbraue zu heben, wie meine Mom es immer tut.

„Was ist?" Sky zuckt die Schultern. „Er sah so süß aus. Mann, ich habe ganz vergessen, wie gut Trevor küsst. Und diese Arme …" Sie seufzt.

„Was ist mit Cody?", frage ich.

„Ich halte mir alle Möglichkeiten offen." Sie zwinkert mir zu und kehrt zurück an ihren Platz an dem kleinen Fenster. Im Gang ist es so ruhig, dass man das Summen der zentralen Klimaanlage hören kann. „Okay, Alexis katzbuckelt noch immer. Sie redet mit Sicherheit über das Drehbuch", meldet Sky. „Sie heult. Bla, bla, bla. Warte. Jetzt entschuldigt sie sich und sagt, dass es niemand wissen muss. Max schreit sie an, dass er wegen ihr gefeuert wird. Ich verstehe nicht, was er sagt. ‚Das ist alles Teil einer großen Bluse.' Das ergibt keinen Sinn. Eine Muse?"

„Eine Druse?", schlage ich vor.

Sky schaut mich an. „Was ist eine Druse?"

„Konzentrier dich wieder auf das Lippenlesen", sage ich zu ihr. Sky könnte bestimmt auch noch von den Vorbereitungen für den Eingangstest profitieren.

„Alexis war seine Muse, und sie hat ihren Vorteil daraus gezogen", wiederholt Sky. „Sie hat ihn dazu gebracht, es zu machen. Was zu machen? Pack aus, Max! Komm schon!" Sky schnappt nach Luft.

„Was ist?", zische ich.

„Wir haben sie, K", sagt Sky heiser.

„Was? Was haben sie denn gesagt?" Ich spüre, wie mir das Herz voller Vorfreude fast aus dem Hals hüpft. „Erzähl schon!"

„Gerade hat Alexis gesagt: ‚Aber du hast das Drehbuch geschrieben! Das kannst du mir nicht in die Schuhe schieben!'", meldet Sky. „Und jetzt weint Alexis wieder."

Eine Welle von Übelkeit rollt über mich hinweg, als mir klar wird, dass unsere Verdächtigungen gegen Alexis die ganze Zeit zutreffend waren. Alexis ist nicht bloss ein Riesenhaufen Kuhscheisse. Sie ist ein intrigantes, rachsüchtiges Stück Kuhscheisse.

Gut, ein Mensch kann nicht Kuhscheisse sein, deshalb ist das alles eigentlich Quatsch, aber ich bin stinksauer! Ich möchte, dass sie dafür bezahlt. „Ich wusste, dass sie uns hasst, aber ich hätte nie gedacht, dass sie etwas so Dummes tun würde", sage ich. „Das ist beruflicher Selbstmord! Aber Max ... was haben wir Max denn bloss getan?"

„Psst", bringt Sky mich zum Schweigen, die immer noch angestrengt lauscht. „Max sagt etwas. ‚Ich wollte dir das Ende für *FA* schreiben, das du dir gewünscht hättest. Ich habe dir gesagt, dass es ausschliesslich für deine Augen bestimmt war. Du hast geschworen, es niemandem zu zeigen. Und das ist der Dank dafür? Die Verteilung von Kopien an die gesamte Besetzung und die Crew? Der Versuch, die Szene hinter Toms Rücken drehen zu lassen? Was hast du dir nur dabei gedacht? Du hast sehr erfolgreich jegliche Chance auf eine Karriere für uns beide zerstört!'"

„Oh mein Gott." So langsam bekommt das Ganze einen Sinn. „Alexis dachte, dass sie bessere Texte für sich bekommen würde, wenn sie die Autoren bezirzt. Deshalb hat sie sich an Max herangemacht, um ihn dazu zu bewegen, ihr zu helfen."

„Die Kleine ist grossartig", sagt Sky. „Ich wünschte nur, ich hätte daran gedacht, als du mir auf den Wecker gegangen bist."

„Vielen Dank", erwidere ich trocken.

Sky wendet sich wieder dem Fenster zu und schnappt

erneut nach Luft. „Was zum ... K, hör zu. Alexis hat Max gerade erklärt: ‚Wenn du denkst, dass ich darüber stolpern werde, dann hast du dich geschnitten. Du hast das Drehbuch geschrieben, weil du von mir besessen bist. Ich werde Tom erzählen, dass ich damit nichts zu tun hatte. Was meinst du wohl, wem er glauben wird?' Max sieht fuchsteufelswild aus. Er hat gesagt: ‚Das würdest du nicht wagen! Wie kannst du mir das antun?'" Sky dreht sich zu mir um. „Wir müssen es Tom erzählen."

Ich schaue auf meine Uhr. „Sky, es ist 9 Uhr 55! Unser Termin ist fast vorbei, und es bleiben uns nur noch fünf Minuten!"

Wir sausen los. Ich habe heute nichts anderes getan als rennen. Vermutlich habe ich eine Tonne Kalorien verbraucht, sodass ich wahrscheinlich noch einen Brownie essen kann.

Vor Toms Büro steht seine Assistentin. „Wartet!", brüllt sie, aber wir bleiben nicht stehen. Wir flitzen weiter und platzen ohne Anklopfen in Toms Zimmer.

„Tom! Tom!" Wir reden beide auf einmal und sind völlig außer Atem. „Tom, du musst uns fünf Minuten zuhören!"

Dann schaue ich mich um und stelle fest, dass Tom nicht allein ist. Auf seiner dunkelbraunen Ledercouch sitzt Melli und betupft mit einem Taschentuch ihre Augen. Warte mal? Was ist denn jetzt geschehen?

„Ihr zwei seid zu spät." Seine Stimme klingt rau. „Wo seid ihr gewesen?"

Wir beginnen gleichzeitig zu erzählen, stolpern über unsere Worte und versuchen alles loszuwerden, was wir gehört und gesehen haben. Und Tom hört uns tatsächlich zu. Alle paar Minuten wirft er Melli einen wortlosen Blick zu.

„Mädchen", sagt Tom in warnendem Ton, den ich bereits vom Set kenne. Normalerweise verwendet er diesen Tonfall, wenn wir miteinander streiten.

„Wir können es beweisen!", platzt Sky heraus. „Lass sie hierherkommen! Wir werden sie selbst fragen. Bitte, Tom, du musst uns glauben."

„Sky, beruhige dich", sagt Tom gelassen. „Ich glaube dir. Ich weiß es bereits."

„Du weißt es? Aber wieso?", will ich wissen.

Tom schaut Melli an und dann wieder uns. „Am Freitag war dein Bruder bei mir und hat es mir erzählt", sagt Tom.

Es haut mich fast aus den Pantinen.

„Was?", quietscht Sky.

„Matty wusste es? Warum hat er es mir denn nicht gesagt?", frage ich.

„Deshalb wollte ich heute Morgen mit euch beiden reden", sagt Tom. „Ich wollte euch erzählen, was geschehen ist, und mich für mein Verhalten in dieser Angelegenheit entschuldigen. Ich hätte merken müssen, was mit Alexis los war. Stattdessen war ich so damit beschäftigt, wegen unserer neuen Quoten und der Lobeshymnen des Senders begeistert zu sein, dass ich die beiden jungen Damen vergessen habe, die schon die ganze Zeit meine Stars sind." Er lächelt. „Als all diese Geschichten ans Tageslicht kamen, dass jemand rausgeworfen werden sollte, hätte ich euch versichern sollen, dass man euch beide nicht gehen lassen würde. Der Sender wollte einen Sündenbock, der die Schuld für die schlechte Presse und die

Ereignisse in Vegas auf sich nehmen würde, aber ich habe keine Sekunde lang daran gedacht, eine von euch beiden zu feuern."

„Danke, Tom", sage ich. Es ist ein gutes Gefühl, das von unserem Chef zu hören. „Aber ich verstehe noch nicht, wie Matty über Alexis Bescheid wissen konnte."

„Als ihr zwei vom Set gestürmt seid, hat Alexis in Bezug auf Matty einen Fehler gemacht", erklärt Tom. „Offensichtlich hat sie versucht, Matt dafür zu bezahlen, dass er schweigt. Und als das nicht funktionierte, hat sie ihm sogar versprochen, sie würde sich ein paar Wochen lang mit ihm verabreden, um sein Image aufzuwerten. Er sagte zu ihr, er würde darüber nachdenken. Am vergangenen Freitag kam er zu mir und erzählte mir alles. Er war wirklich hin und her gerissen wegen der ganzen Geschichte und befürchtete, für dich und Sky alles nur noch schlimmer zu machen. Er dachte, dass Alexis sowieso alles abstreiten würde und ich ihr mehr glauben würde als ihm. Aber ich kenne die Burkes – sie lügen nicht. Mattys Geschichte passte zu allem." Tom lächelt mich dankbar an. „Es tut mir leid, dass ich euch ein paar Tage lang im Ungewissen gelassen habe. Aber ich hatte Matt gebeten, dir nichts zu erzählen, Kaitlin, bis ich mit unseren Anwälten gesprochen habe. Ich bin so stolz auf Matt, dass er sich getraut hat. Ich muss dir wohl nicht sagen, dass Matty sich in Alexis verknallt hat, und es hat ihn viel Überwindung gekostet, alles zu beichten. Aber er hat gesagt, dass er sich mehr Sorgen um dich macht und dass du deinen Job verlieren könntest."

Matty hat mich also verteidigt, und ich habe ihn die ganze Zeit links liegen lassen!

Das kann er mir sicher nie verzeihen.

„Da wir nicht noch mehr schlechte Presse über uns gebrauchen können, wird der Sender öffentlich erklären, dass der Drehbuchfälscher nicht ermittelt werden konnte. Alexis wird gehen, so wie das Drehbuch es vorgesehen hat, und Max werden wir wegen Etatkürzungen kündigen", sagt Tom.

„Das war's dann also. Alexis wird verschwinden", sagt Sky fröhlich.

Es ist vorbei. Mein Job ist sicher! Ich habe meine Fernsehfamilie wieder! Alexis verlässt uns! Mir ist nach Feiern zumute. Vielleicht werde ich nach all dem doch noch diese große Geburtstagsfeier veranstalten. Die Hölle der letzten paar Monate ist endlich vorbei! Wartet nur, bis ich das alles Austin und Liz erzählt habe, Rodney und Nadine, und …

„Setzt euch, Mädchen, da ist noch was", sagt Melli, und wenn man ihrem Gesichtsausdruck glauben darf, dann sind es keine guten Neuigkeiten. „Tom, sag es ihnen."

In meinem Hals bildet sich ein Kloß, und meine Stimme zittert. „Was soll er uns sagen?", frage ich. Plötzlich habe ich große Angst.

Melli nimmt unsere Hände in ihre und umschließt sie fest. „Über diesen Tag habe ich sehr lange nachgedacht, Mädchen, und jetzt ist es so weit. Ich werde die Serie verlassen", sagt sie mit rauer Stimme. Tom setzt sich auf den Stuhl neben Melli und legt seinen Arm um ihre Schulter. Sky und ich setzen uns. Ich habe das Gefühl, dass meine Knie gleich nachgeben werden.

„Als die Serie anfing, war ich um die zwanzig", erklärt

Melli. „Ich hatte mir ausgerechnet, dass eine Abendserie über eine gestörte Familie höchstens fünf Jahre lang dauern würde." Sie lacht. „Aber das hat nicht gestimmt, und ich wurde älter, habe geheiratet, wurde geschieden, bekam Kinder, habe wieder geheiratet und bin immer noch hier." Sie holt tief Luft. „Es ist wundervoll, aber ich hatte mir nicht vorgestellt, fast zwei Jahrzehnte meines Lebens so zu verbringen."

„Ich dachte, du magst diese Serie", sagt Sky.

„Das tue ich auch", versichert uns Melli. „Sogar als die Boulevardpresse über meine gescheiterte erste Ehe berichtete, oder als sie Streitereien am Set beklagten. Ich habe mich hier immer zu Hause gefühlt." Sie zögert. „Aber vielleicht ist es Zeit für ein neues Zuhause. Nach allem, was dieses Jahr hier passiert ist …" Sie schüttelt den Kopf. „Nun, ich denke einfach, es ist Zeit. Ich würde mit meiner Karriere gern noch ein paar andere Dinge ausprobieren."

„Du kannst uns doch nicht im Stich lassen", sagt Sky, und ihr spitzes Kinn zittert. Melli steigen wieder Tränen in die Augen. Ich bemerke, dass auch Toms Augen feucht werden. Sky schluchzt, und ich bekomme einen Schluckauf.

Ich kann mir das alles hier ohne Melli gar nicht vorstellen. Ich weiß nicht, ob ich damit klarkomme. Melli ist meine Filmmutter. Sie ist das Rückgrat dieser Serie. Wie wird *FA* ohne sie sein?

„Da ist noch etwas", sagt Tom vorsichtig. „Tatsache ist, meine Lieben, dass wir beide gehen werden."

„WAS?", schreien Sky und ich auf.

„Melli und ich sind von Anfang an zusammen dabei,

und wir hatten vereinbart, dass wir beide gehen würden, wenn einer genug hätte von der Serie", sagt Tom. „Ich liebe euch alle, aber ich kann die Serie nicht ohne sie machen. Melli hat mir zu Beginn dieser Saison gesagt, dass es vielleicht ihre letzte sein würde, und wir reden seit Monaten darüber. Diese Sache mit Alexis und dem Drehbuch hat das Ganze nur beschleunigt. Es wird Zeit für andere Dinge. Diese Staffel von *Family Affair* wird die letzte sein."

Sky stößt einen hörbaren Schluchzer aus, aber ich bin wie gelähmt. *Family Affair* wird aus dem Programm genommen? Das kann nicht sein! Diese Serie ist meine Heimat. Was soll ich denn nur tun? Wo werde ich jetzt leben?

Augenblick mal. Ich habe doch ein Zuhause! Aber trotzdem ... das hier ist meine zweite Heimat!

„Fünfzehn Staffeln sind eine unglaublich lange Laufzeit, ist euch das klar?", sagt Tom gerade. „Der Sender möchte, dass *FA* stilvoll zu Ende geht, und wir haben sie lange genug vorgewarnt, damit das möglich ist. Wir haben noch die ganze zweite Hälfte der Staffel Zeit, angefangene Motive zu Ende zu führen und einen guten Abschluss für die Fans zu bringen."

Sky ist untröstlich. Sie weint so heftig, dass sie kaum Luft bekommt. Tom holt ein Glas Wasser für sie.

Ich jedoch bin plötzlich wie versteinert. Ich werde mit der Endgültigkeit von all dem nicht fertig. Das muss ein böser Traum sein. *FA* kann nicht zu Ende gehen, das ist alles nicht wahr!

„Mädchen, ich weiß, dass das schwer ist", sagt Melli, „aber ihr seid beide jung und außerordentlich talentiert.

Das wird sich bald herumsprechen, und ihr werdet mit Angeboten überschwemmt werden."

„Mein Leben ist vorbei", seufzt Sky. „Ich werde nie wieder so eine Fernsehserie wie die hier bekommen. Niemals!"

„Ich kann mir nicht vorstellen, bei einer anderen Serie mitzumachen", stimme ich ihr zu. „Nichts wird jemals mit der Erfahrung mithalten können, die ich hier gemacht habe."

„Trotz allem wird der Sender nur zu gern wieder mit euch beiden arbeiten", erklärt Tom. „Das haben sie mir persönlich gesagt. Wahrscheinlich werdet ihr nächste Woche einen Anruf von ihnen bekommen. Sie wollen sich mit euch treffen, um zu besprechen, ob ihr eure eigene Serie machen oder einen Pilotfilm drehen wollt."

Sky hört auf zu weinen. „Wirklich?" Sie wischt sich das Gesicht ab, und ich bemerke, wie sich ihr Gesichtsausdruck verändert.

Tom lacht. „Ich weiß es. Euch liegt die Welt gerade zu Füßen. Und Melli und ich haben endlich die Freiheit, das zu tun, was wir wollen. Das ist eine gute Sache, Mädchen. Ihr werdet uns irgendwann noch dankbar sein."

„Daran kann ich im Augenblick nicht denken", sage ich leise. „Ich kann nur an jetzt denken und daran, dass es bald vorbei ist."

Er lächelt. „Nun, schon bald wirst du zu entscheiden haben, was du als Nächstes machen möchtest", sagt Tom. „Die Zeit für Pilotfilme kommt bald. Vielleicht willst du ja eine andere Fernsehserie drehen. Oder dich auf Kinofilme konzentrieren", fährt er fort. „Warte einfach ab und schau, wie du dich fühlst nach der offiziellen Ankündigung in ein paar Wochen."

„Erzählt bitte bis dahin niemandem etwas davon", sagt Melli.

„Nicht euren Familien, Agenten, Managern, Freunden, Matty", fügt Tom hinzu. „Niemandem. Ich werde es dem Rest der Besetzung und der Crew vorab sagen, aber im Augenblick seid ihr drei die Einzigen, die davon wissen. Wir möchten nicht, dass die Presse Wind davon bekommt, bevor wir fertig sind. Wir möchten, dass *FA* so zu Ende geht, wie es immer war: eine prima Serie. Keine weitere schlechte Reklame."

Meine Beine fühlen sich an, als ob sie gleich schlapp machen würden. In meinem Kopf dreht sich alles, und mein Mund ist trocken. „Ich nehme an, dass jetzt Glückwünsche angebracht sind", sage ich zittrig, und dann umarme ich Melli. Ich möchte sie nie wieder loslassen.

„Es tut uns leid, dass ihr beide so eine schwere Zeit hattet", sagt Melli, während sie mich umarmt. „Aber ich kann euch versprechen, dass die zweite Hälfte dieser Saison viel, viel leichter sein wird."

„Alexis wird ihre letzte Szene in einer schnell zusammengefassten Handlung nächste Woche drehen", erklärt uns Tom. „Und dann kommen wir zu dem, was uns Spaß macht. Das Studio möchte alles haben – das volle Programm."

HOLLYWOOD-GEHEIMNIS NUMMER SECHZEHN: Vermutlich kann ich mich mit der Tatsache trösten, dass eine beliebte Fernsehserie niemals wirklich zu Ende ist. Die Sender holen gerne raus, was rauszuholen ist. Wiederholungssendungen werden geplant, die allerletzten

Videos aufgenommen und die Lieblingsfolgen gesendet. Es wird Emmy-Würdigungen der letzten Saison geben, vielleicht Spin-offs mit beliebten Figuren (obwohl diese Shows meistens Flops sind) und Gerüchte über Sonderdrehs mit der wiedervereinigten Besetzung. Für ziemlich lange Zeit werden mir diese Leute erhalten bleiben.

„Ich werde dir helfen, Tom", sagt Sky. „Ich war schon immer der Meinung, dass die Folge, in der Sara von einem betrunkenen Fahrer angefahren wird, einen Emmy verdient hätte. Die sollte auf jeden Fall wiederholt werden. Ich möchte, dass die Verantwortlichen mich als wandlungsfähige Schauspielerin sehen, die in der Titelzeile jeder Serie stehen könnte. Alles außer was mit Zwillingen. Ich habe es verdient, meine eigene Serie zu bekommen. Nichts für ungut, K."

Ich unterdrücke meinen Wunsch, die Augen zu verdrehen. Ich spüre, dass die alte Sky zurückkehrt.

„Ich werde daran denken", sagt Tom. „Was ist mit dir, Kates? Wie möchtest du in Erinnerung bleiben?"

„Können wir später darüber sprechen?", frage ich, bereits unterwegs zur Tür. Ich muss dringend zurück in meine Garderobe, ich will ein bisschen allein sein. „Ich muss über vieles nachdenken."

Montag, 11.11.

Persönliche Notizen:

Herausfinden, was ich mit dem Rest meines Lebens anfangen will.

FA2011 „Colby verabschiedet sich"

(FORTSETZUNG)

15, DRAUSSEN, BUSBAHNHOF IN SUMMERVILLE – INNEN, SAMS VOLKSWAGEN CABRIO

COLBY
Du hättest mich nicht herbringen müssen.

SAM
Ich weiß. Ich wollte es aber.

COLBY
Auch nach allem, was ich dir angetan habe? Und deiner Familie?

SAM
(lächelt) Ich versuche, mich erwachsen zu benehmen. (Sam holt ein Bündel Fünfziger aus ihrer Geldbörse). Hier. Das sollte erst einmal genügen, damit du einen neuen Anfang machen kannst, egal wo.

COLBY
Du bist verrückt, weißt du das? Warum willst du mir unbedingt aus der Klemme helfen?

SAM
Weil du, auch wenn du nicht meine Schwester bist, für kurze Zeit meine Freundin warst. Ja, das warst du wirklich. Obwohl du versucht hast, meine Familie auszutricksen, unser Blutbild manipuliert hast und meine Mutter wegen dir mit den DNA-Tests viel durchmachen musste – du hast ihr das Leben geret-

tet! Findest du nicht, dass ich dir dafür dein Busticket bezahlen sollte?

COLBY
(öffnet die Autotür und wirft sich ihre zerschlissene grüne Militärtasche über die Schulter) Wenn du mich fragst, es tut mir leid.

SAM
(hält Colby fest) Warte noch. Bevor du gehst, sag mir bitte, warum hast du das getan?

COLBY
Du – deine Schwester – deine Familie. Ich dachte, diese Familie hat einfach alles. Ich wollte dazugehören. Diese Liebe nur für einen Sekundenbruchteil spüren. Ich habe nicht darüber nachgedacht, was das für alle anderen bedeuten würde.

LAUTSPRECHER DES BUSBAHNHOFS
Letzter Aufruf für Bus 1104 nach Las Vegas. Bitte einsteigen.

COLBY
Das ist meiner. Ich sollte jetzt gehen.

SAM
(lässt Colbys Arm los) Ja, du musst los.

Sam steigt aus ihrem Cabrio und sieht Colby nach, die davongeht. Als Colby dem Fahrer ihre Tasche gibt und in den Bus steigt, schaut sie sich noch einmal nach Sam um. Sam winkt, als sich die Türen schließen. NAHAUFNAHME auf Colbys Gesicht, während der Bus losfährt. Wir hören Reifen quietschen und das Geräusch rennender Füße auf dem Asphalt.

SARA
Ich wusste, dass ich dich hier finden würde! Was machst du hier?

SAM
Mich verabschieden.

SARA
Von ihr? Sammie, nach allem, was sie uns angetan hat?

SAM
Ich weiß. Ich weiß. Du musst mich nicht daran erinnern.

SARA
Sie kann von Glück sagen, dass ich nicht hier war. Ich hätte ihr gesagt, was ich wirklich von ihr halte!

SAM
Jeder hier auf diesem Busbahnhof ist froh, dass er es nicht gehört hat.

SARA
Haha. Hey, wie hast du diesen versifften Ort gefunden? Ich wusste noch nicht einmal, dass Summerville einen Busbahnhof besitzt.

SAM
Sara! Natürlich haben wir einen Busbahnhof. So kam Colby in die Stadt, und sie wollte sie auf dem gleichen Weg wieder verlassen.

SARA
Hat sie irgendwas zu dir gesagt? Ich meine, hat sie dir erklärt,

warum sie uns in den letzten Monaten das Leben zur Hölle gemacht hat?

SAM
Sie sagte, sie wollte eine Familie haben. Unsere Familie.

SARA
Vermutlich kannst du ihr das nicht einmal vorwerfen. Die Buchanans sind so cool.

SAM
(lächelt) Cool? Die Buchanans sind cool? Wer bist du denn?

SARA
Laut dem feinen Krankenhaus von Summerville bin ich dein Zwilling, Schätzchen.

SAM
Dann habe ich dich wohl am Hals.

SARA
Ich fürchte, ja. Lass uns hier abhauen und nach Hause fahren.

SAM
Zu Hause klingt jetzt wirklich wunderbar.

Sam und Sara haken sich ein, und die KAMERA BLENDET AB, während die beiden zu ihren Autos gehen. MUSIK.

SIEBZEHN: *Letztes Abendessen*

Das ist mir noch nie passiert. Ich bin zum Abendessen im Wolfgang Puck's Cut, einem todschicken Steakhouse im Beverly Wilshire Hotel, und die Burke-Mannschaft – Laney, Mom, Dad, Matty und Nadine, falls jemand vergessen haben sollte, wer das ist – hat nichts zu meckern. Nicht eine einzige abfällige Bemerkung über eine berühmte Schauspielerin am Nachbartisch, die aussieht, als hätte sie ein paar Pfund zugelegt. Keine Kritik an meinem Outfit (einem grünen taillierten Kordsamtblazer über einem cremefarbenen Pulli, Seven Jeans und braune Wildleder-Pumas) und kein einziger Gedanke darüber, wie mein nächster Karriereschritt aussehen sollte.

Das kommt daher, dass kurz nach Beginn unseres Essens nach dem Motto „Klingeling, Colby ist erledigt, Matt sei Dank" (die Laney, Mom und ich fröhlich veranstalteten) das Studio eine exklusive Erklärung für *People* online abgab, die mein Team entsetzte: *„Family Affair* wird im Mai aus dem Programm genommen."

Natürlich wusste ich das bereits. Ich hatte mich schon wochenlang vor dieser Bekanntgabe gefürchtet. Ich hatte keine Ahnung, wie ich Mom und Dad oder Matty oder Laney diese Neuigkeit beibringen sollte. Vor allem, da wir gerade mitten in der Feier von Mattys Heldentat waren. Seufz. Manchmal ist es wirklich nicht leicht, die Einzige zu sein, die von einem großen Geheimnis weiß.

Als Tom mir den Link zu *People* online (Schlagzeile: „Die *Affäre* ist offiziell beendet") auf mein Sidekick geschickt hatte, wusste ich, dass mir genau drei Minuten Zeit blieben. Ich musste es allen so schnell wie möglich erzählen, bevor sie die Nachricht über Handy, BlackBerry oder sonstwie erhielten. Ich schaltete mein Sidekick und das Handy aus, damit ich nicht unterbrochen werden konnte, und brachte ihnen vorsichtig die Neuigkeit bei.

„Leute, das ist schon okay", betone ich zum x-ten Mal. Seit ungefähr zehn Minuten hat keiner auch nur ein Wort gesagt.

„Du tust dich leicht", beschwert sich Matt und rührt mit einem langen Strohhalm in seiner Cola herum. „Deine Karriere ist geregelt. Du warst praktisch seit deiner Geburt in dieser Serie!" Seine Arme in dem blütenweißen Poloshirt, das seine Bräune gut zur Geltung bringt, wedeln durch die Luft. „Ich war nur für eine halbe Staffel dabei. Niemand wird sich an mich erinnern, wenn sie den Serienrückblick drehen."

„Ich kann einfach nicht glauben, dass du es schon seit Wochen weißt und uns nichts gesagt hast." Mom sieht verletzt aus. „Wenigstens deiner eigenen Mutter hättest du es erzählen können." Sie starrt hinauf zur makellos weißen, hohen Decke des Restaurants (der Architekt des Getty Center, Richard Meier, hat das Ganze gestaltet) und kämpft mit den Tränen.

„Mom, Tom und Melli haben gesagt, ich dürfte niemandem etwas vor der Bekanntmachung erzählen", versuche ich zu erklären. „Ich hatte keine Wahl." Sie schaut mich nicht an. „Trotz allem haben wir einen Grund zu feiern", erinnere ich sie. „Alexis ist raus aus der Serie, und es liegt noch die Hälfte der Drehzeit vor uns." Ich wende mich meinem Bruder zu, der mit mürrischem Blick in seinem Stuhl flegelt. „Und Matty, Tom hat mir verraten, dass deine Figur in allen verbleibenden Folgen auftritt." Er wird munterer. „Tom sagt, dass wir die Serie mit einem Knall beenden werden. Die Zuschauer werden sich noch lange an *Family Affair* erinnern."

„Und dann gibt es ja auch noch die DVD-Verkäufe", betont Dad. „Katie-Kat wird richtig abkassieren, wenn die letzte Staffel auf DVD veröffentlicht wird. Wir sollten Tom vorschlagen, eine DVD mit der letzten Folge zu produzieren und ein Sammelbox-Set mit den besten Folgen aller fünfzehn Staffeln. Je mehr DVDs es gibt, desto mehr Geld wird in unsere – ich meine in Kate-Kates – Taschen fließen."

„Ich würde auch etwas Kohle kriegen, oder, Dad?" Matty schaut auf. „Ich bin in der letzten Staffel mit dabei." Er macht eine Pause. „Können wir anschließend einen Nachtisch haben?"

„Wie kannst du nur ans Essen denken?", stöhnt Mom.

Auf der Speisekarte des *Cut* stehen hochpreisige Gerichte, die geeignet sind, unsere Sorgen zu lindern. Hier gibt es leckeres Kobe-Rindfleisch, Hummer, Krabbencocktail Louis und seltenes Wagyu-Rindfleisch. Ich habe gegrillte Sonoma-Lammkoteletts bestellt.

„Nun, ich weiß nicht, wie es euch geht, aber ich bin wirklich stolz darauf, wie du mit der ganzen Sache umgehst, Kates." Nadine strahlt mich an. „Keine Tränen, kein Ausflippen. Du benimmst dich sehr erwachsen."

„Danke." Ich werde rot. „Ich habe immer wieder über alles nachgedacht und versuche, mich auf meine Zukunft zu konzentrieren." Zugegeben, das ist gelogen. Vielmehr will ich die Tatsachen absolut nicht akzeptieren. Nur deswegen bin ich noch nicht ausgerastet.

„Ja, die Zukunft", wiederholt Laney und blickt in den anderen Speiseraum, der in den Innenhof führt. „Wir sollten über deine Pläne sprechen, damit ich eine Erklärung abgeben kann."

Mom wird munter. „Wir sollten Seth anrufen und ein Treffen vereinbaren, um uns künftige Projekte anzusehen", sagt Mom mehr zu Laney als zu mir. „Ich bin sicher, dass heute Nachmittag einiges hereinkommen wird. Filme, Fernsehserien, sie wird eine große Auswahl haben."

Wow. Das geht mir zu schnell.

Laney holt ihren BlackBerry heraus und tippt eine Notiz für sich selbst ein. „Wir können sagen, dass Kaitlin sich verschiedene Angebote durch den Kopf gehen lässt und ihr nächstes Projekt bald bekannt geben wird. Was hältst du von einer neuen Fernsehserie?", fragt sie meine Mom.

Wartet! Ich kann im Augenblick nichts entscheiden. „Nun, ich habe gedacht …", beginne ich, aber Mom unterbricht mich. Also wende ich mich dem Kellner zu und bitte ihn, mir Mineralwasser nachzuschenken.

„Nein", sagt Mom und schüttelt den Kopf, sodass ihr honigfarbenes Haar um ihr Gesicht fliegt. „Wie viele Stars haben den Übergang von einem Serienhit im Fernsehen zum nächsten gemacht?"

„*Frasier*", sagt Dad. „Das war ein Ableger von *Cheers*."

„*Joey*", stöhnt Nadine. „Nicht einmal die Beliebtheit von *Friends* konnte diese Serie in Schwung bringen."

„Gutes Argument", bemerkt Laney. „Filme, das ist es. Sollen wir es mit Action versuchen? Noch einmal mit einem großen Regisseur und berühmten Stars. Oder vielleicht lieber der unabhängige Weg? Wir bringen Kaitlin für eine Weile in die Festspielkreise. Verstärken ihre künstlerische Ausstrahlung?"

Ich suche in meiner geräumigen Louis-Vuitton-Schultertasche mit dem Leopardendruck nach meinem Sidekick und schalte es ein, um zu sehen, ob Austin sich gemeldet hat. Das Gerät erwacht summend zum Leben, und ich stelle fest, dass ich dreiundsechzig Nachrichten erhalten habe. Puh! Die Welt dreht sich schnell in dieser Stadt. Ich überfliege die Liste und entdecke WOOKIE. Austin. Ich lese die Nachricht und antworte sofort. Er schreibt mir auf der Stelle zurück, und so blende ich die laufende Diskussion über meine Karriere aus, die sowieso ohne mich stattfindet.

> WOOKIE: Hey. Wie geht's? Liz hat die Neuigkeit gerade von ihrem Dad gehört.
> PRINZESSINLEIA25: OK. Tut mir leid, dass Du es nicht zuerst von mir erfahren hast. Musste Geheimhaltung schwören. Fiel mir schwer. Auch gegenüber Laney und Mom. Sie werden nicht so gut damit fertig.
> WOOKIE: Schocker. :-) Werden sich dran gewöhnen. Du auch. Vielleicht ist eine Veränderung nötig, um Leben in die Bude zu bringen, oder?
> PRINZESSINLEIA25: Hast recht.
> WOOKIE: Denk dran: Veränderung bei der Arbeit. Und bei der Schule. Nicht beim Freund.

PRINZESSINLEIA25: Niemals. :-)
WOOKIE: Ich glaube, du brauchst trotzdem eine Aufmunterung. Wir feiern deinen Geburtstag.
PRINZESSINLEIA25: Nein! Keine Geburtstagspläne! Hast du versprochen!
WOOKIE: Ich sagte, ich würde darüber nachdenken. Muss was tun! Vor allem jetzt. Du brauchst eine Party.
PRINZESSINLEIA25: Keine Partys!
WOOKIE: Bei wie vielen Leuten beginnt für Dich eine Party? :-)
PRINZESSINLEIA25: Keeiiiine Partys!
WOOKIE: Weniger als 25, OK?
PRINZESSINLEIA25: Grrr! Wenn Du was tun willst: Du, ich und eine Pizza. OK?
WOOKIE: Hmm ... gute Idee. Muss los. Mr Hammond glotzt. Halte durch. Kopf hoch & denk dran: Lass sie nicht ohne Dich über Deine Zukunft entscheiden!

Gutes Argument.

„Ich finde, das ist ein toller Plan, du nicht, Kaitlin?", fragt Mom gerade.

Ich schiebe mein Sidekick von meinem Schoß in meine Tasche. Nadine wirft mir einen Blick zu. „Hmm?"

„Peter Jackhom", sagt Mom frustriert.

Ich bin verwirrt. „Oh, er ist großartig. *Ring Keeper* lag auf der gleichen Wellenlänge wie *Star Wars* mit all dem Gut-gegen-Böse-Brimborium. Warum?"

„Er denkt gerade an eine neue Trilogie, die in Neuseeland gedreht werden soll", sagt Laney.

„Er dreht die Filme nacheinander, deshalb wird die ganze Sache ungefähr achtzehn Monate dauern", fügt Nadine hinzu mit einem Blick à la „die haben einen Knall".

„ACHTZEHN MONATE?", kreische ich und erschrecke unseren Kellner, der mir mein Essen bringt. Das ist so eine Angewohnheit von mir. Achtzehn Monate lang ohne Austin? Achtzehn Monate im Ausland? Ich möchte eine Veränderung, aber nicht gleich eine so große. „Ich denke, das schaffe ich nicht, so lange weg zu sein", sage ich.

Mom seufzt und starrt auf die Durchreiche von *Cuts* Küche. „Laney, was hast du noch?"

Laney liest von ihrem BlackBerry ab. „Seth sagt, er hat ein neues Drehbuch mit George, das in Rumänien verfilmt wird. Klingt super. Und ein Musical mit Angelina, das im nächsten Sommer in L. A. gedreht wird. Außerdem hat er ein neues Drehbuch von Quentin, das überhaupt ein Knaller ist. Aber ziemlich blutrünstig. Möchtest du, dass Kaitlin einen Horrorfilm macht?"

„Hmm, ich bin nicht sicher", sagt Dad zu Mom. „Ich denke, das wäre ein Rückschritt. Die meisten Mädchen machen Horrorfilme, um bekannt zu werden, und Kaitlin ist bereits berühmt."

„Ich möchte keinen Horrorfilm drehen", sage ich, aber niemand hört auf mich.

„Es könnte sie auf einem Gebiet bekannt machen, mit dem man sie bisher nicht in Verbindung bringt", argumentiert Mom. „Das könnte das Publikum völlig aus dem Konzept bringen und eine Menge neuer Türen öffnen."

„Das Gleiche würde bei der Arbeit mit Neil LaBute passieren, aber ich bin nicht sicher, ob wir wollen, dass sie sich für ihre nächste Rolle ausziehen muss", wendet Laney ein.

„Ein Musical wäre doch eine gute Idee. Könnten wir nicht etwas Ähnliches wie *Hairspray* finden?", fragt Matty. „Sie könnten mich gleichzeitig besetzen. Ich habe Kaitlin in der Dusche singen gehört. Sie ist gar nicht schlecht."

„Damals beim Karaoke war sie sogar ziemlich gut", stimmt Laney ihm zu. „Ich bin sicher, wenn wir einen Gesangsrepetitor für sie finden würden und sofort mit der Arbeit anfangen, wäre sie bereit dafür. Wenn man sich überhaupt dafür entscheidet, aus *Wicked* einen Film zu machen."

Ich halte das nicht einmal für eine schlechte Idee, nachdem ich endlich meine Angst überwunden habe, in der Öffentlichkeit zu singen. Trotzdem beginnt sich in meinem Kopf alles zu drehen. Das alles ist wie ein Déjàvu-Erlebnis. Ich werde gleich ohnmächtig. Das geht alles viel zu schnell für mich. Das Ende von *FA* wurde doch erst vor wenigen Minuten verkündet!

„Bei *Wicked* geht es nur um Gesang", entgegnet Nadine. „Ich weiß nicht, ob Kaitlin die Galinda schaffen würde. Vielleicht sollten wir uns etwas anderes ausdenken."

„Ich möchte kein ...", beginne ich.

„Vielleicht hast du recht." Mom übertönt mich. „Was, hast du gesagt, macht Neil LaBute als Nächstes?"

Ich explodiere gleich. Wenn ich sie nicht aufhalte, werden sie meine nächste Rolle aussuchen, ohne mich zu fragen. Ich brauche Zeit zum Nachdenken. Ich möchte die Dinge nacheinander anpacken, so wie Austin empfohlen hat, damit ich keine neuen Fehler mache.

„Aber die Nacktszene!", sagt Laney.

Ich drehe auf keinen Fall eine Nacktszene. „Leute?", bringe ich mich in Erinnerung.

Mom zuckt mit den Schultern. „Das hat Scarlett Johansson auch nicht geschadet. Wenn es geschmackvoll gemacht wird, hätte ich nichts dagegen."

„Bäh", sagt Matty. „Ich will meine Schwester nicht nackt sehen!"

„Leute?", versuche ich es noch einmal.

„Ich bin auch nicht sicher, ob ich das durchstehen würde." Dad runzelt die Stirn. „Ich denke, wir sollten doch lieber über eine neue Fernsehserie sprechen. Das Feintuning einer Maschine tut niemandem weh. Vielleicht braucht Kaitlin nichts weiter als eine Fernsehserie mit mehr Schmierfett. Wisst ihr, was ich meine?"

„Möchte denn überhaupt niemand wissen, was ich denke?", erkundige ich mich, aber es hört mir niemand zu.

„Ich sage es noch einmal: *Joey!*", bemerkt Nadine.

„STOPP!", brülle ich.

Alle erstarren zu Eis, sogar unser höflicher Kellner. Mom lässt ihre Gabel fallen, die ein lautes Klimpern verursacht, als sie in ihren Salat fällt. Der sieht übrigens ziemlich lecker aus. Alle schauen mich schweigend und wie gelähmt an.

„Kaitlin", stottert Mom. „Was ist los mit dir? Du kannst im *Cut* doch nicht so herumschreien, um Gottes willen."

„Es tut mir leid, Mom, aber ich will keine neue Unterhaltung über meine Karriere, bei der *ich* nichts zu sagen habe", sage ich entschieden. „Wir sprechen hier über *meine* Karriere, und bisher hat mich noch niemand gefragt, was ich eigentlich will."

„Was möchtest du denn?", erkundigt sich Mom in, wie ich finde, spöttischem Ton.

Ich zögere. „Nun, ich bin mir noch nicht sicher", gebe ich zu. Matty stöhnt. „Aber ich möchte ein bisschen Zeit haben, um es herauszufinden, ohne dass ihr gleich mit einem Schlachtplan daherkommt."

„Wie viel Zeit brauchst du? Wäre eine Woche ab Montag ausreichend?", will Laney wissen. Sie tippt etwas in ihren BlackBerry ein, ich nehme an, es ist ihr Kalender. Mom und Dad machen das Gleiche, und ich sehe, wie Matty sein Sidekick zückt. Nadine schüttelt den Kopf.

Ich hole mein Sidekick heraus, um ebenso geschäftig zu wirken. „Nein, ich glaube nicht, dass das reicht", sage ich nachdrücklich. Laney schaut mich überrascht an. „Ich bin mit euch einig, dass die nächste Entscheidung, die ich treffen werde, eine sehr wichtige ist. Aber ich war so lange bei *Family Affair*, dass ich nicht einmal weiß, was ich als Nächstes machen möchte. Ich brauche ein paar Wochen, um das ganz allein herauszufinden. Mein Problem ist, dass ich so impulsiv bin." Ich denke an mein Gastspiel an der Clark High School und an meine Fahrschulkatastrophe. „Ich möchte diesmal einfach nichts überstürzen und in Ruhe über meine Möglichkeiten nachdenken."

„Aber Katie-Kat, du verbringst doch jede Sommerpause damit, irgendetwas zu drehen, entweder einen

Fernsehfilm oder einen Kinofilm. Wie kannst du nicht wissen, was du willst?", fragt Mom.

„Normalerweise seid ihr das Komitee, das den Sommerfilm für mich aussucht", erinnere ich sie. „Ich weiß, dass ich auf den Adams-Streifen gedrängt habe, aber meistens zeigt ihr mir die Rollen, von denen ihr glaubt, dass ich sie mag. Zur Abwechslung hätte ich gerne einmal die Chance für eine eigene Entscheidung." Ich blicke zu Mom. „Du kannst mir von Seth alle Drehbücher schicken lassen, die du willst." Dann schaue ich Dad an. „Und du kannst Fernsehserien vorschlagen." Ich schaue zu Matt. „Solche, die für uns beide in Frage kommen." Ich werfe Laney einen Blick zu. „Und solche, die das größte Potenzial haben, meine Karriere in Richtung Erwachsenenrollen zu verändern. Aber am Schluss möchte *ich* die Entscheidung treffen, und es muss eine sein, von der ich begeistert bin." Ich schaue Nadine an, sie lächelt. „Ich möchte alle Möglichkeiten abwägen. Nicht nur Film oder Fernsehen. Ich möchte die gleichen Dinge erleben wie andere Teenies auch." Ich lege eine Pause ein. „Wie zum Beispiel aufs College gehen."

„Nicht schon wieder die Sache mit dem College, Kaitlin", stöhnt Mom. Sie fängt an, nervös an ihren Haarextensions zu ziehen. „Ich dachte, wir hätten diese Schulgeschichte überstanden! Denk doch nur mal, was passierte, als du in Clark warst."

„Das war eine Katastrophe", unterstützt Matty sie. „Du bist verrückt, dass du das noch einmal versuchen willst. Warum willst du eigentlich eine Pause machen, wenn deine Karriere gut läuft?"

„Bei den meisten Stars geht die Karriere baden, wenn

sie eine Auszeit fürs College nehmen", erinnert Laney mich zum x-ten Mal.

„Das stimmt nicht." Nadine verteidigt mich. „Natalie Portman hat es ziemlich gut geschafft."

„Nenne mir fünf Mädchen, die tatsächlich ihren Abschluss gemacht haben. Sie scheinen alle aufgehört zu haben. Und wenn nicht, wie viele von ihnen schaffen es zurück auf dieselbe Karrierestufe?", zweifelt Laney.

„Ich habe nicht gesagt, dass ich es tun werde", unterbreche ich sie. „Ich habe nur gesagt, dass ich etwas Zeit brauche, um nachzudenken. Wie auch immer, es ist meine Entscheidung. In ein paar Wochen werde ich siebzehn …"

„Das stimmt!" Matt klingt aufgeregt. „Darf ich dieses Jahr Kaitlins Party planen, Dad? Die Presse würde mich lieben, weil ich so ein toller Bruder bin. Du müsstest natürlich die Rechnung bezahlen."

„Ich mache keine Party", sage ich. „Ich veranstalte überhaupt keine großen Feste, weil ich das hasse. Ich hasse Ansammlungen von Menschen, die ich nicht kenne."

„Ich mochte deine Partys immer." Dad wirkt enttäuscht. „Sie waren prima für Geschäftskontakte."

„Der Punkt ist, dass ich bald siebzehn bin und in einem Jahr achtzehn, und dann könnt ihr mir sowieso nicht mehr vorschreiben, was ich tun und lassen soll." Mom und Laney schnappen nach Luft.

„Das ist Unsinn", spottet Mom. „Du hörst doch *immer* auf uns."

„Ich meine bloß, wenn ich achtzehn bin, bin ich erwachsen und brauche nicht für alle meine Entscheidungen ein Komitee", füge ich hinzu. Ich werde ein wenig sanfter, nachdem Mom fast an einem Stück ihres Steaks erstickt. „Es geht immerhin um mein Leben und meine Karriere, und ich finde, das Ende von *Family Affair* ist eine gute Gelegenheit für mich, darüber nachzudenken, wie es weitergehen soll. Mir gefällt die Idee, ein paar Festspielfilme zu drehen oder eine Fernsehserie mit einer Rolle, die das genaue Gegenteil von Sam ist. Aber ich möchte mich auch damit auseinandersetzen, Kurse über Kunst und Geschichte zu belegen. Ich möchte nicht in zehn Jahren zurückschauen und feststellen, dass ich etwas, was ich wirklich machen wollte, verpasst habe."

Mom wird bleich. Ich fürchte, meine Rede war zu viel für sie.

„Möchtest du vielleicht eine CD aufnehmen? Mom und Laney haben gesagt, dass du toll warst an dem Tag, als sie dich gehört haben. Ich könnte jetzt gleich Clive Davis anrufen und ein Treffen vereinbaren", sagt Dad. Mom sieht mich hoffnungsvoll an.

„Ich würde ihn jetzt noch nicht anrufen", sage ich. „Es liegen immer noch einige Monate *FA* vor uns, bevor ich irgendetwas anderes machen kann." Gott sei Dank. Ich bin noch nicht darauf vorbereitet, dass die Serie vorbei ist.

„Lass dir nicht zu viel Zeit", warnt Laney. „Die Pilotfilme stehen vor der Tür, und wenn du zu lange wartest, sind die guten schon vergeben. Wenn du auch nur entfernt daran denkst, eine andere Fernsehserie zu machen, solltest du dich nach den Feiertagen entscheiden. Im Dezember ist hier in der Stadt sowieso nichts los, also können wir auch bis Anfang Januar warten."

„Januar klingt gut", erkläre ich mich einverstanden. „Ich möchte das Ende von *FA* als Anfang sehen. Ihr könnt mir dabei helfen, meine Möglichkeiten herauszufinden, indem ihr mir den Freiraum lasst, zu entscheiden, wie dieser Neuanfang aussehen soll."

„Ich halte das für eine wirklich reife Entscheidung, Kates", sagt Nadine. „Und für eine, von der deine Arbeit profitieren wird."

Mom schaut von Dad zu Laney und dann zu Matty. Nadines durchdringenden Blick meidet sie. „Okay", sagt Mom schlicht. „Wir geben dir Zeit bis Januar."

„Danke." Sofort fühle ich mich erleichtert. Ich winke unserem Kellner. „Bringen Sie uns bitte von jedem Nachtisch einen", sage ich zu ihm. „Wir feiern."

„Feiern wir immer noch, dass Alexis fort ist?" Dad wirkt verwirrt. „Oder deinen leicht rechthaberischen unabhängigen Charakter?"

Ich grinse. „Beides. Sobald ich von der Toilette zurückkomme."

„Ich komme mit", sagt Nadine.

Zuversichtlich durchquere ich das überfüllte Restaurant. Wer hätte gedacht, dass es sich so gut anfühlen würde, durchsetzungsfähig zu sein? Klar, Mom und Laney werden meine Rede wahrscheinlich vergessen haben, sobald sie im Mulholland Drive angekommen sind. Ich muss sie vermutlich immer wieder halten, aber irgendwann werde ich es ihnen verklickert haben. Besonders jetzt, da ich sicher weiß, worum es mir geht. Wirklich ein tolles Gefühl.

„Du warst großartig", flüstert Nadine, als ich die Tür zu den Damentoiletten aufstoße. „Du hättest das Gesicht deiner Mutter sehen sollen! Ich dachte, sie hätte auf der Stelle ein Facelifting nötig."

Ich lache, höre aber sofort auf, als ich sehe, wer vor dem Spiegel steht und Lip Venom aufträgt. Es ist Alexis Holden. Ich hätte wissen müssen, dass die plötzliche Kälte nicht von einer überstrapazierten Klimaanlage stammen kann.

Obwohl es erst ein paar Wochen her ist, dass ich Alexis zuletzt gesehen habe, sieht sie bereits anders aus. Sie hat einen kurzen Bobschnitt und trägt einen glänzenden, aber konservativen schwarzen Hosenanzug. Sie hat wohl eine Verabredung zum Mittagessen. Noch ehe ich mich entscheiden kann, ob ich wieder zur Tür hinausschlüpfen oder mich neben sie stellen soll, entdeckt sie mich.

„Nun, wenn das nicht Amerikas Liebling ist." Alexis' Stimme ist so süß wie Sirup. „Vermutlich kommst du dir ziemlich blöd vor, dafür gesorgt zu haben, dass ich gefeuert wurde, jetzt, wo deine eigene Serie aus dem Programm genommen wird. Wer ist jetzt die Verliererin?"

„Immer noch du", entgegne ich. „Wir sind dich los, und das war das Wichtigste. Und jetzt kann unsere Serie wieder so klasse sein, wie sie immer war."

„Du bist ein Idiot", stellt Alexis fest. Eine grauhaarige ältere Frau, die mir irgendwie bekannt vorkommt, lässt das Händewaschen bleiben und eilt aus der Tür. Wir sind allein.

„Lass uns gehen, Kaitlin", sagt Nadine. „Du musst dir diesen Quatsch nicht anhören."

„Nein, ich werde das hier zu Ende bringen", sage ich bestimmt. „Du meinst, ich bin ein Idiot? Ich bin aber nicht diejenige, die sich an einen unserer Drehbuchautoren herangemacht und ein falsches Drehbuch verteilt hat. *Du* hast Mist gebaut. *Du* hast dir den Job vermasselt und wahrscheinlich deine Karriere. Ich hatte damit gar nichts zu tun."

„Meiner Karriere geht's noch besser als vorher", entgegnet Alexis. „Eigentlich bin ich hier, weil ich mit der Fox ein Treffen wegen einem Film habe, *Paris Is Burning*."

„Sie lügt", erklärt mir Nadine. „*Paris Is Burning* wurde im letzten Winter gedreht."

Alexis kichert. „Sie fanden Ciara Covingtons Darstellung schrecklich und drehen das meiste noch einmal, einschließlich aller Szenen von Ciara. Fox denkt, dass ich alles Nötige habe, um den Film zu einem sicheren Oscar-Gewinner zu machen." Ihre Augen funkeln. „Siehst du, Kaitlin? In dieser Stadt gibt es durchaus Leute, die ein bisschen Skandal mögen. Und ich werde auf dieser Welle in den Sonnenuntergang reiten, während du und Sky im Mai eure Karrieren beerdigen könnt. Eigentlich hast du mir sogar einen Gefallen getan. Du hast mich aus dieser Serie herausgeholt, bevor sie total auseinanderfällt. Ich hoffe, ihr genießt euren Absturz." Alexis drängelt sich an Nadine und mir vorbei, und ich halte sie am Unterarm fest.

„Viel Glück da draußen, Alexis", sage ich nur.

Alexis verdreht die Augen und zieht die Tür auf. Ich gehe hinüber zum Spiegel und spritze mir etwas Wasser ins Gesicht.

„Warum hast du zugelassen, dass sie so mit dir redet?", will Nadine wissen.

„Schicksal." Ich grinse.

Dann erzähle ich Nadine von HOLLYWOOD-GE-

HEIMNIS NUMMER SIEBZEHN: Umfassende Neuaufnahmen können der Todeskuss für einen Film sein. Während das Studio, das für den Streifen verantwortlich ist, vermutlich sagen wird, dass der Film nur ein paar Korrekturen benötigt, sind viele Neuaufnahmen auf schlechte Testvorführungen zurückzuführen. Wenn einem Publikum das Ende nicht gefällt, dann sollte schnell etwas Besseres an dessen Stelle treten, oder diese Version ist direkt fällig für eine DVD! Fairerweise muss man sagen, dass manchmal das Studio Neuaufnahmen verlangt. Oder ein Regisseur beschließt die Notwendigkeit zusätzlichen Filmmaterials, um sicherzustellen, dass sein Meisterwerk in keinerlei Hinsicht dem Meisterwerk eines anderen Regisseurs ähnelt. Aber die Hauptfigur auszuwechseln, nachdem der Film bereits abgedreht ist? Igitt. Alexis wird blitzschnell wieder in Vancouver sein und das Canadian Broadcasting Network um einen schlechten Film der Woche anbetteln. Davon eine DVD zu ergattern und sie mit einem Eimer klebrigen Popcorns und Schokoladenrosinen anzuschauen, wird meine schönste Rache sein.

„Komm schon", sage ich zu Nadine. „Ich glaube, ich höre ein Stück Walnussstreuselkuchen nach uns rufen."

Samstag, 30.11.

Persönliche Notizen:

Partykleid für mein Geburtstagsdate mit Austin besorgen, man weiß ja nie.

HOLLYWOOD NATION
Im Bilde
Die Affäre ist vorbei
von AnnMarie Pallo

Die Serie, die die Karriere von Melli Ralton, Kaitlin Burke und Sky Mackenzie begründete – und uns die Kunst beigebracht hat, in einem Abendkleid im Pool zu streiten –, wird im Mai aus dem Programm genommen.

Ist das der offizielle Beginn der Trauerfeierlichkeiten?

Nach wochenlangen Gerüchten, Prügeleien unter den Teenie-Schauspielern und unzähligen Meinungsumfragen auf dieser Seite hat der Sender verlauten lassen, dass Family Affair keine Familie mehr sein wird. Da die Quoten immer noch in den Top Ten rangieren und allein in dieser Saison stets unter den ersten fünf waren, möchten die Fans überall im Land wissen, warum die Serie beendet wird. Unsere Reporterin vor Ort vermutet: Die Kämpfe zwischen den Teenie-Königinnen Burke und Mackenzie und Neuling Alexis Holden hat die Serienkönigin Ralton um den Verstand gebracht.

Stimmt nicht, erklärte Producer Tom Pullman. „Alexis hat zu keinem Zeitpunkt die Beendigung der Serie beeinflusst", sagte Pullman. „Nach wochenlangen Beratungen haben wir beschlossen, die Handlung der Figur Colby zu einem Ende zu bringen. Jetzt kann FA sich wieder auf seine Stärken konzentrieren – der Schwerpunkt liegt auf Familienangelegenheiten in der Originalbesetzung. Vor dem Finale der Serie möchten wir die noch offenen Handlungsstränge in Ruhe abschließen, und durch die Entlassung von Alexis aus ihrem Vertrag gewinnen wir mehr Sendezeit dafür. Holdens letzter Auftritt in der Serie wird am zweiten Dezember ausgestrahlt."

Das hat er schön gesagt, der Herr Pullmann. Nur kauft ihm den Quatsch mit den Handlungssträngen niemand ab. Wir haben deshalb unsere Quellen befragt, um herauszufinden, wie es wirklich war. Und siehe da: Holdens Abgang war alles andere als das Ende eines Handlungsstrangs. „Alexis war vom ersten Tag an ein Problem", sagt unsere vertrauliche Verbindung zur Besetzung von FA. „Sie kam mit niemandem gut aus, vor allem nicht mit Kaitlin und Sky." Trotz ihres Rauswurfs konnte das Zugpferd der Serie, Melli Ralton, nicht überredet werden, bei der Familie zu bleiben. „Melli begann darüber nachzudenken, wie lange sie schon in der Serie ist und wie viele andere Dinge sie gerne machen würde", berichtet unsere Quelle. „Sie möchte mehr Zeit mit ihren Kindern verbringen. Sie beschloss, die Serie zu verlassen, und Tom nahm es als ein Zeichen, FA lieber ganz zu beenden, als ohne seinen größten Star weiterzumachen."

„Alexis war vom ersten Tag an ein Problem ... Sie kam mit niemandem gut aus, vor allem nicht mit Kaitlin und Sky."

Damit sind wir über die Promis genauestens im Bilde. Und das wie immer aus zuverlässiger Quelle. Für die allerletzten Folgen von Family Affair sollten wir schon mal die Taschentücher bereithalten.

Schluchz.

ACHTZEHN: *Herzlichen Glückwunsch, Kaitlin!*

Als ich unsere Haustür öffne, bin ich so damit beschäftigt, Austins wunderbares Lächeln anzuschauen, dass ich gar nicht bemerke, womit er in seiner linken Hand herumwedelt. Es ist ein vertraut wirkendes Halstuch mit Pucci-Aufdruck und rosa und lila Diamanten darauf.

„Ist das Lizzies Halstuch?", erkundige ich mich.

„Keine Fragen." Austin tritt neben mich in die Halle und streift meine Lippen mit einem Kuss, sodass mir ein Schauer über den Rücken läuft. Dann tritt er hinter mich und legt mir das Halstuch über die Augen. Er bindet es fest.

„Was machst du denn da?" Die Welt um mich herum wird fast schwarz. Ich sage fast, weil das Pucci-Halstuch ziemlich dünn ist und ich noch Schatten erkennen kann. Austin will mich wohl überraschen. Das ist ja so romantisch! „Weiß meine Familie Bescheid, dass du mich entführst?", frage ich. „Ich habe ihnen versprochen, dass ich vor Mitternacht wieder zu Hause sein würde, um mit ihnen ein Stück Geburtstagskuchen zu essen."

„Pst", sagt Austin. „Nicht schauen. Rodney, das Geburtstagskind ist bereit." Schwere Schritte trampeln unsere Treppe hinunter, wie ich annehme.

„Wohin gehen wir?", erkundige ich mich, obwohl ich weiß, dass Austin es mir nicht verraten wird. Da ich kaum etwas sehen kann, sind meine anderen Sinne so gut geschärft wie bei Superwoman. Ich höre jedes Geräusch von Austins Schuhen, als er auf dem marmorgefliesten Boden unserer Eingangshalle herumläuft. Ich fange Gerüche auf, wie zum Beispiel Rodneys Eternity-Duftwasser. Austin riecht nach einer Mischung aus Pfefferminz, das er lutscht, und Lavendelseife, die die Meyers in ihrer Gästetoilette haben.

Kann ich mich an Austins Kleidung erinnern? Na klar. Ich habe wirklich übermenschliche Fähigkeiten! Er trägt ein blaues Seidenhemd mit Button-Down-Kragen und dunkelbraune Cordhosen. Ich weiß es, weil ich beim Öffnen der Haustür bewusst sein Outfit überprüft habe, um zu sehen, ob ich overdressed bin.

Es ist schwer, sich für den eigenen Geburtstag gut anzuziehen, wenn man nicht weiß, wo gefeiert wird!

Nach längeren Diskussionen beschloss ich, ein Cocktailkleid anzuziehen, und zwar ein braunes, rückenfreies Seidenkleid von Valentino, das bis zu den Knien reicht und in der Taille mit einem dazu passenden, breiten braunen Gürtel zusammengefasst wird. An den Füßen habe ich Peeptoe-Highheels mit Gepardendruck. Damit dürfte ich überall hingehen können, wenn es nicht gerade *Carl's Jr.* ist.

Ich spüre, wie Austin mir einen Arm auf den Rücken legt und meine rechte Hand nimmt. Wir bewegen uns langsam. „Lass dich führen", sagt Austin. Wir gehen los. „Treppe runter. Noch eine Treppe runter." Die Haustür fällt hinter uns ins Schloss.

„Pass auf, dass sie nicht auf die Geranientöpfe tritt", sagt Rodney.

„Ich weiß, dass du mir nicht sagen wirst, wohin wir gehen, aber kann ich dich etwas anderes fragen?", erkundige ich mich.

„Rodney, für jemanden, der überhaupt keine Geburtstagsfeier haben wollte, ist sie furchtbar neugierig, was unsere Pläne betrifft, nicht wahr?", betont Austin.

Rodney lacht in sich hinein. „Das überrascht mich nicht. Im Augenblick erleben wir eine durchsetzungsfähigere Seite bei unserer Kates."

Ich nehme das als Kompliment. „Nur eine Frage, Meyers", bettle ich. „Ganz offensichtlich machen wir etwas Tolles, wenn du den Aufwand mit der Augenbinde auf dich nimmst."

Austin lacht. Ich höre das Piepsen eines Autoalarms und das Öffnen einer Tür. Wir fahren irgendwohin! „Lass mich dir erst ins Auto helfen, dann beantworte ich deine Frage." Er legt mir die Hand auf den Kopf, damit ich mich nicht am Autorahmen stoße, und ich rutsche auf den Sitz. Ich spüre seinen Atem auf der Schulter, als er über mich hinweggreift. Ich höre ein Klicken, und mir wird klar, dass Austin mich gerade angeschnallt hat. „Schieß los", sagt er.

„Mir gefällt diese geheimnisvolle Sache wirklich gut, die du da abziehst", sage ich zu ihm, „aber versprich mir, bitte versprich mir, dass du nicht eine Spielfigur in Moms oder Laneys Spiel bist." Austin lacht wieder. „Schwöre, dass du nicht mitten in einem ausgeklügelten Plan steckst, den die beiden sich im letzten Moment ausgedacht haben. Sie wollen sich damit nur von der Tatsache ablenken, dass *FA* zu Ende geht. Sie wollen mich nur im Rampenlicht halten."

„Ich würde dich niemals anlügen", sagt Austin, als sich der Wagen mit unbekanntem Ziel in Bewegung setzt. „Sie haben mich gebeten, ihnen bei einer gigantischen Party zu helfen, und auf der ungeheuerlichen Gästeliste standen alle, angefangen von Jennifer Aniston bis hin zu Fergie. Aber ich habe ihnen gesagt, du wärest absolut dagegen."

Ich atme auf. „Danke."

„Weiß sie Bescheid über das Angebot von *Hollywood Nation*?", lacht Rodney.

„Deine Mom sagte, *Nation* hätte angerufen und darum gebeten, dir ein Fest ausrichten zu dürfen", erklärt Austin. „Offensichtlich hatten sie ein schlechtes Gewissen wegen all dem Müll, den sie über dich und Sky kontra Alexis veröffentlicht hatten. Deshalb wollten sie im *Hyde* eine Party für dich geben, gesponsert von Juicy-Fruit-Kaugummi."

Ich stöhne.

„Und Tom und Melli erzählten Nadine, sie wollten irgendetwas Großes zu deinem Geburtstag am Set machen, um dich für die schreckliche Zeit zu entschädigen. Aber wir haben gesagt, du hättest für dieses Jahr organisierte Geburtstagspartys verboten."

„Du bist der Beste", sage ich und fange an, mich zu entspannen. „Ich hatte noch keinen Geburtstag, an dem ich nicht den ganzen Abend lang Gäste begrüßen musste, angefangen von Prinz William bis hin zu Chris Brown." Ich lächle. „Wie schön zu wissen, dass wir den Abend für uns allein haben."

„Wer hat allein gesagt?", stichelt Austin. Zumindest interpretiere ich es so, aber es ist schwierig zu erkennen, wenn ich sein Gesicht nicht sehen kann. „Vielleicht sind wir dort, wohin wir gehen, nicht die einzigen Menschen, aber ich verspreche dir, dass du dich nicht in einer Family Affair à la Tom und Katie wiederfinden wirst. Kein Feuerwerk, keine Kameraleute. Jetzt hör auf, dir Sorgen zu machen, und warte einfach ab. Wir sind in ein paar Minuten da."

„Der Ort muss in der Nähe unseres Hauses sein", sage ich. „Hmm ..."

„Du wirst noch die Überraschung ruinieren", schimpft Austin. „Entspann dich doch einfach und sprich über etwas anderes. Wie läuft die Arbeit? Du warst in den letzten Tagen so beschäftigt, dass ich kaum mit dir sprechen konnte."

„Die Arbeit läuft gut", gebe ich zu. „Ruhig, aber gut. Ich vermute, wir sind alle ein bisschen wehmütig. Jedes Mal, wenn wir in dieser Woche eine Szene gedreht haben, fing irgendjemand an, etwas zu sagen wie: ‚Das könnte das letzte Mal gewesen sein, dass wir im Imbiss von Summerville gedreht haben.' Aber wenigstens weint noch niemand oder streitet sich darum, wer die Messingleuchter vom Esstisch der Buchanans bekommen wird."

„Häh?", sagen Austin und Rodney gleichzeitig.

Ich erkläre ihnen HOLLYWOOD-GEHEIMNIS NUMMER ACHTZEHN: Wenn eine Fernsehserie aus dem Programm genommen wird, dann werden die meisten Gegenstände vom Set im Archiv verstaut, bis sie in einer anderen Serie gebraucht werden. Oder sie werden, wenn die Serie sehr lange lief (wie *FA*), einem Planet-Hollywood-Restaurant geschenkt oder einem Museum. Aber bevor das geschieht, dürfen sich die Schauspieler und die

Mitglieder der Crew ein paar Souvenirs aussuchen. Wenn das gewünschte Andenken eher gefühlsbetont als wertvoll ist – wie das Porträt meiner Fernsehfamilie, das 1996 gemalt wurde und im Wohnzimmer der Buchanans hängt –, dann wird der Sender es einem vermutlich schenken. Aber wenn es etwas Teures ist, wie Saras BMW, auf den Sky schon seit ewigen Zeiten ein Auge geworfen hat, dann muss man Geld dafür herausrücken. Sky wird das nichts ausmachen. Wenn man darüber nachdenkt, so ist eine Fliese vom Imbiss in Summerville, eine Vase aus Paiges Schlafzimmer oder ein Porträt von Sara und Sam aus Staffel zehn nur die Fernsehvariante des Jahrbuchs einer Abschlussklasse der High School. Okay, jetzt werde ich gleich anfangen zu heulen.

„Denkst du, dass sie mir auch ein Souvenir geben werden?", fragt Rodney. Er hört sich an, als hätte er einen Kloß im Hals. Das kann ich mit meiner neuen superempfindlichen Hörfähigkeit genau erkennen.

„Ich bin sicher, dass Tom dir gestatten wird, etwas auszusuchen." Ich kann es kaum glauben, wie viele Leute wegen der ganzen Angelegenheit ebenso sentimental sind wie ich! Jetzt muss ich wirklich gleich weinen.

„Hört auf damit, alle beide", warnt uns Austin. „Es ist Kaitlins Geburtstag! Du hast heute Abend nur eine Aufgabe: glücklich zu sein."

„Ich weiß", antworte ich. „Aber meine Gefühle sind alle irgendwie aus dem Gleichgewicht geraten. Ich bin glücklich, dann fange ich an, über die Serie nachzudenken und werde traurig." Meine Lippe zittert, und blind taste ich nach Austins Hand. Stattdessen schlage ich mein Handgelenk an die Sitzkonsole. Autsch!

Austin massiert meine schmerzenden Finger. „Alles ändert sich gerade", sage ich. „Es ist entsetzlich."

„Veränderungen sind immer beängstigend", stimmt Austin mir zu. „Aber auch aufregend."

„Wenn wir schon davon sprechen: Hast du dein Ergebnis des Studieneignungstests schon bekommen?", erkundige ich mich.

„Nein." Austin klingt enttäuscht. Schon die ganze Woche rennt er täglich zum Briefkasten. „Aber ich bin sicher, dass ich es nächste Woche haben werde. Dann kann ich endlich anfangen, mir wegen der Universitäten den Kopf zu zerbrechen."

„Ja", sage ich. Ich darf nicht einmal daran denken, dass Austin weg und aufs College gehen wird oder wo ich sein werde, wenn er geht. Vielleicht werden wir in derselben Stadt sein, vielleicht aber auch nicht. Ich kann nicht erwarten, dass er seine Entscheidung auf der Grundlage meiner Pläne trifft, auch wenn ich insgeheim und egoistisch wünsche, er würde es tun. Das Ganze ist viel zu erdrückend und beunruhigend, als dass ich auch nur anfangen könnte, Vermutungen darüber anzustellen. Austin hat recht – ich kann heute Abend nicht über die Zukunft nachdenken. Ich würde nur wieder anfangen zu weinen, und dann wäre mein Make-up ruiniert. Wir können uns ein anderes Mal über die großen Veränderungen in unserem Leben unterhalten. Heute ist schließlich mein Geburtstag, und auch wenn ich anfangs eigentlich gar nicht feiern wollte – so langsam werde ich ziemlich aufgeregt.

Der Wagen bleibt stehen, und Rodney schaltet den Motor aus.

„Wir sind da, Kinder", ruft Rodney.

In meinem Hals wächst ein Kloß, meine Handflächen werden feucht, und mein Puls beginnt zu rasen. Ich frage mich, wohin Austin mich bringt. Es ist fast so, als würde ich vor den Vorhang treten und einen Oscar bekommen, und alle Augen sind auf mich gerichtet, aber ich kann sie nicht sehen. Dieses Gefühl ist fast überwältigend, sogar bei meinen neuen Superkräften.

Ich merke, wie Austin meinen Sicherheitsgurt löst, und als er sich über mich beugt, atme ich den Duft seines Rasierwassers ein. Ich kichere nervös, als ich seine Nähe spüre. Mein Puls beschleunigt sich, als er mich an der Hand nimmt und mich ins Ungewisse führt. Ich würde Austin blind überallhin folgen, aber ich bin erstaunt, wie sehr mir seine verantwortungsvolle Haltung gefällt.

Jetzt ist die Frage: Wo sind wir? Okay, die Luft riecht nicht salzig, also sind wir nicht in Malibu, und es gibt kein Candlelight-Dinner am Strand. (So ein Date habe ich mir schon oft ausgemalt.) Außerdem hätte es länger gedauert bis dorthin, obwohl ich keine Ahnung habe, wie lange wir gefahren sind, da ich nicht auf meine Uhr sehen konnte. Ich höre Verkehrslärm, also müssen wir irgendwo im Zentrum von Los Angeles sein. Hmm … Bei Austin zu Hause? Nein, dann würde man nicht so viel Krach von der Straße hören. Bei Liz? Ich würde Musik hören. *Carl's Jr.*? Ich schnuppere. Kein Geruch nach gebratenem Fleisch.

„Bist du bereit, Burke?", fragt Austin, und mein Puls beginnt wieder zu rasen. Plötzlich bleibe ich stehen.

„Warum tust du all das für mich?", will ich wissen.

„Wenn man jemanden liebt, dann macht man auch gerne etwas für ihn", sagt Austin.

Oh mein Gott.

Er meint es wirklich! Er hat das L-Wort wieder gesagt, und er hat tatsächlich gesagt: „Wenn man jemanden liebt." Damit muss er mich meinen, denn außer mir ist niemand sonst da!

Glaube ich.

Mein Mund ist trocken. Meine Hände sind feucht. Ich möchte auch sagen: „Ich liebe dich."

Glaube ich.

Aber ich kann das nicht mit verbundenen Augen sagen, oder? Das wäre zu melodramatisch. Schließlich kann ich Austins Gesicht nicht sehen. Immer wenn jemand „Ich liebe dich" sagt, ob in *FA* oder in einem Film mit Reese Witherspoon, schauen sie sich dabei ins Gesicht, damit sie sich sofort leidenschaftlich küssen können. Ich wäre mit verbundenen Augen nicht einmal fähig, Austins Lippen zu finden!

Ich lange nach oben, um mir das Halstuch von den Augen zu ziehen. „Austin, ich …"

„Hände weg, Burke", sagt er. „Nur noch eine Sekunde Geduld."

„Aber Austin, ich muss dir etwas sagen." Doch Austin hört mich ganz offensichtlich nicht, denn ich werde von hinten angestoßen. Ich höre, wie eine schwere Tür geöffnet wird, und dann zieht man mir die Augenbinde vom Gesicht.

„HAPPY BIRTHDAY!", schreit ein Chor vertrauter Stimmen, und Konfetti wird auf mich geworfen, als wäre ich eine Braut. Ich bin immer noch geschockt von Austins sehr deutlichem „Ich-liebe-dich"-Geständnis, aber meine Augen können gerade noch rechtzeitig erkennen, dass Liz sich mir an den Hals wirft. Hinter ihr drängen sich meine Mom, Dad, Laney, Matty, Nadine, Rodney, Paul, Shelly und Josh aneinander. Während Nadine mich umarmt, blicke ich über ihre Schulter und entdecke Tom, Melli, Trevor, Hallie und ein paar andere von *FA*. Dann folgen Beth und Allison, zusammen mit Austins Schwester Hayley. Alle, die ich mag, sind hier, und ausschließlich die, die ich mag. Es ist einfach überwältigend.

„Alles Gute zum Geburtstag, Kaitlin!" Antonio, der Besitzer von *A Slice of Heaven*, bahnt sich den Weg durch die Menge zu mir. Er ist ein großer Mann mit breitem italienischem Akzent, und er riecht nach Fleischbällchen.

Ich hätte es wissen müssen! Ich hatte Austin gebeten, mit mir Pizza essen zu gehen. Ich schaue mich um und erkenne die altertümlichen Sitznischen mit den Vinylsitzen und die Tischdecken mit Schachbrettmuster. Ich rieche den Mozzarelladuft, der in der Luft liegt, und sehe das leuchtende Neonzeichen *Ihr Stück vom italienischen Himmel ist fertig!* im Fenster. Die Tische in der Mitte des kleinen Restaurants wurden weggeräumt, um eine Tanzfläche zu schaffen. In der Ecke entdecke ich meine Freundin Samantha Ronson, die dort eine DJ-Kabine aufgestellt hat und Tanzmelodien spielt. Sie haucht ein Küsschen in meine Richtung.

„Das hast alles du organisiert?", frage ich Austin.

„Du hast gesagt, dass du keine große Party haben willst mit Unmengen von Leuten, die du kaum kennst", erklärt Austin. „Aber du hast nichts gesagt über Feiern mit Leuten, die du magst. Liz, Nadine und ich kamen auf diese Idee."

Es ist mir egal, wer zuschaut, ich umarme meinen

Freund und küsse ihn fest auf die Lippen. „Danke", flüstere ich. „Dass du all das für mich getan hast!"

„Das war doch gar nichts." Austin wird rot.

„Nun, es bedeutet mir sehr viel", sage ich, und dann weiß ich, was ich als Nächstes sagen muss. Ich fühle, dass ich wirklich bereit bin, es zu sagen. Ich bin erfüllt von glücklichen Gedanken und sehr bewegt. So muss man sich fühlen, wenn man das sagen will, was ich gleich sagen werde. Ich bin nicht einmal mehr nervös. Ich hole tief Luft, und die drei kleinen Worte, die ich noch nie zuvor zu einem Jungen gesagt habe, fliegen aus meinem Mund.

„Ich liebe dich, Austin", sage ich.

„Ich ..." Austin will etwas erwidern.

„Hey, sonst kommt also niemand?", unterbricht uns Matty.

Neiiiiin!

„Ich lass euch zwei allein." Austin zwinkert mir zu. „Bin gleich wieder da."

Neiiiiin!

„Wo sind Vanessa Hudgens, Miley Cyrus und Ashley Tisdale?", will Matty wissen. „Wo ist Zac Efron? Keiner ist da."

„Tut mir leid", sage ich und versuche, nicht zu genervt zu klingen, während Austin in der Menge verschwindet. „Vermutlich waren sie nicht eingeladen." Ich mag zwar die Leute sehr, die Matty erwähnt hat, aber ich bin froh, dass mein Geburtstag sich dieses Jahr nicht zu einem Medienzirkus auswächst.

„Ich wollte gerade sagen, dass ich froh bin, dass sie nicht hier sind." Matt beißt in seine klebrige Pizza, und mir fällt auf, dass er meine Lieblingssorte isst – sizilianisch mit extra viel Käse, Paprika und Brokkoli. „Heute Abend sollte es nur um dich gehen. Du hast es verdient, auch wenn Mom ausflippt, weil Nadine sie angelogen hat darüber, wohin sie uns bringt." Matty kichert. „Wir haben ihr weisgemacht, *A Slice of Heaven* wäre dieser neue angesagte Club von Justin Timberlake."

Wir lachen beide. Mom, Dad, Nadine und Laney stehen um uns herum.

„Alles Liebe zum Geburtstag, Schätzchen", sagt Mom. Ich bemerke, dass sie ihr Wasserglas mit einer Serviette abwischt. „Das ist ein interessanter Ort, den Nadine, Liz und Austin ausgesucht haben."

„Es ist Kaitlins Lieblingstreffpunkt", sagt Nadine mit listigem Lächeln.

Mom schaut sich um. „Es ist ... so ... Wie heißt das Wort, nach dem ich suche, Laney?", fragt Mom.

„Prosaisch?", sagt Laney stirnrunzelnd.

„Wir haben uns gerade etwas überlegt, Kate-Kate", sagt Mom. „Vielleicht können Laney und ich nächste Woche auch eine Party für dich veranstalten, nachdem du dich auf dieser hier amüsiert hast. Nichts Großes. Nur fünfundsiebzig deiner engsten Freunde."

„Vielleicht in diesem *richtigen* Club, der gerade in West Hollywood eröffnet hat", sagt Laney mit einem verdrießlichen Blick auf Matt. Sie zieht ihren BlackBerry heraus.

„Und keine Paparazzi. Nur einen Exklusivbericht von einer oder zwei der wichtigen Illustrierten", schlägt Mom vor.

„Meine Damen." Dads Stimme hat einen warnenden Unterton, den ich aus den Zeiten kenne, als ich mit

Matty im Wohnzimmer Basketball spielte. „Das ist Katie-Kates Party, und es ist das, was sie wollte. Lasst sie in Ruhe. Es muss ja nicht immer so sein, wie ihr es euch vorstellt." Er zwinkert mir zu. Ich schlinge meine Arme um ihn und drücke ihn heftig.

Nadine tritt an meine Seite. „Austin ist erstaunlich", flüstert sie. „Du hättest ihn sehen sollen, als er deiner Mom Widerstand geleistet hat. Er war kein bisschen eingeschüchtert von ihr oder ihrer Rolodex-Adresskartei! Er wollte deine Feier hier veranstalten, und dabei blieb er. Natürlich mit Unterstützung von Liz und mir."

„Danke", sage ich zu ihr, als Mom und Dad zu streiten beginnen, weil Dad zu mir hält anstatt zu ihr. Laney schüttelt den Kopf, und Matty hat den Schauplatz bereits verlassen. „Das ist das Beste, was ihr überhaupt für mich hättet machen können. Warte nur, bis ich dir erzähle, was gerade passiert ist."

„Wetten, dass ich es schon weiß?", sagt Nadine lächelnd. „Aber wir wollen jetzt nicht darüber sprechen. Heute Abend geht es nur ums Feiern. Es gibt nur eines, was ich anders gemacht hätte", sagt sie. „Ich weiß nicht, warum Austin darauf bestand, *sie* einzuladen." Nadine zeigt zum *FA*-Tisch, und ich sehe, dass die Bande kräftig an Antonios Spezialität, den gebackenen Capellini, kaut. Er nimmt Capellini, das sind hauchdünne Spaghetti, und Ricotta und frittiert das Ganze wie ein Stück Mozzarella. Es ist so lecker.

„Wen?", frage ich. Ich sehe niemanden, den ich nicht mag.

„Sie meint mich", erwidert jemand. Nadine und ich drehen uns um und stoßen fast mit Sky zusammen, die hinter uns steht. Sie hält ein wunderschön verpacktes, kleines silbernes Geschenk in der Hand.

„Ich kann nicht lange bleiben", sagt sie steif. Sie sieht aus, als hätte sie sich zum Tanzen herausgeputzt. Sie trägt einen kurzen blauen Minirock, den ich in der Frühlingsproduktion von J'Aimes gesehen habe, und schwarze Netzstrümpfe. Ihr normalerweise langes rabenschwarzes Haar ist zu einem Bob geschnitten, weshalb ich annehme, dass sie eine Perücke trägt. Sky würde niemals ihre Haare abschneiden oder ihren Kopf kahl rasieren wie einige Leute, die wir kennen. „Aber ich wollte nicht unhöflich sein und mich wenigstens kurz sehen lassen."

„Ich denke, ich hole mir was zu trinken", sagt Nadine und lässt mich mit Sky allein.

„Danke, dass du gekommen bist." Ich fühle mich unbehaglich.

Nach ein paar Wochen Gemeinsamkeit als siamesische Zwillinge, um *Family Affair* vor Alexis' bösen Krallen zu retten, sind Sky und ich – nun – wieder wir selbst. Besser gesagt, wir haben zu einer neuen und verbesserten Form von uns selbst gefunden. Anstatt zu streiten oder uns gegenseitig an die Gurgel zu gehen, machen wir einfach ruhig unsere Arbeit, tauschen am Set kleine Freundlichkeiten aus, und wenn die Kameras nicht auf uns gerichtet sind, ignorieren wir uns meistens. Vermutlich werden wir niemals genügend Gemeinsamkeiten haben, um enge Freunde zu werden. Aber jetzt, da wir so viel über einander wissen, können wir auch nicht mehr richtige Feinde sein. Wir sind „Freunde", wie Nadine es nennt, und das ist in Ordnung.

„Das ist für dich", sagt Sky. „Du musst es nicht aufmachen. Es ist nur ein Wellness-Gutschein für Sonya Dakar. Du siehst aus, als könntest du eine Gesichtsbehandlung brauchen."

„Vielen Dank", sage ich und ignoriere den Seitenhieb.

„Ich muss noch auf eine andere Party", erklärt Sky, „und morgen muss ich früh aufstehen, denn ich habe einen Termin mit Paramount."

„Viel Glück", sage ich. „Mich haben sie für nächste Woche bestellt." Ich weiß, dass ich gesagt habe, ich würde jetzt noch keine Entscheidungen bezüglich meiner Arbeit treffen, aber wie könnte ich Paramount absagen?

Ich sehe einen Schatten von Verdruss über Skys Gesicht flackern, und mir wird klar, dass ich gerade ins Fettnäpfchen getreten habe. „Ich bin sicher, dass sie ein Projekt für dich haben", sagt Sky, „aber für mich haben sie bereits mehrere ausgesucht. Mit dir hat niemand über die Neuverfilmung der *Blauen Lagune* gesprochen, nicht wahr?", erkundigt Sky sich misstrauisch.

„Nein, aber ich werde dafür sorgen, dass niemand auf die Idee kommt", sage ich mit einem Lächeln.

Tatsächlich lächelt auch Sky und verschwindet ohne weiteres Wort in der wogenden Menge der Tänzer, die sich auf Antonios winziger Tanzfläche drängen.

Sky wird sich in Hollywood wohlfühlen.

Und ich mich auch.

Ich bin jetzt ein Jahr älter und hoffentlich auch ein Jahr schlauer, und ich kann es kaum erwarten, was als Nächstes in meinem Leben geschehen wird.

„Der nächste Wunsch ist für unser Geburtstagskind und kommt von ihrem Auserwählten", höre ich unseren

DJ Samantha sagen. Stevie Wonder beginnt *Isn't She Lovely* zu singen, und ich grinse. Mein Dad schnappt sich meine Mom und schwingt sie über die Tanzfläche, während Matty Laneys Arm nimmt. Sogar Nadine zieht Rodney mit sich. Ich lache und schaue ihnen zu.

„Geburtstagsmädchen, darf ich um diesen Tanz bitten?" Austin taucht neben mir auf und streckt mir die Hand hin.

„Mit Vergnügen", sage ich.

Dann nehme ich seine Hand und feiere mit meinen liebsten Menschen auf der ganzen Welt.

HOLLYWOOD-GEHEIMNIS NUMMER NEUNZEHN: Nie und nimmer darf man in dieser Stadt etwas für selbstverständlich halten. Genau dann, wenn man denkt, man hätte seine Karriere im Griff, sein Gefolge am richtigen Platz und das Spiel mit dem Ruhm unter Kontrolle, wird dir alles unter den Füßen weggezogen. Ich vermute, das bedeutet, mein Leben ist reif für einen Neustart …

Widmungen

Und die Oscars gehen an …

Cynthia Eagan und Kate Sullivan, meine supertalentierten Lektorinnen. Dankeschön, dass ihr Kaitlins verrückte Welt ebenso sehr liebt wie ich. Laura Dail, weil sie die beste Agentin ist, die ein Autor sich nur wünschen kann. Elizabeth Eulberg, ich werde dich vermissen, aber denk dran, dass du versprochen hast, weiterhin mit uns ins *Tortilla Flats* einzufallen! Ames O'Neil, die die beste Reisebegleitung ist. Tracy Shaw für ihre großartigen Buchcover. Andrew Smith, Lisa Laginestra, Melanie Sanders und die restliche Mannschaft von Little, Brown Books für Young Readers dafür, dass sie die *Geheimnisse* sogar noch zu größerem Erfolg gebracht haben.

Mara Reinstein, du bist immer noch meine Ansprechpartnerin für alles, was mit Hollywood zu tun hat.

Lisa, AnnMarie, Joanie, Christi, Elena, Joyce, Miana, Erin und alle anderen meiner wunderbaren Freunde – danke für eure Unterstützung und Hilfe mit Ty, wenn ich sie brauchte.

Grandpa Nick Calonita dafür, dass er mir einen starken Nachnamen gegeben hat.

Meinen Eltern, Nick und Lynn Calonita, meiner Schwiegermutter, Gail Smith, meiner Schwester und meinem Schwager, Nicole und John Neary, und Brian Smith – danke, dass ihr meine Jubelabteilung seid.

Und zum Schluss, aber ganz bestimmt als Erste auf meiner Dankesredeliste steht meine Familie. Tyler, weil er so ein toller kleiner Bursche ist. Jack, weil er mir ständig den Schoß wärmt, und mein Mann Mike, weil er für mich die Hauptperson ist und mein größter Fan.